Hanna-Barbara Gerl-Falkovitz

Frau – Männin – Menschin

Zwischen Feminismus und Gender

W0187770

Butzon & Bercker

Bibliografische Information der Deutschen Nationalbibliothek

Die Deutsche Nationalbibliothek verzeichnet diese Publikation in der Deutschen Nationalbibliografie; detaillierte bibliografische Daten sind im Internet über http://dnb.d-nb.de abrufbar.

Das Gesamtprogramm von Butzon & Bercker finden Sie im Internet unter www.bube.de

ISBN 978-3-7666-1313-4
E-BOOK ISBN 978-3-7666-4113-8
EPUB ISBN 978-3-7666-4114-4

© 2009 Butzon & Bercker GmbH, 47623 Kevelaer, Deutschland,
www.bube.de
www.religioeses-sachbuch.de
Alle Rechte vorbehalten.
Umschlagabbildung: Henri Matisse, © Succession H. Matisse/
VG Bild-Kunst, Bonn 2009.
Umschlaggestaltung: Christoph Kemkes, Geldern
Satz: Schröder Media GbR, Dernbach

Inhalt

Einleitung:
Gang durch ein Minenfeld?

Wer heute zum Thema „Weiblichkeit" schreibt, wagt sich in ein Minenfeld – das Dynamit sind gängige Dekonstruktionen. Masken der Weiblichkeit werden mit dem Skalpell der Kulturkritik abgehoben oder aufklärerisch-leidenschaftlich abgerissen, und „dahinter" verflüchtigt sich das Gesuchte und die Gesuchte unvermutet. Gibt es überhaupt *das* Weibliche, am Ende gar *die* Frau, woraus sich unschwer ein *Wesen* der Frau ableiten ließe? Wer solche Allgemeinbehauptungen ablehnt, kann noch mehr bisher Selbstverständliches abräumen. Anders betont kann nämlich dieselbe Frage weitere Zweifel auslösen: Gibt es überhaupt die *Frau* und nicht vielmehr nur fließende Übergänge in einem binären System, das die Wörter Mann und Frau logisch benötigt; aber trifft die Bezeichnung damit die Wirklichkeit? Der „Geschlechterdiskurs" hat seit wenigen Jahren die *fließende Identität* auf der Grundlage möglicher Selbstwahl des Geschlechtes zum Passwort des neuen Ich gemacht. So gesehen ist Frau zunächst ein Konstrukt, eine soziale Jacke, die unter der Hand zur Zwangsjacke werden kann. Wer hingegen – sprachkritisch – den Schleier der Isis lüftet, wie der Jüngling im *Verschleierten Bild von Sais* in Schillers Ballade, entdeckt dahinter bekanntlich das Nichts. Das Nichts des Geschlechtsunterschieds nämlich, wie Sigmund Freud die Ballade weiterschrieb. Nichts wäre es also mit der Frau, und selbst wenn es sie „natural gesehen" gäbe, würden die „naturalen" Unterschiede zwischen Mann und Frau nachrangig, da ja schon die Unterschiede zwischen Mensch und Affe biologisch gesehen nur geringe Prozentanteile betragen.

In diesem Buch wird mit dem Stichwort „weiblich" keine *biologische* Frage losgetreten, sondern eine kulturelle: Der Gang durch die Geschichte zeigt gelebte, geglückte, missglückte Leben von Frauen, einzeln oder gesamtkulturell betrachtet. Daraus gattungshafte Rückschlüsse abzuleiten, ist vergangener Stil. Allerdings sind geschichtliche Übereinstimmungen erkennbar: Aus Einzelprofilen entstehen übergreifende Signaturen. Sie sind selbstverständlich zeitabhängig, aber: Frausein ist in diesem Erfahrungsfeld weder einfach „naturalisiert" noch ideologisch überhöht noch „dekonstruiert" zu sehen.

Wäre sie nur von Natur oder Biologie her erfasst, dann wäre die Frau als Person unterbestimmt – und Personsein heißt Freisein: zu Selbstbesitz und Selbstdistanz. Da geschichtlich gesehen zuerst der Mann als Träger der Freiheit angesehen war, müsste die Frau erst Männin werden, um „sie selbst" zu sein – dies war der „Umweg" des frühen Feminismus, der die Lösung nur in einer Maskulinisierung und Entweiblichung der Frau fand. Es liegt auf der Hand, dass dieser Umweg nicht mehr überzeugt, weil er zu viel auf der Strecke lässt: die ganze lange Geschichte und Lebenswelt weiblicher Kultur, die keineswegs nur eine Kriminalgeschichte von „Unterdrückung und Ausbeutung" vorstellt. „Männin" ist ursprünglich die lutherische Übersetzung von *ischa* in Anlehnung an *isch*, den Mann: Diese Wortwahl in der Genesis zeigt die innige Zugehörigkeit der beiden, nicht aber Wechsel und Tausch von Frau mit Mann.

Wäre die Frau ideologisch überhöht zur „besseren Hälfte", wie es in manchen Matriarchats-Utopien und esoterischen Sakralisierungen des „Großen Weiblichen", ja mittlerweile sogar in der Behauptung genetischer „Überflüssigkeit des Mannes" geschieht, so würden nur die Plätze des Ungleichgewichts getauscht. Wieder wäre die Geschlechtergerechtigkeit verscherzt, die Asymmetrie festgeschrieben.

Wäre die Frau dekonstruiert zum neutralen Menschen, gar zur MenschIn, verliert sich gespenstisch ihre Leiblichkeit. Leib ist mehr als Körper, er ist die Weise unseres Daseins – für uns und andere. Unbestimmtes Dasein gibt es nicht, es ist immer konkret leibbezogen und damit von Potenz geprägt, von einer je spezifischen Fähigkeit zu leben. Die Potenz zu Zeugung oder Geburt ist nicht neutral, sie prägt und entfaltet das ganze männliche oder weibliche Dasein, auch wenn diese Fähigkeit nicht unmittelbar auf das Kind hin gelebt wird. Aber mittelbar ist sie die Grundfärbung unseres Daseins, in seelischen Vermögen, geistigen Anlagen, personalen Qualitäten. Leibvergessenheit macht haltlos, identitätslos, nicht frei. Solche Virtualität ist Bedrohung, nicht Vollendung, weil sie sich der Wirklichkeit (und Endlichkeit) verweigert.

Um die zeitgenössischen Einseitigkeiten einer bloßen Männin oder MenschIn aufzubrechen, wird hier ein ideeller Hintergrund gewählt: der (weithin verdeckte) Anstoß des Christentums. Gerade er trieb Frauen an, Grenzen der Anlage, des sozialen Milieus, des Selbstverständnisses „aufzuheben". Solche Grenzen wurden geweitet und rückgebunden an die Ursprungsgestalt einer neuen Inspiration, an die Erfahrung des Gottmenschen. In dieser Nähe zum Göttlichen traten milieubedingte Konzepte weiblichen Handelns in den Raum neuer Lösungen. Unter dem Ernst des Evangeliums blieb nichts, was es war: nur Natur. „Klassische", kulturell durchgängige Elemente des Frauseins wurden so verändert: von der Mutter, der Sklavin, der Ehefrau und ihrer Haltung zu den Kindern bis zu modernen Berufsbildern. Das 20. Jahrhundert zeigt nie dagewesene Versuche, die Nachfolge Christi mit Arbeit an der Welt und ihren Strukturen zu verbinden: Mystikerinnen der Moderne betreten den Boden demokratischer Politik und sozialer Veränderungen. Dazu kam eine weltgeschichtlich neue Gestaltung des Frauseins: Lösung aus den Aufgaben der Sippe, zielend auf den Selbstand in der Nachfolge Christi. Schon seit der ersten Generation der Jüngerinnen (Lk 8) gibt es den Entschluss zur unmittelbaren Nachahmung seines Lebens, sei es früher in der monastischen Ordnung der evangelischen Räte, sei es heute in den der Welt verpflichteten Säkularinstituten. Die Transformation neu erschlossener Berufsfelder und Denkbereiche der wissenschaftlich-technischen Ära in christliche Lebenswelten bedarf weiterer Anstrengungen.

Christinnen sind zuerst von ihrem Selbstverständnis und der sie bedrängenden Aufgabe her zu deuten, also von ihrer eigenen Wahrnehmung als Frau *und* im Überstieg ihrer geschlechtsspezifischen Kräfte, in der (über-)fordernden, aber auch erfüllenden Dynamik einer Christus-Beziehung. Sie kann zuweilen in einer bestürzenden Unmittelbarkeit wahrgenommen werden, die zu einem leibhaften, seelischen, geistigen Mit-Sein führt, zu einer weiblichen Existenz und Pro-Existenz, die an ihrem Dasein nicht „wie an einem Raub festhält", sondern das allzu Geschlechtsnahe lösend übersteigt.

Der (post)feministische Diskurs hätte an diesen Gestaltungen zu lernen: Er unterschlägt oder blendet weithin basale Fragen des Frauseins aus wie Leib-Bezogenheit, „Aufhebung" des Geschlechts und Ich-Findung durch Transzendenz. Biblische Denkvorgaben verweigern weder die Leibvorgabe noch kulturelle Erfahrungen und Prägungen gemeinsamer Frauengeschichte, weil sie beide nicht absolut, nicht als Blickbeschränkung setzen. Immer wieder werden solche empirischen Gegebenheiten „aufgebrochen" durch das Wirklichwerden persönlicher Freiheit, im Blick auf die göttlich verbürgten Ursprünge.

Bei der Arbeit am vorliegenden Band, der früher formulierte Ansätze aufgreift und weiterführt, zeigte sich (wieder), dass die Frauenfrage niemals nur eine Frage von Frauen, sondern von Geschichts- und Selbstverständnis des Menschen ist. Um genau zu sein: des Menschen in der Frau, des Menschen im Mann. Noch genauer: von Frau und Mann als je selbstständigen Personen. Mit dem Auswägen von Zugehörigkeit und Selbststand kommt die Kulturgeschichte wohl an kein Ende – aber das entspricht den ungeheuren, nicht ausgereizten Möglichkeiten des Daseins, die sich nach Gregor von Nazianz erstrecken „von Anfang zu Anfang, durch Anfänge, die nie ein Ende haben werden".

Erlangen, 23. Juni 2009

Hanna-Barbara Gerl-Falkovitz

I. „Herkunft bleibt Zukunft." Frau und Mann: Ein Gang durch Kulturen und Religionen

Es gibt ein Verständnis von Geschichte, bei dem sie einfach nach Archiv, Museum, Gelehrsamkeit riecht. Dabei bleibt das Gewusste äußerlich, nach rückwärts und von vorgestern gewusst, und „der moderne Mensch schleppt zuletzt eine ungeheure Menge von unverdaulichen Wissenssteinen mit sich herum, die dann bei Gelegenheit auch ordentlich im Leibe rumpeln, wie es im Märchen heißt."[1] So transportiert man Bruchstücke des Vergangenen, etwa auch Festgefrorenes, über das Wesen von Mann und Frau, das nicht mehr von seiner lebendigen Entstehung her erhellt ist und sich so lange wiederholt, bis es als bloße Last ausgespien wird.

Dieser musealen Geschichte lässt sich mit einem zweiten Verständnis entkommen: Das Uralte erscheint unvermittelt brandneu. Wieder sind es Bruchstücke, die sich aber wider Erwarten zu einem – merkwürdig modischen – Cluster zusammenfügen. Nebelhaft schöne Matriarchate fordern das Patriarchat heraus; „Befreiungspotentiale" des Mythos überrunden alle Erfahrungen der Geschichte; erträumtes Vorgestern wird eingeklagtes Übermorgen. Kulturrevolution im wörtlichen Sinn wird nötig: das Zurückdrehen der Kultur auf ein gutes Einmal. Im äußersten Fall zerfällt die Geschichte: in die Geschichte unterdrückter guter Möglichkeiten und in die Kriminalgeschichte der Tatsachen. Auch die Zuordnung von Frau und Mann findet sich – unschwer zu erraten, wie – in diesem Schwarz-Weiß-Muster wieder.

Es gibt noch eine dritte Möglichkeit: Geschichte überhaupt hinter sich zu lassen und die Utopie, das Nie-Dagewesene zum Maß zu machen. Hier erscheint – am nie eingeholten Horizont – der „neue Mensch", der „menschliche Mensch", der „zukünftige Mensch" im herrschaftsfreien Dialog. Hier wird die – geschichtlich gewachsene – Differenz von Frau und Mann unbrauchbar, als bedingt abgeladen; im Unbedingten, nämlich im unbedingt Gleichen, beginnt die lichte Zukunft. Wäre es nicht entlastend, Geschlecht mit seinen eingebrannten Konnotationen überhaupt „abzuschaffen"?

Diese Lesarten von Geschichte sind, ins Extrem getrieben, falsch, jede wohl auf ihre Weise zerstörerisch. Sie enthalten aber in Maßen unterschwellig eine richtige Frage: Wie beziehen sich alte Lösungen auf neue Forderungen? Die Erfahrung anderer auf mein eigenes Leben? Bis zu welchem Grad vertieft, ja ermöglicht das Geschehene und Erprobte einen Zugang zur eigenen Wirklichkeit? Aber bis zu welchem Grad versteinert auch das Altbekannte die jeweilige Lage, wird das Modell zum Zwang eines fremden Lebens anstelle des eigenen? Dann erscheint Tradition in ihrem zweiten Wortsinn als „Verrat": Verrat des neuen Anspruchs, des jeweils sich unverwechselbar ausprägenden Lebens.

Diese tiefgreifende Zweideutigkeit von Geschichte – Überlieferung oder Verrat des Wirklichen? – erscheint in besonderer Stärke bei der Geschlechterfrage: Ist sie je schon gültig gelöst worden? Stehen wir heute vor einer gültigen Annäherung an die Lösung? Gibt es, wenigstens gedanklich, wenn schon nicht real, sinnvolle Vorschläge zur Lösung des Notwendigen?

Eine wichtige Antwort enthält der Satz: „Herkunft bleibt Zukunft." Zwar ein schmaler Satz, doch gehört er lange durchdacht. Zukunft kann nicht von einem Punkt Null aus entworfen werden, von dem aus man nach vorne durchstartet – die abgelegte Geschichte im Rücken. Geschichte liegt nicht im Rücken, sie liegt in uns. Aber wiederum nicht in Form von Wackersteinen oder nicht gezündeten Sprengsätzen. Die Aufgabe wäre, Geschichte zu begreifen als ein Potential, eine Sammlung des bisher Wirklichen = Wirksamen, einen Blutkreislauf von Sinn und Gegensinn. Vergisst man die Herkunft, dann bleibt Erstorbenes anstelle gewachsener Identität: „die Väter, die wie Trümmer Gebirgs uns im Grunde beruhn; (...) das trockene Flussbett einstiger Mütter; (...) die ganze lautlose Landschaft"[2]. Geschichte ist zu begreifen als „Humus" alles Folgenden, sonst taucht sie gespenstisch als Gelehrsamkeit oder als Irritation oder als Lüge wiederkehrend auf – im einen Falle tot, im anderen unreif, zu Rückfällen verführend, Wiederholungen erzwingend, im dritten Falle muss sie ideologisch ausgemerzt werden.

Der jetzt versuchte „Gang des Geistes durch die Geschichte" beabsichtigt gerade nicht, Gelehrsamkeit über das Vergangene auszubreiten, auch nicht, unmittelbare Widerhaken zu einer Rechtfertigung der Geschichte auszulegen. Es geht vielmehr darum, im Gesamt der Geistesgeschichte einige Zuordnungen von Frau und Mann deutlicher zu kennzeichnen, ihre Veränderungen und Entwicklungen darzustellen, nach Größe und Grenze der jeweiligen Zuordnung zu fragen. Denn es genügt nicht, ein vom „männlichen Denken" inspiriertes Menschenbild zu benennen oder abzuweisen, wenn nicht gezeigt wird, woher es seinen Ursprung hat, wie gerechtfertigt er ist, warum seine Berechtigung durch einen anderen Anspruch überwunden ist und, wenn man einen Wechsel fordert, wo dieser überhaupt notwendig ist – je genauer, desto weniger Wunschdenken. Johann Baptist Metz hat die Eucharistie eine „gefährliche Erinnerung" genannt; genau genommen ist jede Erinnerung gefährlich: Gerade das Wissen von der Herkunft ermöglicht das Entwerfen der Zukunft, oder, weniger im Rational-Verfügbaren ausgedrückt: Im richtigen Wahr-Nehmen unserer Herkunft schließt sich Zukunft auf.

Die Herkunft des Menschen hat unterscheidbare Strukturen durchlaufen, wie sich aus den Quellen – Bildern, Kunstwerken, Sprache – ablesen lässt.[3] Mit ihrer Hilfe lässt sich die notwendige „Suche nach der verlorenen (oder nur scheinbar vergessenen) Zeit" beginnen. In diesen Strukturen zeigt sich eine von der heutigen unterschiedene Gesamtlebenshaltung, ein besonderes Gegenüber von Mann und Frau, ebenso – von Letzterem beeinflusst – eine sich ändernde Zuordnung von Mensch und Gott.

Vorgestellt werden im Folgenden immer drei Hinsichten einer kulturellen Entwicklung: ihre allgemeinen Merkmale, das Verhältnis der Geschlechter, das Verhältnis zu Gott. Man gewinnt in diesem Überblick nicht ein bloßes Besserwissen, nicht eine simple Relativierung aller Mythen oder rationalen Aussagen über Mensch und Gott; es geht nicht um ein Abheben auf ihre Vorläufigkeit und Beschränktheit. Auch wird eine Struktur nicht einfach als falsch abgelöst von einer neuen (eine Gottheit von der nächsten, ein Menschenbild vom folgenden), vielmehr wird eine bestimmte Hinsicht auf einen umfassenderen oder klärenden Zusammenhang hin „aufgehoben" in dem bekannten dreifachen Sinn: verneint, bewahrt und höhergehoben.

1. Erinnerung an den bleibenden Ursprung: Die archaische Struktur

Der Ausdruck „archaisch" ist wörtlich zu nehmen, abgeleitet von *arché*, was heißt: Ursprung, raum- und zeitfreier Anfang, die Beherrschung, die sich in aller kommenden Veränderung prinzipiell durchhält. Die schöne lateinische Unterscheidung von *principium* und *initium* benennt mit Prinzip den bleibenden Ursprung, während *initium* den zeitlichen Beginn und Startpunkt meint, der dann verschwindet. Daher ist der Beginn des Johannesprologs richtig zu übersetzen mit „Im Anfang *(en archè)* war das Wort" und nicht „Am Anfang"; dasselbe gilt für das erste Wort der Bibel: „Im Anfang *(bereshit)* schuf Gott Himmel und Erde."

Dieser dauernde Ursprung markiert also nicht einen Zeitpunkt oder eine Frühgeschichte, die sich archäologisch mit dem Spaten ausgraben ließe. Vielmehr sprechen mythische Zeugnisse von einem Ur-Menschen in einem bildhaft ausgeschmückten Paradies als der wahren Wirklichkeit des Menschen, die *nicht* mit der raumzeitlichen Geschichte zu verwechseln ist. Traumhaft erfahren und gewünscht, U-Topos und U-Chronos, meint dieser herrschende Ursprung eine wunderbare Ganzheit des Menschen, mit dem All, mit sich selber, mit dem Göttlichen. Dieser „eigentliche" Mensch sieht das All nicht sich gegenüber, weiß sich vielmehr in ihm eingeborgen. Hildegard von Bingen hat in *De operatione Dei* (1170–73) diesen „Kosmosmenschen" zeichnen lassen: Luft und Wasser, Planeten und Winde, Feuerkreise schließen ihn nicht nur ein, umgekehrt durchdringt er alles, hält das Weltnetz mit den Elementen in Händen, selbst eingekreist vom göttlichen „Urlebendigen".[4] Auch das mythische „Weltei"[5] mit seiner alles einbergenden Ganzheit dient als Bild eines uterinen Zustandes; Erde und Himmel werden noch ursprünglich in eins gesehen. Aus China liegt ein merkwürdiges Zeugnis von Dschuang Dsi vor: „Die wahrhaften Menschen der früheren Zeit schliefen traumlos."[6] Noch gibt es kein Gegenüber, nicht einmal als Traum-Spiegelung – *im* Anfang steht nach den Ursprungsmythen ein reines Ein-und-Alles. Erst später treten Innen und Außen, Seele und Himmel auseinander, wie Platon es kennzeichnet: „Die Seele (…) ist zugleich mit dem Himmel (entstanden)."[7] Nietzsche, der den Weg dieser Trennung zurückzugehen sucht, formuliert: „Oh Himmel über mir, wann trinkst du meine Seele in dich zurück!"[8]

Auch für Frau und Mann gilt „eigentlich" eine unlösbare Bezogenheit, ja ein Noch-Nicht-Unterschiedensein, wie es in dem starken Bild des platonischen *Symposions* vom „Kugelmenschen" aus Mann und Frau erscheint. Darin wird besonders deutlich, dass es nicht im Geringsten um eine anatomische Aussage, ein historisches „Früher" geht, das sich vielleicht mit einem ausgegrabenen Skelett erweisen ließe; es geht vielmehr um das innerste Empfinden, dass das Geschlecht etwas Zweitrangiges gegenüber einer ursprünglichen Ganzheit sei, hängt doch auch das deutsche Wort Geschlecht mit Geschlachtetsein zusammen. In die Empfindung einer Ganzheit gehören die Bilder vom Hermaphrodit, vom Androgyn, von der *Venus barbata*; in dem biblisch vertrauten Bild aus dem älteren Schöpfungsbericht (Gen 2) wäre es Adam vor der Abtrennung Evas.

Ebenso gilt das Verhältnis von Gott und Mensch als ungestört, noch nicht vom Fall aus der Einheit zerrissen: Beide ergehen sich im biblischen Anfang im selben Garten Eden, mehr noch: Im jüngeren Schöpfungsbericht von Gen 1 entstehen Adam und Eva zeitgleich; sie sind Ebenbild, zutiefst verwandt, zutiefst Sohn und

Tochter. Unzählige Mythen aus anderen Kulturen beziehen sich ebenfalls auf eine fraglose Einheit: entweder auf die Abstammung der Menschen von den Göttern oder auf ihren gemeinsamen Ursprung.[9] Die Auflistung göttlicher Vorfahren gehört schlechthin zur Kennzeichnung von Herrschern und Helden; auch der Besuch der Götter auf der Erde, insbesondere bei den Menschenfrauen, drückt noch in seinen spätesten Überschreibungen dieselbe Gewissheit einer Ursprungseinheit aus.

2. Magie und Macht, das Mütterliche und das Numinose: Die magische Struktur

Eine geschichtlich greifbare – in vormodernen Gesellschaften heute noch in Resten wirksame – Stufe stellt das magische Lebensgefühl dar. Hier erfährt sich der Mensch bereits als herausgefallen aus dem Einklang mit dem All, freilich sucht er sich in ritueller Beschwörung wieder mit ihm zu vereinen und den heimlich-unheimlichen Mächten anzuschließen: Ausgeliefert sucht er nach magisch beförderter Bergung. Denn Welt steht ihm bereits schemenhaft, später immer genauer als geheimnisvolle, schwer durchdringliche Gegenmacht gegenüber. Freilich ist noch nicht von einem Erkennen im Ganzen die Rede, vielmehr wird diese Macht in bestimmten Punkten verdichtet erlebt, an heiligen Orten, zu heiligen Zeiten, in Gegenständen, die ein Ganzes versinnbildlichen (*pars pro toto*: in Amulett, Totem, magisch besetzten Symbolen).

In solchen frühgeschichtlichen Kulturen ist das Ich noch unzentriert und kaum ausgebildet; es erfährt sich spiegelmäßig im Außen, überträgt sich auf ein Gegenüber und hängt vom projizierten Abbild ab: vom Spiegelbild im Wasser, von einem dem Clan zugeordneten

Tier, einer bestimmten Pflanze. Die Wir-Identität der Gruppe wird durch äußere Merkmale hergestellt und häufig in einem Gruppensymbol gesichert. Dabei herrschen Ichlosigkeit ebenso wie Einbindung ins Gruppen-Wir. „Älter ist an der Herde die Lust als die Lust am Ich."[10] Aufschlussreich ist die magische Möglichkeit, einen Feind über das Spiegelbild zu töten: entweder durch das Beerdigen einer Puppe – eine Zeremonie, während der die abgebildete Person tatsächlich oder „sozial" stirbt[11] – oder durch das Zerschlagen des Spiegelbildes im Wasser. In diesen Zusammenhang einer *Daseinserfahrung von außen* gehören die abergläubischen Annahmen offener Übergänge in andere Lebewesen, der Auf- und Abstieg in Verwandlungen nach „unten" und nach „oben", in ein Tier, den „Werwolf" etwa, in Pflanze, Stein oder in einen Dämon.[12] Solche gleitenden Metamorphosen entsprechen zutiefst dem Empfinden der Seelenwanderung und später der Wiedergeburt: Sie erklären sich aus einem unzentrierten Dasein, das sich durchaus noch nicht in einer (meiner) Seele erfährt, sondern das Leben in verschiedenen Gestaltungen und noch ohne klare Formgebung ablaufen sieht. Wiederum hängen die unbewussten, aber als „normal" geltenden Formen der Kommunikation wie Telepathie, Telekinese damit zusammen: Es sind gleichsam „Abstrahlungen" eigener Vitalität – auch Letalität! – nach außen. Je später diese Stufe wird, desto nachhaltiger zeigen sich Befreiungsversuche aus der Einbindung, ja Bannung durch Natur und Gruppe: Es geht um Macht und den Kampf um Macht. Magie hängt etymologisch in der Wurzel *magh* mit machen, Mechanik, Maschine, Macht zusammen.

Das erwachende Ich stellt sich zunächst gegen die Natur, je länger, je mehr auch gegen die Gruppe: Es beginnt zu handeln und selbst zu bannen in Zauber,

Fluch, Tabu, Beschwörung, Segen, Ritus. Auch die all-gegenwärtige Numinosität wird gebannt oder verfügbar gemacht, durch das Einweisen in bestimmte Orte, Zeiten und Gegenstände, und der Macht bestimmter Rituale unterworfen. Trieb und Instinkt – noch nicht Bewusstsein! – verdichten sich zu einem naturhaft vitalen oder letalen Wollen, zu einer Übertragung von *libido*.

In Abbildungen früher Zeit fehlt vielfach der Mund, stattdessen erscheint in Andeutungen eine Aura oder Ausstrahlung um den Kopf oder den ganzen Leib[13] – Zeichen jenes eigenartigen vitalen Kontaktes mit der Außenwelt. Übrigens ist auf die Betonung des Ohres als des frühen Organs hinzuweisen[14]: Die deutsche Wortfolge hören, gehören, gehorchen, hörig sein, gibt, gerade in letzterem Wort, jene unbedingte Bindung an das gehörte Außen an, die beispielsweise auch für Ekstase durch Rhythmus und Heilung durch Besprechen Voraussetzung ist.

In breiter Fülle ist belegt, dass diese magische Welt nicht nur auf Erde, sondern ebenfalls auf Mond und Nacht bezogen ist. Nicht allein weil sich das Leben vorwiegend in der lichtlosen Höhle, der fensterlosen Hütte, im Dämmer des Urwaldes vollzieht, sondern weil die Nacht auch Schutz bietet, weil an den Mondphasen und der Sternenwanderung die erste Zeitbestimmung möglich wird (Mond und Monat hängen etymologisch zusammen), weil vom Mond die Fruchtbarkeit der Erde abhängt – ein unerhört reiches Netz von Bezügen spannt sich von der Erde zu Nacht, Mond und Sternen.[15] Das Lebensgefühl dieser zeitlosen Zeit sitzt noch unbedingt im Bauchraum: in den Eingeweiden und Genitalien und dem Mutterschoß. Wenn die Psalmen die „Eingeweide der Barmherzigkeit Gottes" (*viscera misericordiae Domini*) anrufen, so bedeutet das hebräische *rahamim*/Barmherzigkeit zunächst den Plural von *rahem*/Mutterschoß (auch die deutsche Silbe „Barm-" hat mit „gebären" zu tun). Psalm 39 geht vom selben kraftvollen Leibempfinden aus: „Dein Gesetz ist in meinen Eingeweiden."[16]

In diesem Zusammenhang ist erhellend, dass die Ägypter, wie von Herodot im 5. Jahrhundert v. Chr. berichtet, die Eingeweide der Toten mühsam und sorgfältig konservierten, während sie das Gehirn durch die Nase entfernten und einfach wegwarfen – ein Hinweis darauf, wo in der magischen Bindung das „Leben" am dichtesten empfunden wird. Vom kannibalischen Verzehren der Genitalien und dem Aufreißen des Unterleibs durch Harakiri bis zur Eingeweideschau der römischen Priester reicht dieselbe magische Besetzung der eigentlichen „Lebensquelle". Dieser fremd anmutende Befund sei deswegen erwähnt, weil sich die unterschiedlichen Strukturen auch in ihrem Leibempfinden sondern lassen.

Zweifellos ist dieses noch raum- und zeitlose Erleben durchdrungen von einer Verehrung des *Mütterlichen*. In unzähligen weiblichen, deutlich geschlechtsbetonten Idolen wird die *mater foecunda*, die Fruchtbare überhaupt, dargestellt.[17] Weil die Frau offensichtlich das biologische Leben weitergibt, wird sie zur Trägerin naturhaft sakraler Machtfülle. Geschlecht und Fruchtbarkeit *sind* numinos. So sehr dies auch für die Überwältigung beim männlichen Geschlechtsakt gilt – Überwältigung ist immer ein Zeichen der nahenden Gottheit –, so scheint doch lange die Zeugung nicht als entscheidend für die Weitergabe des Lebens begriffen; ohnehin ist das Ursache-Folge-Denken noch nicht ausgeprägt. Vielmehr wird das Mütterliche aufgefasst als eine von selbst empfangende Kraft, die von Mond und Wind (als „Windsbraut"), von Meer, von Früchten, vom gegessenen Fisch befruchtet oder auch von der fruchtbaren

Göttin selbst gesegnet wird[18]. Freilich *muss* die Frau gebären; außerhalb des Mutterdaseins kommt ihr keine Berechtigung zu. Noch im Alten Testament gilt die Unfruchtbare als verflucht, ihr Mann als von Gott bestraft, so im Fall von Hanna und Elisabeth. Daher stammen die vielen Praktiken, der Unfruchtbaren über die Magd wenigstens stellvertretend Leben zu erwecken (wie bei Sara und Hagar). Hierher gehört auch die in heutigen Ohren skandalöse Geschichte von Lots Töchtern, die sich in der Nacht nach dem Untergang von Sodom und Gomorra zu ihrem Vater legen – weil verantwortlich für die Fortdauer des Lebens und des Stammes.

So gestaltet die Frau als Mutter und Groß-Mutter (die die Geburten überlebt hat), als Zauberin, Richterin (die die Tabuverletzungen bestraft), als Heilerin und Töterin, als Weissagende, als Priesterin in der rituellen Erweckung der Fruchtbarkeit, das Leben der Sippe. In diesen Zusammenhang gehört das berühmte Wort des Tacitus, die Germanen hätten die Frau als „etwas Heiliges und Seherisches verehrt".[19]

Die Frage erhebt sich seit Johann Jakob Bachofens Werk *Mutterrecht und Urreligion* (1861), wie diese Weisen des vom Mütterlichen getragenen Zusammenlebens zu bezeichnen seien. Ein Terminus dafür lautet „Mutterkultur". Die Schwierigkeit richtiger Einschätzung liegt jedoch darin, dass Mutterkulturen nicht mit umgekehrten Vorzeichen dasselbe sind wie Vaterkulturen; ihre Herrschaft besteht eher im Unterschwelligen, Indirekten, auch Unbewussten, wie es der magischen Struktur eignet – und was übrigens deutlich ihre Macht ausmacht. Auch legen die Ausdrücke „Mutterrecht" (Bachofen) oder „Matriarchat" (Lewis H. Morgan) eine ausgeprägte Rechtsstruktur nahe, während das Magisch-Mütterliche eher im Sinn von Tabuisierungen und Einflusszonen arbeitet. Ausdrücklich rechtliche Regelungen mit breiter historischer Beweisbarkeit gibt es jedoch in zwei bezeichnenden Fällen: als weibliche Erbfolge *(Matrilinearität)* und als lebenslängliche Zugehörigkeit auch des auswärts verheirateten Mannes zur Muttersippe *(Matrilokalität)*, was besonders im Kriegsfall wichtig wurde, deswegen aber eine unstabile und sich rückbildende Rechtsform war.[20] Historisch nicht festzumachen scheint ein Amazonenstaat[21] – im Gegensatz zu den allgegenwärtigen Spuren weiblicher Macht über die Geheimnisse des Lebens und des Sterbens.

Ein im Allgemeinbewusstsein fast immer falsch eingeschätztes Problem ist noch deutlich anzusprechen. Auch in matrilinearen oder -lokalen Gruppen liegt die Dominanz in der Regel bei Männern – jene Dominanz, die über den häuslichen Bereich mit seiner Zuständigkeit für Geburt, Wachsen, Sterben und deren rituelle Sicherung hinausgeht. Gerade die augenfällige Tatsache der Mutterschaft – im Unterschied zu der nicht augenfälligen Vaterschaft – macht die Frau für den häuslichen und mütterlichen Bereich zuständig, dort auch im beschriebenen Sinne mächtig; auch ihre wirtschaftlichen Domänen lassen sich zeigen. Dennoch: Unzweifelhaft nimmt der Mann kraft seiner stärkeren Physis die ausgreifenden Aktivitäten wahr: Jagd, Pflugkultur im Unterschied zum Gartenbau, Viehzucht, Verteidigung, Kampf.[22] Dazu gehören ferner die „politische" Sphäre, aber auch unterschiedliche Formen der Herrschaft über die Frau, z. B. der – genetisch wichtige – Tausch der Frauen durch die Männer und nicht umgekehrt[23] oder auch das „Verleihen" der Frau an den Gast. Die Verehrung, ja Vergöttlichung des Mütterlich-Fruchtbaren geht also durchaus einher mit einer gleichzeitigen Herrschaft des Mannes nach außen; oder, um es deutlicher auszudrücken: Mutterkulturen bedeuten in der Regel nicht eine soziopolitische Höherstellung der Frau über den Mann – tatsächlich kann die Frau ausgeprägt „rechtlos" sein.[24]

Ein Beispiel mag die differenzierte Ordnung der Geschlechter anschaulich machen. Bei einem Jagdzauber der Pygmäen im Kongourwald, der um 1900 von Leo Frobenius beobachtet wurde, trafen sich vor Sonnenaufgang drei Jäger und eine Frau. Die Aufgabe der Frau war es, das zu erlegende Wild durch eine Zeichnung in den Sand zu beschwören und durch den ersten Sonnenstrahl „töten" zu lassen – all dies in unverbrüchlichem Schweigen. Erst danach begann die Jagd, an der nur die drei Männer teilnahmen.[25] Für den Bereich der Bannung, das Knüpfen des „Bezugsnetzes", war also vorrangig die Frau zuständig (ähnlich auch für die Ent-Schuldigung durch ein Opfer nach der Jagd), für den physischen Vorgang aber der Mann.

Im Ganzen zeigt sich also ein verwickelter Befund; und so sehr hier nur Grundsätzliches gesagt werden kann, so sehr muss man sich bei eingehender Beschäftigung mit einer magischen Kultur auf deutliche Differenzierungen der Geschlechter einlassen, auch wenn sie heutigen Erwartungen „anderer" („besserer") Geschlechterordnungen entgegenlaufen mögen.

Was die Beziehung zur Gottheit angeht, so gilt für diese Stufe eine Vielzahl von weiblichen und männlichen *numina*[26], von Mächten und Gewalten einer unheimlich-heimlichen Gegenwart. Weibliche Gottheiten sind der Fruchtbarkeit des Alls zugeordnet, sei es in Mensch, Vieh, Pflanze, jahreszeitlichem Wachsen – auf der anderen Seite dem Verfall, Welken, Sterben und damit auch dem Krieg.[27] Männliche Gottheiten haben überwiegend mit dem zeugenden Regen, auch mit Himmel[28] und vielfach mit Sonne zu tun, auch mit Allwissenheit[29], ohne dass dies abgeschlossene und vor allem erschöpfende Bestimmungen wären. Für unseren

Zusammenhang sind die weiblichen *numina* aufschlussreich: Zahllose „Venusstatuetten" des Mittelmeerrau-
mes zeigen eine auffällige Betonung der Geschlechts-
zonen und der Fruchtbarkeit. Der Urtypus der
weiblichen Gottheit ist offensichtlich die Muttergöttin,
die in jeder Schwangerschaft, in jedem Wachstum neue
Gestalt gewinnt, etwa im sich rundenden Mond, der
eine ihrer Verkörperungen ist. Zunächst aber stellt die
Erde am sinnfälligsten die „große Mutter" vor: Der
„Schoß der Mutter Erde" ist eine breit ausgefaltete, nie
verlorene Metapher. Das delphische Orakel ließ – gemäß der Auskunft des Livius – die Herrschaft über
Rom dem jungen Mann zukommen, der als Erster nach
der Heimkehr seine Mutter küsse. „Brutus aber
glaubte, dass die pythische Stimme etwas anderes
meinte, fiel, als ob er gestolpert wäre, auf den Boden
und berührte die Erde mit dem Mund, weil er sie offenbar für die gemeinsame Mutter aller Sterblichen
hielt."[30] Noch ein Renaissancetext, der bereits die neuzeitliche Rationalität ankündigt, nutzt durchgängig die
Metaphern (oder sind es noch die magischen Betroffen-
heiten?) vom Leib der *mater terra*, von ihrem Schoß,
ihren Brüsten und Eingeweiden, ihrer nährenden
Milch.[31] Dieser chthonischen Anfangskraft ist auch die
schwarze Nacht zugeordnet, eben mit dem weiblichen
Mondgestirn; es kann ihr auch die Sonne zugewiesen
sein, in mehrfacher Hinsicht: sei es, dass sie selbst
weiblich empfunden wird (wie es in der „Frau Sonne"
ohnehin zum Ausdruck kommt und auch mit der Son-
nengöttin Amaterasu, der Ahnfrau des japanischen Kai-
serhauses, für die japanische Mythologie gilt), sei es,
dass der Sonnensohn noch vom mütterlichen Dunkel
geboren wird (wie von der ägyptischen Nut, der Him-
melsfrau, deren Leib mit den Gestirnen der Nacht be-
deckt ist).[32]

Für diese Muttergottheiten gilt ebenso noch eine Ungetrenntheit von Leben und Tod, auch von Gut und Böse, Geben und Nehmen, Erhören und Strafen. An Kultstätten einer Muttergöttin wurden vornehmlich Kinder geopfert. In Neuguinea lebt ein Stamm, der bis in die Mitte des 20. Jahrhunderts jedes Erstgeborene gleich nach der Geburt tötete und stattdessen ein Schwein aufzog, das dann seinerseits kultisch geschlachtet und verzehrt wurde. In beiden Fällen sind es weniger die Opferpriester, die den schrecklichen Ritus vollziehen, sondern meist die eigenen Mütter – im Namen der großen Göttin, die keine weiteren Geburten gibt, wenn sie sich nicht auch am Lebendigen sättigt. Wenn diese Geschichten zu abseitig anmuten: Die Überlieferung kennt im Nibelungenlied die schöne Königin Krimhild, welche ihre beiden Söhne eigenhändig ermordet und das Blut in den Hirnschalen dem Vater Attila zum Trank reicht – auch die ältere Medea aus Kolchis vollzieht diese Rache. Und in der Grimmschen Sammlung steht das eine unsägliche Märchen vom „Machandelboom", unter dem die Knöchlein eines Mädchens klagen: „Meine Mutter, die mich slug …"

Diese Märchen, Mythen, Kulte folgen der Spur der Großen Bösen Frau, wie sie sich bis heute in der schwarzen Göttin Kali in Indien verkörpert, die, auf dem Leichnam ihres Gatten stehend, seine Eingeweide frisst: Hier wird die Macht des Tödlichen angebetet, jene Herrin-Mutter, deren Souveränität darin besteht zu töten, ohne sich zu rechtfertigen. Wird der Wagen mit der thronenden Göttin durch die Straßen gezogen, so werfen sich bis zum heutigen Tage Gläubige vor die schweren Räder, um zermalmt zu werden. Welcher Abgrund meldet hier seinen Anspruch? Das Märchen verlagert die Ahnung davon auf die Stiefmutter, die Schneewittchen Böses antut, die Hänsel und Gretel zum Verlorengehen in den Wald schickt. Psychologisch gesehen lebt die Stiefmutter in der Mutter selber. Erich Neumann, der Schüler Jungs, will in der weiblichen Psyche ein Viertel diesem Dunkel zuordnen, ein Viertel sei unentschieden, die Hälfte hell und gütig.[33] Ob diese Vierteilung stimmt, sei dahingestellt; unleugbar scheint ein autonomer Bereich im Mütterlichen, der über Leben und Tod des Kindes bestimmen kann.

Freilich ist hier noch eine Klärung – auch von Neumanns These – zu vollziehen. Das Gesagte ist gültig im Bereich der überwiegend animalischen oder biologischen Mutterschaft. Sie nimmt das Kind als Besitz und vermag es deswegen zu vernichten, fast neutral. Mutterschaft umfasst aber mehr als Biologie und einige Urinstinkte des Habens, mehr als das Muttertier. Aber in der antlitzlosen Göttin meldet noch das unpersönliche und deswegen schauerliche Dunkel der numinosen Selbstherrlichkeit seinen Anspruch an. Diese Ambivalenz – noch einmal sei es gesagt – des Muttertieres zeigt sich in vielen Preisungen, die zugleich Bannung sind – ebenso wie das Opfer für die Muttergöttin Bannung ist: „Du in Gestalt der Leere, im Gewand des Dunkels, wer bist du, Mutter, die allein du thronst im Schreine von Samadhi? Vom Lotos deiner furchtzerstreuenden Füße zückt der Liebe Blitz. Dein Geistgesicht strahlt auf, es schallt dein Lachen fürchterlich und gellend."[34]

Das Bewusstsein dieser Ambivalenz ist durchaus notwendig, um nicht einer geschichtswidrigen Romantik der Muttergöttin aus den Bedürfnissen einer späten Zeit anheimzufallen.[35] Dass sie noch andere Züge aufweist, wird anschließend deutlich. Deutlich ist aber auch, dass der Bannkreis des mütterlichen Kollektivs in der geschichtlichen Entwicklung – gerade wegen seiner Macht – eingegrenzt, wenn auch nie ganz ungültig wird. Je länger, je mehr wird er sogar durchbrochen –

freilich von Schuldgefühlen begleitet, was immer einen Rest alter Gültigkeit verrät. Religionsgeschichtlich entspricht dem die langsame Verdrängung der Muttergottheiten durch die Vatergottheiten, die als Garanten gesetzgebender, staatsbildender, ethischer Ordnung angesehen wurden.[36]

Zeus wird zwar in kretischen Höhlen geboren und von einer nährenden Ziege (!) aufgezogen, dann aber auf dem Berg Olymp angebetet. Weit schrecklicher wird diese Abnabelung in der griechischen Mythologie mit dem schuldhaften, aber „notwendigen" Muttermord des Orest thematisiert. Initiationsriten – um es so pauschal zu formulieren – bedeuten den forcierten Wechsel in der Pubertät, weg von der mütterlichen Obhut in die Welt des Erwachsenen, bezeichnenderweise von Prüfungen und Schulderfahrungen begleitet, die freilich die Gruppe mitträgt, kontrollierend auslöst und beendet. (Was nicht heißt, dass nicht der Erwachsene unter neue kollektive Bindungen gerät.)

Auch Judentum und Christentum fordern ein Verlassen des „Wir" zum konzentrierten „Ich", durch die Ernennung zum „mündigen" Gemeindemitglied in der *Bar Mizwah* und im Sakrament der Firmung, etwa im Krisenalter von 14 Jahren. Ida Friederike Görres hat den ungeheuren Kraftakt des Aussteigens aus dem Clandenken und der Blutsbindung der Sippe für die germanische Königin Radegundis gezeigt, die die geforderte Blutrache verweigert und in ein Kloster flieht.[37]

Mit solchen Daseinsentwürfen ist bereits der Eintritt in eine andere Wertigkeit vollzogen. Damit werden bisherige Gültigkeiten umgeformt; das Geschlechterverhältnis differenziert sich neu.

3. Die Frau als Rätsel, Drohung, Verheißung: Die mythische Struktur

Im Mythischen vollzieht sich „Aufwachen" zum größeren Eigenstand: ein Bewusstwerden der Seele gegenüber der erfahrbaren Welt, eine Entfaltung des Innen ergänzend zum Außen. Fast jeder Mythos enthält eine Erhellung, worin dieses Standfassen im Innen im Gleichklang zum Außen deutlich wird. In ein Bild gefasst sind es zwei Hälften, die, obgleich unterschieden, doch zueinander gehören – nicht nur Seele und Himmel (wie in dem schon zitierten Wort Platons[38]), sondern auch in den polaren Entsprechungen Himmel – Erde, Sonne – Unterwelt, Olymp – Hades; in der Architektur: Höhle/Gewölbe – lichte Säulenreihe, wie beides im griechischen Tempel erscheint. Der doppelköpfige Gott Janus fasst in den beiden Gesichtern von Greis und Kind sichtbar Vergangenheit und Zukunft zur Einheit zusammen. Mythisch ist das Bewusstwerden unterschiedlicher Zeitabläufe, die dennoch aus der Einheit einer einzigen gegenwärtigen Zeit stammen.

Symbol dieser Struktur ist der Kreis, der alle Erscheinungen ausgleichend und ergänzend ineinander bindet: Ende und Anfang gehen ineinander über, das „Rad des Lebens" kehrt rhythmisch an den Ausgang zurück. Schon das Wort Mythos selbst lässt sich polar bestimmen: die Silbe *my-* kann sowohl aus *myein* = schweigen als auch aus *mythesthai* = reden abgeleitet werden. Denn Schweigen und Reden ergänzen sich, ebenso wie nicht nur das Gesagte entscheidend ist, sondern auch das im Gesagten Verschwiegene. Ein berühmtes Beispiel findet sich in der Pythia von Delphi: In ihren Orakeln läuft ein untergründiger Sinn mit, der vom Hörer nicht unbedingt in seiner gegenläufigen Meinung verstanden wird. „Wenn du diesen Fluss überschreitest, wirst du ein großes Reich zerstören": Xerxes handelt nach der Weisung in eindeutiger Auslegung, zerstört aber sein eigenes Reich – und der Fehler war, die doppelsinnige Bedeutung nicht mitgehört zu haben.

Ähnliches findet sich in dem erstaunlichen „Gegensinn der Urworte", die nur aus dem Kontext ihrer Doppelbödigkeit zu entkleiden sind, ohne dass ihre Gegenläufigkeit letztlich zu entschärfen wäre. Hierzu gehören die Wörter *sacrum* (heilig – verflucht), *altum* (hoch – tief), *malum* – *melius* (schlecht – besser); im Deutschen die Wörter all (alles – nichts, wie noch im Dialekt erhalten: etwas ist „all") oder weg (Weg auf ein Ziel zu – weg von). Solche Urwörter sprechen in einem einzigen Ausdruck die Polarität oder Zwei-Wertigkeit der mythischen Weltsicht aus. Gegensinn gilt auch für Symbole: So kann die Schlange für Tod und Leben stehen (im Paradies vertritt sie den Teufel, in der erhöhten Schlange in der Wüste das Leben); das Wasser ist ebenso tragend wie verschlingend und daher wiederum Ausdruck für Leben oder Tod.

Im Übrigen ist die Mythendeutung weithin mit der geglückten Traumdeutung der heutigen Tiefenpsychologie verwandt.[39] Fahrten und Abenteuer der Seele spielen sich nicht nur im Innen des Traumes, sondern für eine ältere Zeit in den Fahrten und Abenteuern der Außenwelt, in den *Quests* oder *Aventuren* der Helden ab. „Einsamer, an dir selber führt dein Weg vorbei und an deinen sieben Teufeln"[40], formuliert Nietzsche die bestürzende Entsprechung von innerem und äußerem Geschick. Grundsätzlich gilt: Was immer in der Natur, am Himmel, im Ablauf der Jahreszeiten äußerlich sichtbar geschieht, entspricht dem unsichtbaren Auf und Ab der eigenen Seele. „Der gestirnte Himmel über mir und das moralische Gesetz in mir" sind die späte, kantische Fassung einer längst mythisch angelegten

Weltauslegung, die immer eine Selbstauslegung mitmeint, nicht zuletzt in Form der heute aus vielen Gründen sinnlos gewordenen Astrologie. Mythisch spricht sie nichts anderes aus als das Gesetz der Korrespondenz, der Übertragung, der Ähnlichkeit von Oben und Unten. Ein besonders einleuchtendes Zeichen, das den bindenden Kreis des Ganzen noch mehr erhellt, ist das chinesische Yin-Yang, dessen Verflochtenheit von Hell und Dunkel noch unterstrichen wird durch den gegenfarbigen Pol der beiden Hälften.[41]

Für die Geschlechter gilt vorwiegend ein polares Gleichgewicht von Mann und Frau; so in der klassischen Formulierung von Laotse im *Tao Te King*: „Das Männliche liebt das Weibliche. Yin umarmt Yang, und zehntausend Dinge leben in Harmonie durch die Verbindung dieser Kräfte."[42] Doch sind diese Kräfte ebenso gleichgewichtig wie deutlich unterschieden und getrennten Aufgaben zugeordnet. Ein chinesischer Mythos kennzeichnet die Aufgaben von Kaiser und Kaiserin folgendermaßen: Die Welt des Kaisers ist der Tag; er herrscht von 6 Uhr morgens bis 6 Uhr abends. In dieser Sonnenzeit nimmt er die Truppenschau ab, spricht Recht, erlässt Gesetze, unternimmt Verteidigung oder Angriff, lässt Kanäle bauen – mit einem Wort, er ist zuständig für Handlung im Sinne von Veränderung. Mit Sonnenuntergang beginnt das Reich der Kaiserin: Ihre wesentliche Aufgabe lässt sich überhaupt nicht bestimmen. In der ihr zugehörigen Nacht kann sie schlafen, dichten, musizieren, mit einem Wort: Sie hat nur da zu sein im Sinne von lebendiger Richtigkeit. Ist sie nicht „richtig da", dann allerdings kommt es zu elementaren Katastrophen: Es regnet nicht oder zu viel, die Pflanzen sterben, die Frauen bleiben unfruchtbar, die Feinde brechen über die Grenzen, die Jahreszeiten geraten durcheinander. Ihre Zuständigkeit ist der Kosmos, dessen Gesetze sie durch ihr Dasein in Ordnung hält; die Zuständigkeit des Kaisers ist das Leben im Detail, das der Entscheidungen bedarf, aber nicht an die kosmische Selbstverständlichkeit heranreicht. In dieser Gegenüberstellung ist die Welt immer noch primär durch die Frau im Lot; dennoch hat die Erfahrung gezeigt, dass aus beiden Hälften, dem jeweilig Handelnden und der reinen Stimmigkeit des Daseins, das ganze Leben besteht.

Ein anderes, aber gegenteiliges Beispiel: Im Schachspiel kämpft die Dame, der König bleibt fast untätig, ja er wird vom Einsatz der Dame geschützt. Dieses Gegenbeispiel darf aber nicht unter dem Zeichen des Widerspruchs gesehen werden; strukturell handelt es sich um dasselbe polare Empfinden zweier Hälften, die in Spannung zueinander und aus Gegenrichtungen kommend sich zum Einen des Lebens ergänzen.

So entsprechen in den Abenteuern der Helden auch Heldinnen notwendig der Herausforderung des Schicksals. Nausikaa, Penelope, Brunhilde, Ariadne, Isolde stellen unterschiedlichste Gestalten vor, die ihren Helden gleichwertig gegenübertreten und einen Gegenpol zum Mann bilden. Nicht selten kommt es zu einem Wettkampf von höchst merkwürdiger Verflechtung: Brunhilde, stärker als Siegfried, fordert ihn zum Dreikampf heraus, den er nur durch List gewinnt – andererseits wird sie von ihm zuvor aus der Brünne herausgeschnitten, von ihm als ihrem Erlöser. Noch in den späten Aventuren der Artusrunde herrscht diese eigenartige Verflechtung der Geschlechter: Aufeinander angewiesen, kämpfen sie doch um die Macht. Sir Gawan hat auf Tod und Leben das Rätsel zu lösen, was den Frauen das Allerliebste auf der Welt sei. Wieder nur mit List erschleicht er sich die Lösung von Dame Ragnell: „Was wir vor allem anderen von Männern wünschen, das ist: sie zu beherrschen."[43]

Überhaupt das Rätsel: Auf Tod und Leben fragt die Sphinx Ödipus, fragt Turandot ihre Freier. Wer die Antwort nicht findet, hat verloren: Das Leben und die Frau, beides ist ihm bestimmt, beides steht aber nicht einfach zur Verfügung, im Gegenteil, dem Mythos gemäß ist es nur durch List zu lösen. Und dennoch: Wird es nicht gelöst, ist das eigene Dasein verscherzt. Die Frau als Rätsel und Verheißung des Mannes – eine unentwirrbare, ebenso bedrohliche wie beseligende Erfahrung, die erst in den späten Märchen notwendig gut ausgeht. Frühe Mythen, etwa das Nibelungenlied oder auch die Geschichte der Turandot, enden mit der Bluthochzeit: dem Sichfinden im Untergang, auf dem „Scheiterhaufen"[44], manchmal im „Verbrechen"[45]. Kampf und Erlösung, beides gegenseitig gemeint, bleiben offen für Sieger oder Siegerin: Die Geschlechterbeziehung kennt Beispiele für beide Möglichkeiten.

Neben der erotischen Herausforderung wird eine weitere Bestimmung des Frauseins wichtig: die doppelte Möglichkeit eines Lebens als Mutter oder Jungfrau. Gerade im Dasein der Jungfrau sieht die mythische Tradition eine Ich-Gewinnung, unabhängig vom Mann, gleichgewichtig zu seiner Selbstständigkeit – freilich nur im Rahmen bestimmter Aufgaben: der Priesterin, der Prophetin, der Sibylle. Die mythische Überlieferung von dem Einhorn, das nur von einer Jungfrau gebändigt werden kann, von dem Schiff, das tiberaufwärts von Ostia bis Rom von einer Vestalin mit Leichtigkeit gezogen wird, während hundert Ruderer es nicht von der Stelle schaffen können – diese eigenartige Gewalt der Jungfräulichkeit drückt sich im Mittelalter noch in der Rechtsform jungfräulicher Lösegewalt für Verbrechen aus. Vom Galgen weg konnte eine Jungfrau den Verbrecher durch Heirat begnadigen, im Sinne eines Naturrechtes, dem gegenüber das positive Recht ungültig wurde.[46] Es lässt sich fragen, ob dieses Bild der Jungfrau nicht bereits zum magischen „Untergrund" sakral verstandener Weiblichkeit gehört; dies ist sogar zu vermuten. Dennoch hat die mythische Ausformung, im Sinne der genannten Entsprechung zweier Hälften, die beiden Möglichkeiten des mütterlich gebundenen und des jungfräulich freien Lebens in ihrem notwendigen Zusammenhang entfaltet.

Je länger, je mehr bilden sich für die beiden „Hälften" Mann und Frau gleichsam feststehende Eigenschaften heraus, die in der Folge als unverrückbare geschlechtliche Merkmale verstanden wurden. So hat etwa die Romantik folgende Zuordnungen entwickelt[47]:

Mann	Frau
außen	innen
Weite	Nähe
Öffentlichkeit	Haus und Familie
Energie, Wille	Schwäche, Hingebung, Ergebung
Festigkeit	Wankelmut
Tapferkeit, Kühnheit	Bescheidenheit
selbstständig	abhängig
erwerbend	bewahrend
gebend	empfangend
Durchsetzungsvermögen	Selbstverleugnung, Anpassung
Gewalt	Liebe, Güte
Geist	Gefühl, Gemüt
Denken	Rezeptivität
Wissen	Religiosität
Würde	Anmut, Schönheit

In dieser späten Festschreibung ist die Polarität mythischer Geschlechtererfahrung nicht nur schematisch geworden, sondern, zumindest unterschwellig, bereits aus der Gleich-Gültigkeit herausgetreten. Dies darf jedoch nicht dem mythischen Ansatz als solchem angelastet werden, in dem in der Tat weder Unter- noch Überordnung, eben deswegen auch noch keine Wertigkeit der beiden Hälften gegeben schien, sondern die Notwendigkeit der Spannung des Daseins zwischen zwei Polen zu Wort gebracht wird. Noch einmal: Schweigen und Reden, hell und dunkel, aktiv und passiv sind zwar getrennte, aber nur aneinander verständliche Erfahrungen. Die Entscheidung nur zu einer Seite würde mythisch das Eingeholtwerden von der anderen Seite bedeuten: Ödipus, der seinem Schicksal entläuft, läuft geradewegs darauf zu. Die späte Formel Martin Bubers: „Am Du gewinnt sich das Ich"[48], kann auch auf die unauflösliche und unbewertbare Balance der Geschlechter hin gelesen werden.

Was in Kampf und Bezogenheit von Mann und Frau auf der „Erde" aufscheint, kennt seine Analogie im „Himmel" oder in der „Unterwelt". Das Gleichgewicht von Göttern und Göttinnen in den griechischen oder germanischen Theomythen wiederholt spiegelbildlich die beschriebene anthropologische Erfahrung. Auch im göttlichen Bereich herrscht polare Ordnung: In der *Ilias* entscheidet das Schlachtenglück nicht nur zwischen Griechen und Trojanern, sondern entsprechend zwischen Göttern und Göttinnen verschiedener Parteien. Mehr noch, die Gleichgültigkeit der beiden Hälften ergänzt sich nicht nur im klassischen Rund des Pantheons. Sie kennt auch eine Unentschiedenheit der Werte, eine Auslieferung an alle Möglichkeiten. Gut und Böse, Leben und Tod, Zeus und Hera, aber auch Zeus und Pluto sind nach wie vor notwendig gleich stark, ein spannungsreiches Ganzes. *Deus* und *Devil* (Teufel) haben etymologisch denselben Wortstamm *deu-*, und die griechischen Götter können lügen und betrügen, wie Hermes der Götterbote *und* der Lügner ist, anhand *derselben* Botschaft übrigens. Ob der Gott den Menschen täuscht oder der Mensch die Götter – beides gehört zum Ganzen aus Wahrheit und Lüge, Schein und Sein, Ordnung und Chaos, aus dem die Welt unzweifelhaft besteht. Im Letzten lässt sich nicht entscheiden, was stimmt: Was oben gilt, gilt unten, wie es die orphische *Tabula smaragdina* formuliert, aber auch: Was oben gilt, gilt unten nicht. Und wieder treffen beide Sätze zu; ihre Bedeutung ist übrigens im genannten Sinne gleichgültig. Auch der göttliche Geschlechterbezug – Hera im Widerspruch zu Zeus, Zeus im Kampf gegen Hera – zeigt noch einmal den Unterschied von Kaiser und Kaiserin (als spielten sich ihre verschiedenen Aufgaben auf verschiedenen Ebenen ab und würden sich gleichsam im selben Hause gar nicht treffen) und zugleich das Verweben beider Seiten zum Ganzen der himmlischen Entscheidungen. Welchen Faden immer der betroffene Mensch aus dem Gewebe des Schicksals herauszieht: Er kann versichert sein, dass das ganze Gewebe ihm noch wesentlich anderes als erwartet bescheren wird.

Personales Entschiedensein für etwas Bestimmtes, für einen erklärten Wert, ist ein Zug, der erst in späten Mythen auftritt und diese Welt des Gleich-Wichtigen oder des Gleichgewichts aufreißt. Dieser Zug kündigt sich etwa im Mythos von Athenes Geburt an: Athene[49], die jungfräuliche Göttin der Tagesklarheit, die das Dunkle erstmals als Dunkles sieht (die Eule als erstes Attribut), wird Inbegriff des bewussten Denkens, der zielgerichteten Entscheidung (der Speer als zweites Attribut). Sie entspringt als Kopfgeburt (!) dem Haupt des Zeus und hinterlässt darin eine klaffende Wunde: Der Gleichklang des Kreises ist durchbrochen durch das erwachte, ichbewusste, entschiedene Denken.

4. Der Begriff des Menschen und die Frau als „die Andere". Die mentale Struktur

Der Ausdruck „mental" ist abgeleitet vom griechischen *menis* (Zorn, Mut, Kraft, Vorsatz), das in der lateinischen *mens* (Absicht, Zorn, Verstand, Vorstellung), schließlich im deutschen „man", „männisch", „Mensch" noch durchklingt. Wenn die *Ilias* mit der Zeile beginnt: „Den Zorn, singe, o Göttin, des Achilles", so zeigt das erste Wort *menin* gleichsam das Signalwort eines neu gewonnenen Wirklichkeitsbezuges an. Minerva, die lateinische Entsprechung zu Athene, nennt auch im Namen der Göttin die von ihr geforderte Richtung. Denn im Griechenland des 5. Jahrhunderts v. Chr., um in unserem Kulturraum zu bleiben, bricht ein Denken durch, das die alte mythische Polarität zur Dualität verschärft: Wo zuvor „sowohl – als auch" galt, gilt nun „entweder – oder". Diese Welt entwirft Gesetz, Richtung, Entschiedenheit, Recht, das jetzt notwendig wird, um gut und böse eindeutig zu scheiden; Hammurabi, Lykurg, Solon, Mose, Minos sind einige der zum Teil sagenhaften Begründer des Rechts. Zugleich geht damit einher der Sinn für das „Richtige", das sinnfällig die Wendung zum Recht und nach rechts bedeutet; die griechische Schrift läuft nunmehr von links nach rechts.[50]

In der Entscheidung des „Herkules am Scheidewege" geht der Held richtig nach rechts; im Y des Pythagoras drückt dieser in die rechte Hand der Schüler gezeichnete Buchstaben das Bewusstsein der beiden Richtungen aus – überall steht hier rechts für Zukunft, auch für gut, wahr oder lebendig, links für *sinister* im Sinne von böse, falsch und tödlich.[51] Eine den unzähligen Formulierungen für den jetzt notwendig gewordenen „Scheideweg" ist das mittelalterliche Verschen:

„Nur himel oder hellen,
Der selben weg der sind nur tzwen,
Got geb, daz wir den rechten gen,
und nicht den tzu der linkhen hant!"

Dass diese Aufforderung kein Zufall ist, vielmehr im Gegenteil mit einer Fülle anderer Entscheidungen und Bewertungen zusammenhängt, zeigt ein Text, der in Zusammenhang mit der Geschlechterfrage bisher kaum zur Kenntnis genommen ist. Pythagoras, der Begründer der Philosophie im 6. Jahrhundert v. Chr., hatte gleichsam als Urstiftung der Philosophie eine Gegensatztafel von zehn Prinzipien aufgestellt, die sich unversöhnlich von zehn Gegensätzen abstoßen. Damit sind Unterscheidungen getroffen, die nicht nur Ordnung der Welt, sondern zugleich Wert, Einsicht, Beherrschung bedeuten – ein grundsätzliches „Sich-Zurecht-Finden" anstelle der bisherigen Richtungslosigkeit des Mythos. Damit beginnt nicht nur Philosophie, es beginnt Bewusstwerdung überhaupt im Sinne von Klarheit, Gültigkeit, Wahrheit, die sich nicht mehr durch das Vergessen ergänzt. *Aletheia* bestimmt die Wahrheit gerade im Gegenzug zur *Lethe*, dem Fluss des Vergessens. In der Überlieferung des Aristoteles nimmt sich die elementare Gegensatztafel des Pythagoras so aus:

„Grenze und Unbegrenztes
Ungerades und Gerades
Einheit und Vielheit
Rechtes und Linkes
Männliches und Weibliches
Ruhendes und Bewegtes
Gerades und Krummes
Licht und Finsternis
Gutes und Böses
gleichseitiges und ungleichseitiges Viereck"[52]

Jeder dieser Gegensätze könnte für sich selbst beleuchtet werden; in Zusammenhang mit der Geschlechterfrage springt aber vor allem die Gleichsetzung des Weiblichen mit ausdrücklich negativen Werten ins Auge. Deutlicher: Die Gegensatzreihe darf nicht symmetrisch gelesen werden; sie ist vom Ansatz her asymmetrisch, da nur eine Seite, die eine, rechte, lichte, gute, männliche Seite qua Definition (= Grenze) sich der Einsicht zuordnet. Über das Weibliche lässt sich nur noch ausgrenzend, deswegen aber nur noch im Unterschied zum Erkennbaren sprechen.

Damit wird die bisherige Verwiesenheit der beiden Hälften aufeinander nicht aufgegeben, aber sie wird neu bewertet, denn nunmehr richtet der Wert den Unwert, bestimmt ihn durch Bändigung. Mythisch ließ sich noch sagen:

> „Der Reifen eines Rades wird gehalten von den Speichen,
> aber das Leere zwischen ihnen ist das Sinnvolle beim Gebrauch.
> Aus nassem Ton formt man Gefäße,
> aber das Leere in ihnen ermöglicht das Füllen der Krüge.
> Aus Holz zimmert man Türen und Fenster,
> aber das Leere in ihnen macht das Haus bewohnbar."[53]

Nun wird die Leere, das Unbestimmte, die Potenz von der männlichen Form her gelesen, gehalten, definiert. Nur vom Einen aus lässt sich über Vielheit reden, nur vom Guten aus das Böse aussondern. Der Mann wird zum Wirklichen, die Frau zum Möglichen, das vom Mann verwirklicht wird. Folge (oder Ursache?) dieses Denkens ist eine Zeugungstheorie, worin der Mann als

Sämann, die Frau als Ackerfurche auftritt. „Ist die Erde dem Vermögen nach ein Mensch? Doch wohl nicht; vielmehr erst, wenn sie Same geworden ist. Was ist die Ursache im Sinne von Stoff? Etwa die Menstruation?"[54] Wenn es bei Parmenides (um 500 v. Chr.) noch heißt: „Auf der Rechten (der Gebärmutter lässt der Same entstehen) die Knaben, auf der linken die Mädchen"[55], so ist bei Aristoteles diese räumliche Zuordnung bereits in eine hierarchische Ordnung umgewandelt. Seit daher bestimmt die klassische Philosophie den Mann als den einzigen Erzeuger des neuen Menschen, der im Übrigen wieder ein kleiner Mann ist und nur durch „widrige Umstände" – so Aristoteles – beim Transport in das passive Gefäß der Frau zu einem Mädchen degeneriert. Bekanntlich folgt noch Thomas von Aquin der Vorstellung von der Frau als dem „Mangelhaften und Zufälligen"[56], weil die Schwächung der wirkenden Kraft des männlichen Samens durch die mindere Materialität der Mutter verschuldet sei. Entsprechend sei der Vater ontologisch mehr zu lieben als die Mutter.

Zweifellos geht mit diesem Sinn für das „Richtige" und Aktive auch das Durchsetzen des Vaterprinzips einher, das hier nicht in allen unerhört wichtigen Folgerungen geistesgeschichtlicher Art benannt werden kann; festgehalten sei nur, dass aus dem bisher richtungslosen Verquicktsein mit der Umwelt oder der Natur nun das Bewusstsein des Raumes durchbricht, der dimensional, also messbar gedacht wird. Raum ist nicht ohne Bewusstwerdung von Richtung zu denken. Bereits in dieser kleinen Beobachtung wird deutlich, zunächst unabhängig von der Geschlechterfrage, dass die mentale Struktur zunächst eine Befreiung aus dem Seelisch-Unentschiedenen, Unpersonalen, dem Kreislauf des Immergleichen darstellt. Noch in ihren so deutlich sichtbaren Ungleichheiten liegt die Größe des

Durchbruchs in eine Welt der Einzigkeit und Unverwechselbarkeit, des Wissens gegenüber der bloßen Meinung, der Wahrheit gegenüber dem bloß Stimmigen, der Klarheit gegenüber dem Halbdunkel traumhafter Weltbeziehung. Freilich wird die Eindeutigkeit nur als Einseitigkeit durchgesetzt. Die Identifizierung von Recht und Mann bedeutet geschichtlich auch die Identifizierung von Rechtlosigkeit und Frau; alles Bewusste wird nunmehr auf Kosten des Unbewussten, des Unmessbaren gelebt. Auch die mütterliche, den Ahnen und den Toten zugewandte Vergangenheit wird nun auf das Zukünftige männlicher Ausrichtungen hin überholt. Der Mensch als Mann versteht sich verstärkt herkunftslos, autonom, nicht von der Mutter, sondern aus sich selbst begründet, als „Selbstdenker".

Solche Formulierungen deuten ein Verhängnis an, das sich in der Spätzeit des mentalen Welt- und Selbstverhaltens deutlich ausprägt. Dennoch wird diese Entwicklung falsch eingeschätzt, ja, es ließe sich sagen, man werde ihrem Rechtsbewusstsein nicht gerecht, solange man die ursprüngliche Befreiung darin nicht als den eigentlich bewegenden Ansatz der Veränderung verstanden hat. Dies entbindet nicht von einer Kritik; sie müsste nur vor dem Hintergrund einer eindringlichen Kenntnis der gewonnenen gedanklichen Leistungen verantwortet werden.

Zu dieser Kritik hier ein Beitrag. In der „Gegensatzwelt" herrscht grundsätzlich immerwährende Aufklärung mit dem Pathos immerwährenden Fortschritts, aufbauend auf dem gewonnenen Gedanken einer linearen Geschichtsentwicklung, deren Koordinaten der Mann festlegt. Ein Unterscheiden von Ursache und Folge, von Anfang und Ende ist eine Differenzierung, die zunächst hilfreich wird. Eine weitere ist die Entdeckung der Quantifizierung oder Messbarkeit aller

Dinge, die aus einer numinosen Unverfügbarkeit in das Teilen und Herrschen des Mannes einrücken: Analyse als Basismethode der Wissenschaft. Über Platons Akademie stand bekanntlich der Satz: „Nur wer der Geometrie kundig ist, möge eintreten." Die alte Mutter Gaia wird hier dem Maß ihrer Söhne unterworfen; und nur wer in der Lage ist, die Göttinmutter messend zu behandeln, ist für das geforderte Denken frei. Insofern Wirklichkeit aber im Folgenden auf das Messende und Vermessene abgestellt wird, wird sie ihrer Qualitäten, des Nichtmessbaren beraubt, als Ganzes aus dem Auge verloren und nur noch sektorenhaft beherrscht. Mit dem Einsatz der Neuzeit verstärkt sich diese Richtung auch den Worten nach zu einer Inquisition; Francis Bacon, einer der „Väter" der modernen Naturwissenschaft, sprach von der Folterbank, auf welcher der Natur im Experiment ihre Geheimnisse abzupressen wären. Galilei forderte ebenso programmatisch, alles messbar zu machen, was nicht messbar sei[57], und noch Kant sprach davon, man müsse die Natur zu einer Antwort „nötigen".

Die Naturwissenschaft war damit endgültig in die Quantifizierung eingetreten – eine Entwicklung, die ungeheure Erfolge aufweist. Zu Beginn der „geometrischen Methode" mit unwiderstehlicher Selbstverständlichkeit gehandhabt, ist es freilich verdächtig geworden, die Natur nur als „Gegenstand", also als Widerstand zu nehmen, der zu überwinden, ja zu brechen sei. Dieses Verständnis hat sich in der Tat unerwartet auf den Menschen selbst ausgedehnt und damit die Fragwürdigkeit des rein messenden Verhaltens einsichtig gemacht. Je länger, je mehr sich das mathematisch-geometrische Denken durchsetzte, desto mehr wurde der Mensch im 17./18. Jahrhundert dem Regelkreislauf einer Maschine verglichen. Der französische Aufklärer

La Mettrie sprach von *l'homme machine* (1748); literarischen Ausdruck fand die Menschmaschine, der nur das seelenvolle Auge fehle, in E. T. A. Hoffmanns Menschenpuppe Coppelia. Eine der Spielereien derselben Zeit war der Versuch, Automaten-Tiere und -Menschen herzustellen. Schließlich wurden auch die bisher ausgesparten psychischen Gegebenheiten des Menschen in die Zerlegung mit einbezogen. Kennzeichnend sind die noch primitiven Versuche der französischen Enzyklopädisten, auch seelische Gefühle als Maschinenreaktionen zu deuten. Anspruchsvoller wurde diese Denkrichtung im 19. Jahrhundert, wo die Humanwissenschaften (Historie, Psychologie, Anthropologie, Sprachwissenschaften) bewusst das Konzept der Naturwissenschaften nachvollzogen, die Regelabhängigkeit alles menschlichen Verhaltens und die Handlungsschemata des Individuums darzulegen; seelische Zwänge, gesellschaftliche, historische, ökonomische, erziehungsmäßige Abhängigkeiten wurden unleugbar und zunächst unentrinnbar. Das Wissen, das mit dem Charakter der Erhellung und Beherrschung der Natur begonnen hatte, endete mit der ausweglosen Fixierung des Denkenden auf das Gewusste.

Diese letzte Folge eines ursprünglich entdeckungsfreudig, ja im Namen der Freiheit vollzogenen Ansatzes kann zwar nicht einfach anklagend der mentalen Struktur zur Last gelegt werden; dennoch ist ihre geistige Weichenstellung deutlich auszumachen. Dass die damals verborgenen Rückseiten einer Denkhaltung mit der Technikkritik seit der Mitte des 20. Jahrhunderts zum Vorschein kommen, weist auf die Notwendigkeit einer Überholung des einst Gewonnenen hin.

Sofern der Logos die Welt des Mannes durchdringt und durchdringend klärt, wird alles Nicht-Logosbestimmte gerichtet und ausgeschlossen. In dieser Welt des Exklusiven rückt die Frau entschieden auf die Seite des zu Bändigenden, das unter den Schleier gehört, in dieses Dunkel, in dem sie ohnehin „zuhause" ist, das aber in der Kleidung noch einmal betont wird mit dem Verbinden der Mundpartie, der Unsichtbarkeit ihres Körpers, der Alterslosigkeit unter den schwarzen Gewändern, dem Gesichtslosen. Deutlicher und dualistischer als zuvor gerät die Frau auf die Seite nicht nur des Verborgenen, sondern notwendig des Dienenden. Dies gilt kulturübergreifend auch für die „Achsenzeit" in China; Konfuzius wird der Satz zugeschrieben: „Nur eine unwissende Frau ist tugendhaft."[58]

Wenn sie an der männlich geprägten Welt teilnimmt, dann zweitrangig, falls nötig maskulinisiert, wie die Bildungsgeschichte (oder Legende?) an den mönchisch oder männlich verkleideten mittelalterlichen Frauen zeigt. In einer Reihe von Kulturen, besonders der europäischen, gelangt die Frau auch zu einem gewissen Recht, ohne dass ihr dies jedoch ursprünglich, vielmehr nur abgeleitet zukommt.[59] Der Geschlechter„kampf" kann von mehrfachen Vollzügen her bestimmt sein: vom „Benutzen" der Frau als Gebärerin, während sich Liebe im individuellen Sinn von Mann zu Mann aufbauen kann wie im antiken Griechenland; vom Einsetzen der Frau als Arbeitskraft oder auch als Mitgiftbringerin (bis zum heutigen Tag finden sich „Mitgiftmorde" zum Zweck einer zweiten Heirat in Indien). Die starke Geschlechterspannung entwickelt freilich auch den personalen Bezug, etwa im Minnedienst, im Gedanken der Einzigkeit der Geliebten, sogar der unglücklich Geliebten. Und es gelingt auch, die Liebe als die eigentliche „Versöhnung" des Kampfes zwischen den Geschlechtern zu erfassen, wie es Hegel in den *Vorlesungen über Ästhetik II* versucht. Dennoch, auch bei Hegel in der *Rechtsphilosophie* von 1821 (§§ 161–169) gilt als Regel die hierarchische Überordnung des Mannes über die Frau als das Gegebene; im Recht wird nur nachvollzogen, was die Natur ohnehin eingerichtet hat.[60]

Diese (noch) vertraute Welt sei mit den wenigen Hinweisen nur angedeutet; gerade hier ist das Forschungsmaterial überreich und muss deswegen als Porträt einer Denkhaltung nicht gänzlich ausgezeichnet werden.

Für den Gottesbezug des Menschen wird notwendig die Vatergestalt in ihrer befreienden Größe einsichtig und erfahrbar. Gerade, wo die Vaterwelt und das Gottesbild mit ihr neu befragt werden müssen, ist es wesentlich, sich auch den gedanklichen Durchbruch dieser Theologie deutlich vor Augen zu halten, sonst gelangt man in jene Unklarheit, die keine echte Lösung bringt, sondern ein Zurück. So ist zunächst hervorzuheben, dass sich der Vaterwelt, gestützt von Judentum und Christentum, Folgendes verdankt: Die vielen numinosen Mächte und Gewalten werden nun von einem Einzigen, dem Einzigen, in Schranken gehalten, und mehr als das: Sein Gegenüber, der Mensch, muss sich nun ebenso einzeln, ichhaft vor ihm verantworten. Die grundsätzliche Entdeckung nicht nur des Vatergottes, sondern auch der Person findet Ausdruck etwa in der Gestalt des Mose, der gegen das Volk ein Ich setzt in jenem heiligen Zorn, in dem die Gruppe nicht mehr gilt, nicht mehr das bisher gehabte Wir, nicht mehr das Kindhafte, das selber nicht unbedingt entscheiden muss, schon gar nicht entscheiden darf, sondern jenes innerste und tiefste Getroffensein von einem Anruf, für den der Einzelne einzustehen hat, wenn es sein muss bis zum Martyrium. Religionsgeschichtlich kennen nur Judentum und Christentum den Märtyrer[61], aus dem Grunde, weil die mythisch-religiöse Bindung ein Rücktauchen voraussetzt in das, was alle denken, alle glauben, während hier etwas anderes sein Recht fordert: die Unersetzlichkeit des eigenen Standpunktes, eingefordert vom lebendigen Gott. Es ist wohl nicht einfach eine menschliche Entdeckung, sondern eben tatsächlich Durchbruch der Offenbarung, dass Gott anders ist als die Welt – während in den mütterlichen Kulturen Erde, Sonne, Mond, die Elementarkräfte der Welt immer auch dämonisch-göttliche Mächte waren. Gott ist anders als diese Welt, nicht identisch mit der Erde, nicht identisch mit der Fruchtbarkeit, nicht identisch mit Sexualität: eine Grundaussage Israels gegen Kanaan. Ebenso tief greifend die Offenbarung, die auf diesem unerschütterlichen Element aufruht, dass Gott gut ist, licht, ewig, Einer – Formulierungen, die nicht einer früheren Zeit angehören, wo sich helldunkle, unentscheidbare Potenzen, wo sich religiöse Urangst und religiöses Opfernmüssen mischen, wo ein unbekanntes Dunkel befriedet werden muss.

Gerade am Vater wird nun die entschiedene Eindeutigkeit des Guten offenkundig: „Gott ist Licht und *keine* Finsternis ist in ihm" (1 Joh 1,5) – während in der mythischen Polarität Licht und Finsternis in den Göttern (oder Gott und Teufel) sich die Waage halten. Auch die Zeit wird nun in ihrem Entscheidungscharakter erkannt; mit der Sprengung der antiken Kreisform wird das Empfinden der Wiederkehr des Gleichen und damit der Gleichgültigkeit des Geschehens aufgehoben. Geschichte wird unwiederholbar, weil fortschreitende Heilsgeschichte, wie im großen Entwurf des Augustinus in *De civitate Dei*; dies drückt sich in der Jahreszählung seit Christi Geburt aus. Damit setzt eine ungeheure Befreiung aus dem Ungegliedert-Richtungslosen des bloßen Nacheinanders der Jahre ein. (Demgegenüber ist übrigens das Kirchenjahr auf die gegenwärtige

Erinnerung des Immergültigen gegründet.) So bringt die Vatergestalt Gottes das Bewusstsein von Endgültigkeit: nicht zuletzt vom unwiderruflichen Angenommensein im Guten, von der Durchsetzung des Rechtes und der Gerichtetheit, auch der Geistigkeit gegenüber dem Ungeordneten und Doppeldeutigen. Altes wie Neues Testament lassen sich daraufhin durchprüfen, wie verflochten die Bildlichkeit von Recht, Licht, Sonne, Gesetz und rechts sind; als auffälliges Beispiel dient Psalm 96: „Es freuen sich die Städte Judas deiner Urteile wegen, o Herr (...), ein Licht geht auf dem Gerechten und Freude den Rechtschaffenen im Herzen."[62] Und in der Apostelgeschichte spricht Paulus einen Pseudopropheten an: „Sohn des Teufels, Feind aller Gerechtigkeit, hörst du nicht auf, die rechten Wege des Herrn zu verdrehen? Nun ist die Hand des Herrn über dir, blind wirst du sein und die Sonne nicht sehen." (Apg 13,5–12)

Paulus spricht von jenem „Vater", der die „Söhne" ein für allemal adoptiert hat (Gal 4,5). Er gebraucht damit das Bild des römischen Vaters, der sein Kind nach der Geburt vom Boden aufhebt, es betrachtet und „entscheidet", ob es rechtlich gesehen das seine ist. Hat er das Kind einmal angenommen – und diese Entscheidung zu Ja und Nein ist möglich –, so bleibt der Entschluss unverbrüchlich. Paulus benutzt die römische Rechtssprache, um die geistige Entschiedenheit, die Nichtumkehrbarkeit dieses Vorgangs auszudrücken, womit der Vatergott die Söhne adoptiert. Damit setzt nicht einfach eine Unterdrückungsgeschichte der mütterlichen Seite in Gott ein, sondern auch ein Durchbrechen von Qualitäten. Denn wenn Gott unerschütterlich zum Menschen entschlossen ist, heißt das wohl, dass auch der Mensch ihn immer ansprechen kann, ohne Angstschrei, ohne Opferzwang. Es ist jene Form des

Gegenübertretens in Freiheit, das Nicht-mehr-Ausgeliefertsein, von dem Kierkegaard scharf beobachtend sagte, seit Jesus Christus seien die Menschen „frech" geworden. In der Tat ist diese „Frechheit" im Gegenentwurf gegen das Heidentum mitgegeben; denn wo die Treue Gottes so unverbrüchlich wird, wird selbst die Hölle zum Ort menschlicher Willensrichtung, nicht mehr aber – wie in der griechisch-römischen Antike – zu einem aufgezwungenen, unentrinnbaren Ort der schattenhaft Toten. Nochmals Paulus in einem von Grund auf klärenden Text: „Denn der Sohn Gottes (...) war nicht Nein und Ja, sondern in ihm war das Ja. Denn alle Verheißungen Gottes finden durch ihn das Ja." (2 Kor 1,19 f.)

Auf der Seite des menschlichen Selbstverständnisses antwortet dieser Versicherung das starke Ichgefühl des Einzelnen als eines Einmaligen, woraus sich der Gedanke der Person als des einzigartig Angerufenen entfaltet. Es gibt keine spätantiken Schriften, die derartig vom Gedanken der Freiheit und Unersetzlichkeit jedes einzelnen Menschen getragen sind wie die Paulus-Briefe. Hier sind auch die Kirchen*väter* mit der Weckung dieses Bewusstseins gegen die magisch-mythischen Kräfte anzusiedeln, ebenso die Rechtsgestalt der Kirche und ihre dogmatische (auf definitive Klarheit und Allgemeingültigkeit bedachte) Lehrstruktur. Was heute als Belastung und Einseitigkeit seines ausschließenden Charakters wegen empfunden werden könnte, ist in seinen geschichtlichen Ursprüngen eher eine Atem verleihende Eindeutigkeit des endlich gefundenen Begriffs und Inhalts der Wahrheit.

Hier setzt auch ein, dass die Frau in diese Personalität einbezogen ist: „Nicht Jude, nicht Heide, nicht Sklave, nicht Freier, nicht Mann, nicht Frau – ihr alle seid Einer in Christus." (Gal 3,28) Dieser ungeheure Satz kennt keine Parallele in der Literatur der Zeit. Die Frau wird in ihrer Personalität, d.h. in der Form des Geistigen und Verantwortlichen, präsent.[63] Dennoch blieb der geschichtliche Träger des Geistigen, jenes Geschlecht, das gleichsam Klarheit, Gutheit, Wissen, Ordnung (auch in der Kirche) repräsentiert, überwiegend der Mann.

Dass in der Ausfaltung dieser Gedanken die mütterlichen Bilder Gottes in der Bibel nicht nur in der bildenden Kunst, sondern mehr noch im religiösen Bewusstsein weithin verschwanden[64], ja dass bereits in der Redaktion der biblischen Texte solche Bilder entschärft wurden, ist ein Vorgang, der vor dem Hintergrund der Vaterkultur insgesamt gesehen werden muss. Noch einmal: Diese Einseitigkeit hat einer wünschenswerten Eindeutigkeit gegenüber den Polytheismen und ihrer mythischen Vieldeutigkeit gedient, ist aber darüber hinaus neu anzufragen.

5. Das Gewinnen der Zukunft. Die noch unbenannte Struktur

Die sich seit dem Ende des 19. Jahrhunderts abzeichnende „Nachneuzeit" scheint auf eine Überwindung der Neuzeit hinzuweisen, sofern diese in eine sinn-lose Rationalität verflacht ist. Wie es sich anfänglich in der Kunst (im Wort wie im Bild) ausdrückt, kann es als ein Merkmal der beginnenden Neuzeit gelten, Freiheit von der perspektivischen Fixierung an den Raum, also an die „Richtung" zu gewinnen. In der Nachneuzeit äußert sich bildende Kunst weithin in der überhaupt verlassenen Perspektive, in Aufhebung der einseitigen Ansicht und des fixierenden Auges.[65] Stichworte wie „Raum- und Dingzertrümmerung", durchaus ungriechisch, weisen auf die irritierende, auch zerstörerisch wirkende Freisetzung von der bisherigen geordneten Räumlichkeit hin.

Die vielfältigen Entwicklungen, die hier anzuführen wären, sind durchaus noch nicht in einer adäquaten Weise zu ordnen; gerade die Deutungsversuche seit dem New Age zeigen vielmehr die Widersprüchlichkeit und Unschärfe einer Deutung, die die Phänomene nicht mehr rational kategorisieren will, aber kaum in Ansätzen überzeugend entwickelt ist. Bezeichnend ist am ehesten das Hochkommen, sogar der Rückfall in bereits überholt geglaubte Strukturen, wie es sich in der blühenden Esoterik zeigt; ein solches Hochkommen insbesondere magischer und mythischer Zusammenhänge ist aber kein sinnvolles Überholen unzureichend gewordener Lösungen.

In diesem knappen Versuch sei daher nur auf die deutlicher fassbare Neuordnung der Geschlechterfrage eingegangen. Hier ist eine grundlegende Entdeckung zu kennzeichnen: C. G. Jung hatte in den 1930er-Jahren tiefenpsychologisch die Theorie des gegengeschlechtlichen Anteils in der Seele *(anima/animus)* erarbeitet. Bei allen kritischen Einwänden gegen diese Theorie: Damit ist insofern der Grundzug einer neuen Anthropologie gewonnen, als es um das Freiwerden des *Menschen* in Mann und Frau geht. Überhaupt ist mit der Freilegung der Psyche im 20. Jahrhundert der Schritt zur Ergänzung einer bloß einseitig rationalen Männlichkeit als Prototyp des Menschlichen getan. Sigmund Freud hatte mit der unausgewogenen Geschlechterzuordnung den unheilvollen Zug der Neuzeit seit der Renaissance charakterisiert: Wie Ödipus den Vater erschlug und die Mutter heiratete, so habe der neuzeitliche Mensch den Vater(-Gott) getötet und die Mutter, die Erde nämlich, ausgebeutet. Ohne sich der Interpretation Freuds in Bezug auf den „Ödipus-Komplex" des

Einzelnen anzuschließen, so besitzt der benutzte Mythos doch trotz seiner Unschärfe eine Warnung, der sich die Neuzeit weithin verweigert hatte.

Positiv gewendet und um in diesen symbolischen Übertragungen zu bleiben: Es geht darum, ein neues Verhältnis zur Frau zu gewinnen und damit ein seiner Einseitigkeit und zerstörerischen Durchsetzungskraft enthobenes Verständnis des Mannes.

Diese psychischen und symbolischen Einsichten sind deutlicher zu bewahrheiten an der konkreten „Frauenfrage". Denn seit dem 19. Jahrhundert zeichnet sich ein bisher nicht bekanntes Bewusstwerden der Frau ab, die das Ungleichgewicht der Geschlechter als ungerecht begreift. Diese Bewusstwerdung entwickelte sich in bedenkenswerten Anläufen. Wenn man die einflussreichen Frauengestalten des Mittelalters einmal nicht berücksichtigt, so ist die erste größere Bewegung dieser Art in der frühen Neuzeit, der Renaissance nämlich, anzutreffen; dort kann die Frau erstmals teilhaben an der männlichen Bildung, freilich nur als Aristokratin.[66] Diese Bildung ist ausdrücklich die rationale; alte Sprachen und neue Wissenschaften werden auch von Frauen beherrscht. Erasmus von Rotterdam schreibt dazu ein aufschlussreiches Zwiegespräch zwischen einem ungebildeten Abt, dem Vertreter des Mittelalters, und einer hochgebildeten Humanistin, Vertreterin der Neuzeit.[67]

Hier entdeckt die Frau die taghelle Seite ihrer selbst; sie macht sich zu eigen die neuzeitliche Rationalität, auch im Sinne der Vermessung und Beherrschung der Natur und des Selbst. Im Unterschied zu den fast ausschließlich klösterlich gebundenen, der Mystik zugeneigten Denkerinnen des Mittelalters entwickelt sich hier eine Lust am Individuellen und die Möglichkeit eigener Lebensgestaltung. Die Fürstin als Patronin der Künste und des Wissens, die Politikerin, die Gelehrte, nicht zuletzt die Dichterin zeigen den persönlichen Ton, die Eigenheit des Ego, die grundsätzliche Freude an der Aktivität, die hier auch an Frauen sichtbar wird.

Ein weiterer geistesgeschichtlicher Schub vollzieht sich in der Romantik, d. h. um die Wende von 1800. Ab hier datieren neuerdings die Lexika die Ursprünge der Emanzipation, an der hervorragenden Reihe von Frauengestalten, die – hinausgehend über die Tagesklarheit der frühen Neuzeit und über die mündige Vernunft der Aufklärung – das „Geheimnis", die Nachtseite des Lebens einbeziehen. Nacht und Tod werden hier nicht entdeckt als Gegensatz, sondern als Einheit mit dem Leben. Von hier an reißt die Kette nicht mehr ab: Annette von Droste-Hülshoff beschreibt realistisch und nicht geträumt die Abgründe der Vorzeit und der eigenen Seele („Die Mergelgrube"), wie sie wohl nie zuvor beschrieben wurden. Anschließen lassen sich die verschiedenen Frauenbewegungen des 20. Jahrhunderts, deren Spuren sogar bis in die islamische Welt reichen, und diese Bewusstwerdungsvorgänge sind in der Tat nicht mehr umkehrbar.

Hinzu kommt etwas, was nicht unterschätzt werden darf: die biologische Klärung von Zeugung und Empfängnis. So sehr in der mütterlichen Welt der Mensch gleichsam eigentätig der Mutter entstammt und keines „Vaters" bedarf, so sehr hat die Vaterwelt, von Aristoteles angeleitet, bis zur Entdeckung der weiblichen Eizelle 1827 geglaubt, der neue Mensch werde vom Mann gezeugt und in die Frau wie in einen Brutkasten übergeben. Diese irrige Behauptung ist nicht zuletzt in die Ethik der Geschlechter eingeflossen. Wie die Psychologie, so hat mittlerweile auch die Biologie den tiefen Graben zwischen Mann und Frau beseitigt, denn eine Bewertung oder Hierarchisierung ihres biologischen Unterschieds ist gar nicht mehr möglich.

Für die Theologie zeigen sich vergleichbare Anzeichen einer neuen Wahrnehmung Gottes; der Satz von Johannes Paul I. (1976), Gott sei noch mehr Mutter als Vater, brachte mittlerweile eine Fülle von weiteren Einsichten zutage. Damit ist eine Überlegung aufgebrochen, die längst noch nicht am Ende ist; Genaueres dazu wird ja auch in diesem Buch gesagt. Auf jeden Fall zeigen sich heute nicht nur Bestrebungen, die Identität von Frau und Mann aus dem Spannungsfeld der Geschichte neu zu begreifen, sondern, um es ungewöhnlich zu formulieren, auch die Spannweite Gottes neu wahrzunehmen. Gerade hier erweist sich, dass Theologie und Anthropologie aneinander gültig werden. Im Sinne Goethes: Wir dürfen von Gott anthropomorph sprechen, weil wir selbst theomorph sind.

Seit dem Aufblühen der feministischen Theologie finden sich Überlegungen über den Geist als das „weibliche" Element in Gott, was in der alten Sophialehre, der Lehre von der ungeschaffenen Weisheit, besonders in der orthodoxen Kirche vorgebildet war. Wichtig scheint jedoch und immer erneut der religiösen Balance aufgegeben, in Gott nicht eine Art geschlechtlicher Spaltung anzunehmen, sondern seinen übergeschlechtlichen Grundzug wahrzuhaben (dies allerdings auch in „Vater" und „Sohn").

Hinzu kommt, dass der Bezug von Gott und Schöpfung philosophisch gesprochen nicht mehr derjenige einer *Transzendenz* des Diesseits durch das Jenseits ist. Die dualistische Vorstellung „zweier Welten" hat, wie bei Feuerbach, Marx, Nietzsche religionskritisch herausgestellt, die „Hinterwelt" als das Entscheidende verstanden und das „Irdische", Materielle auf die Seite des Unwerten, Vorläufigen gedrängt, jene Seite, auf der sich die Frau als Gattungswesen und stofflich-sündhafte befand. Als neuer Begriff bietet sich „*Transparenz*" an:

das Durchscheinen des Ursprungs in allem Vorfindlichen, des Himmels *in* der Erde. Eine solche Transparenz war tatsächlich theologisch schon vorgedacht: im Entwurf der verklärten Leiblichkeit etwa oder im Entwurf der kommenden Welt, wie ein Text des 12. Jahrhunderts über das himmlische Jerusalem sagt:

> „Sie ist in Goldschöne
> Wie durchsichtiges Glas
> Alldurchschaubar
> Durchaus lauter. (…)
> Die bedarf nicht der Sonne
> Noch des Mondenschimmers
> Je zur Erleuchtung.
> In ihr ist Gottesschimmer
> Der sie ganz durchleuchtet
> Zu gemeinem Frommen.“

Die heutige Aufgabe wäre noch drängender darin zu begreifen, dass diese „Durchleuchtung“ der Welt mit Gott bereits jetzt statthat, allein schon kraft des Ernstes seiner Fleischwerdung. Ganz *in* der Welt, aber ganz selbstvergessen in ihr – diese Balance Gottes zur Welt, frei von jedem Pantheismus und ebenso frei von jedem abgedankten, abgerückten Welten-Mechaniker, der sein Geschäft mittlerweile dem in der Tat geschäftigen Menschen übertragen hat, diese Balance hat das Denken neu und tiefer zu zeichnen. Gebunden ist dieses Denken der Transparenz Gottes in seiner Schöpfung zweifellos an ein neues Wahrnehmen der Schöpfung selbst, wie es schon bei Teilhard de Chardin, der sich selbst als „Sohn der Erde“ bezeichnete, und in Goethes Wort von der „Andacht zur Erde“ anklingt. Im Hintergrund steht, die Theologie herausfordernd, die Zeile Rilkes: „Erde, du liebe, ich will. Namenlos bin ich zu dir entschlossen, von weit her.“[68]

Sollte eine Schöpfungstheologie darauf Antwort geben, so wird auch die Gestalt der *Frau* als ein neu ernst zu nehmendes Ebenbild ihres Schöpfers, in besonderer Transparenz auf ihn, gewahrt werden müssen. Ebenso wird sich zeigen, dass eine neu ausgelegte *Mariologie* erforderlich wird, die den Gedanken des „integren Menschen" erstmals an einer Frau einsichtig macht. Unter dieser drängenden Frage sind die Mariendogmen tiefer zu lesen: Wie das alte Dogma von der Jungfrau-Mutter die Unabhängigkeit von einer Definition und Sinngebung der Frau durch den Mann aufzeigt, so wird in der „leiblichen Aufnahme Mariens in den Himmel" die Erde auf den Himmel zu geöffnet, nicht mehr durch ihn abgewiesen: Die aufgehobene Zweideutigkeit des „Fleisches" wird an der integren Frau erfahren.

Die Kirche hat bei allem noch zur Sprache kommenden Zögern und einer spürbaren Unsicherheit als Zeichen der Hoffnung seit 1970 mehrere Kirchenlehrerinnen ernannt: Teresa von Avila, Caterina von Siena und Therese von Lisieux; dazu 1999 drei Patroninnen Europas: Birgida von Schweden, nochmals Caterina und Edith Stein. Jedes Zögern, selbst jedes Verbot, bewirkt ja außer einer Stauung der Kräfte auch ihre Klärung und Verdichtung. So mag das bisher nicht zugelassene Diakonat der Frau noch in einer letzten Sammlung der Kräfte stehen. Zugleich ist es die nicht delegierbare Aufgabe der Frauen, weiterreichende Einsichten zu formulieren. Die Beziehung Frau und Kirche wird nicht an der Klagemauer über das (vermeintlich) Vorenthaltene gelöst. Diese Beziehung bleibt so lange fruchtbar, wenigstens offen, solange die Vorarbeit, das Vor-Denken, das Leben mit dem Geist von den Frauen selbst wahrgenommen und der Anstrengung der Klärung unterzogen wird.

Das historische Erwachen der Kultur beginnt mit der Erdhaftigkeit, der Bindung und schließlich dem

Verfallensein an das Magische der Erde, deren symbolische Entsprechung die Frau ist. Nach Phasen der Zweitrangigkeit der Frau zeichnet sich eine Rückkehr zu ihr ab: transparent auf den Schöpfer. Das gelingt nur, indem die Frau nicht als Gattungswesen, sondern als Mensch durchsichtig wird. Es würde der Kirche zur Ehre gereichen, diesen kommenden Vorgang mit den ihr besonderen Kräften zu stützen, wie ihr das ja zu Beginn des Christentums mit den „Vätern" und „Müttern" so befreiend gelang. Ließe sich dieser Inspiration nicht heute gleichermaßen befreiend auf neues Terrain folgen?

Das heißt aber für die Frau, dass sie in der Fülle ihrer Anlagen – ihrer Mütterlichkeit, in ihrer erotischen Kraft, aber auch in jenem rationalen Aufwachen, das mit dem Stichwort „Emanzipation" eher unglücklich besetzt ist – nicht eine Anlage gegen die andere ausspielt. Sie ist nicht einfach zu einer Rückkehr zu den Müttern aufgefordert, aber auch nicht zu einem bloßen Vorpreschen zu der nichtmütterlichen Frau. Vielmehr geht es um ein Gewinnen eines Menschseins, das intensiv von der Frau mit vorbereitet und von ihr gelebt werden will. Von Robert Musil stammt der nachdenkliche Satz: „Die neue Frau ist eiliger ans Licht getreten als die neue Mutter." Dies mag wahr sein aus dem Grund, weil das Muttersein einfach das „Normale" war. Die „neue Frau", sollte so etwas angezielt werden (denn hier wird eher das Gesetz des absichtslos Erreichten wirksam sein), wird sich aber nicht durch Abgrenzen gegen das Normale auszeichnen. Ganzheit meint Einbeziehen. Die wechselseitige Durchsichtigkeit aller fraulichen Anlagen verhindert gerade Einseitigkeit, auch einseitige Aggression. Alle bisherigen Qualitäten bleiben dabei bestehen und sollten gleichzeitig wirken. Alle Kräfte wollen gelebt sein, in der Zuversicht, dass sie damit nicht verschwimmen, sondern in höchster Differenzierung einer Mitte dienen. Diese Mitte ist freilich eine zugelassene und nicht eine gemachte. Eben deshalb: Frauen sind aufgefordert, dieses Zulassen vorzubereiten, die Transparenz auf die Mitte einzuleiten. Um ihr einen Namen zu geben: Sie ist das Menschliche in der Gestalt des Weiblichen.

II. Es lebe doch der Unterschied!? Zum Spannungsfeld Christentum und Feminismus

1. Horizonte, heute

Die Frauenfrage spielt sich heute weithin im areligiösen Feld ab, fernab von irgendwelchen christlichen Vorgaben. Oder, falls sich die Theorie auf die Vergangenheit einlässt und auf deren jüdisch-christliche Bausteine, so bestellen die Forschungen überwiegend ein religionskritisches, auch bibelkritisches Feld. Der herkömmliche Glaube, gestützt auf viele Bibelstellen, sei – von einigen „positiven Anstößen" abgesehen – dem Thema Frau eher abträglich gewesen, habe Unterordnung, Dulden, Sich-Einfügen gelehrt. „Wie vormals gegen ihre Feinde muss sich die Kirche heute zuweilen vor ihren eigenen Kindern verteidigen. Hamlet, der seiner Mutter das Gewissen erforscht, ist die Rolle Tausender auf offener Szene, Zehntausender hinter den Kulissen geworden." So Joseph Bernhart 1935, so die Lage heute. Besonders wer heute über das Thema „Frau" schreibt und das Ganze in die Helle des Christentums stellt, gerät ohne weiteres Dazutun stattdessen ins Zwielicht: in die Abrechnung mit dem Christentum in einer unduldsamen, oft gehässigen Variante. Geschichte lässt sich herrlich ungeschichtlich unter den Leitlinien heutiger Emanzipation abfragen. Nicht ohne meine Vorurteile! Hier stehen die Väter in der Mutter Kirche, aber auch die gläubigen Frauen in der Männerkirche vor einem eigentümlichen Tribunal, das in den letzten Jahren scharf zu einer anschwellenden Kirchenschelte überging. Wer als Frau heute zur Kirche gehört, kann das nur „trotzdem" – meinen viele (auch Frauen). Leiden an der Kirche ist in, Kirche selbst ist mega-out – meinen viele (auch Frauen).

Dabei bleibt jedoch – so die These – in der Regel die reiche, vielgesichtige Frauengeschichte auf der Strecke. Vor allem bleibt auf der Strecke, wie sich die Frauen der jüdisch-christlichen Lebenswelt selbst verstanden. Die gelebten, geglückten oder misslungenen Leben werden nach dem ersten tatsächlichen Vergessen nun ein zweites Mal auch theoretisch begraben. Sofern die zum „Atheismus" erzogenen Generationen ihr kulturelles Gedächtnis verlieren, ist es entscheidend, das Flussbett mit dem Strom des Geschehenen zu füllen, es gegen die massiv-unwirkliche Einebnung – die doch so wirksam ist – zu verlebendigen. Freilich war auch in der Frauenfrage die Kirche selbst ihr eigenes Problem. Anstelle des Leuchtfeuers, das sie in ihren Ursprungsschriften bei sich trägt, kennzeichnet manche Ereignisse und Aussagen ein zähes Widerstreben gegen die eigenen Frauen. Sehr wohl könnte die Kirche im Spiegel ihrer Testamente das Gesicht der Freiheit auftauchen sehen, ja den Freien selbst. Die Unterscheidung der wirklichen Emanzipation von der faulen Frucht der Willkür wird ihr niemand abnehmen, denn dazu hat sie den Geist als Prüfer der Geister erhalten. Nicht selten verschenkt und vergrämt sie aber in ihrer langen Geschichte die eigenen Erzeugnisse, denn Emanzipation ist ein altes christliches Erbe, und das weiß sie sehr wohl. Nur kam zuweilen der Mut abhanden, sich dieser eigenen Schätze, des eigenen Pulvers aus der Pulverkammer zu bedienen. So läuft heute ein Vorgang der Enterbung, der die Ergebnisse und Leistungen dieser christlichen Geschichte wie eine Beute unter sich verteilt, häufig auch nur mit deren Bruchstücken um sich wirft.

Trotzdem *bleiben* Frauen nicht nur – gerade noch – in der Kirche, viele *sind* in ihr und wollen in ihr sein, nicht am Rand und mit einem Fuß, sondern in der Mitte. Und es wäre gut, es würde jenseits von Verteidigung und Angriff gelingen, die Gründe dafür aus der Sache heraus darzustellen. Sofern die Sache Bestand hat, bedarf sie keiner Verteidigung. Sie bedarf einer Augenöffnung, und auch diese soll sich im Folgenden nicht erstrangig auf Glaubensaussagen abstützen (die nicht alle teilen), sondern zunächst auf Geschichte, Daten, Erfahrungen.

2. Ein Blick in andere religiöse Kulturen: Die Asymmetrie der Geschlechter

Das schwierig gewordene Verhältnis Frau und Mann scheint zunächst ein Sonderproblem des 19. und 20. Jahrhunderts zu sein, mehr noch der Nachkriegsentwicklung seit 1945. Bei genauerer Betrachtung wird jedoch deutlich, dass die heutige Forderung nach Freiheit und Gleichheit der Frau mit dem Mann vielmehr ein moderner Ausschnitt aus einem auch sonst interkulturell und interreligiös nicht befriedigend gelösten Feld der Geschlechterzuordnung ist. Denn die Geschlechter *stehen in allen Kulturen und Religionen asymmetrisch zueinander.* Ihre Vorgaben und Aufgaben ("Natur" und "Kultur") sind unterschiedlicher Art und waren daher bis ins 20. Jahrhundert *nicht austauschbar* aufeinander bezogen.

Drei solcher Zuordnungen von Mann und Frau lassen sich skizzieren. Sie treten durchgängig durch die bekannten Kulturen als Grundmuster auf; ihre Entwicklung, aber auch Gleichzeitigkeit sind für den alteuropäischen Kulturraum (Mesopotamien, Ägypten, Griechenland, Rom) gut erforscht. Judentum und Christentum haben beide an den drei Grundmodellen Anteil, verändern aber jede der Zuordnungen in bedenkenswerter Weise. Die Darstellung dieser drei Zuordnungen schließt bereits ein tieferes Verständnis auf, da auch in diesem Fall die Geschichte nicht einfach „hinter" uns, sondern „in" uns liegt. Zu beachten ist, dass es sich um *Typologien* handelt: Nicht *jede* Frau und *jeder* Mann verhält sich gleichermaßen; das Einzelschicksal ist und bleibt das Reizvolle.

a) Die Macht der Mütter. Typik der Fruchtbarkeit

Die Gleichsetzung von Frau = Mutter ist eine erste grundlegende kulturelle Konstante. In manchen Sprachen gibt es nur das Wort „Mutter", aber kein eigenes Wort für „Frau".[69] Und hier setzt bereits die erste Asymmetrie ein: Der Mutterschaft entspricht kaum eine vergleichbare Vaterschaft, beides biologisch betrachtet. Im Lebensgefühl dieser frühen Zeit übernimmt die Frau als Fruchtbare (aber eben nur als Fruchtbare) eine bestimmende Aufgabe: Nur über die Geburten ist die Lebensfähigkeit eines Stammes zu erhalten. Unfruchtbare Frauen gelten daher in der Regel als verflucht. In der Mutter (oder auch in der Großen Mutter = Großmutter, die die Töchter und Schwiegertöchter „verwaltet") wird die geheimnisvolle Tatsache verehrt, ja als „göttlich" empfunden, dass die Frau das Leben aus sich heraus weitergibt. Lange Zeit hindurch ist der Vater – oder ein bestimmter Vater – wohl nicht einmal als zugehörige „andere Hälfte" im Bewusstsein, auf jeden Fall nicht in der unmittelbaren Verantwortung für das Kind. In dieser naturhaft-autonom empfundenen Fruchtbarkeit der Frau ist auch die Wiedergeburt verankert: Es sind die Mütter, die die verstorbenen Mitglieder des Stammes zu neuem Leben erwecken (müssen). Ebenso weiblich betont ist die Verabschiedung in den Tod und das Versorgen oder Ernähren der Verstorbenen auch nach dem Tod. Ahnenkulturen sind grundsätzlich weiblich konnotiert. In bestimmten Tempeln in Japan besuchen und „pflegen" die Mütter ihre „Wasserkinder", die abgetrieben wurden, bringen Geschenke, Spielsachen, Süßigkeiten, je nach „mitwachsendem" Alter.

In diesem „weiblichen" Netz von Leben und Tod sind die vielfachen religiösen Rituale angesiedelt, die gerade die Mütter zu besorgen haben. Als Trägerin numinoser (= naturhaft göttlicher) Fruchtbarkeit garantiert die Gebärerin in den alten Kulturen das Leben der Sippe. So wirkt die Frau in der rituellen Erweckung der Fruchtbarkeit, auch indem sie tötet: Häufig wird ein Kind, etwa die Erstgeburt, geopfert, was heißen will: dem numinosen Kreislauf der „heiligen Naturkräfte" zurückgegeben. Erschreckend für das heutige Bewusstsein sind in der Regel gerade die Fruchtbarkeitsriten, sofern sie entweder Tier- und Menschenopfer oder auch Sexualverkehr anonymer Art einschließen; dazu gehören etwa jahreszeitliche „heilige Hochzeiten", Tempelprostitution, Verehrung von Genitalien als Gottheiten.[70] Mit solchen Riten wurde (auch in Kanaan als dem Nachbarland Israels) die mütterlich-göttliche Fruchtbarkeit auf die Erde herabgerufen; das Göttliche war vielfach ausdrücklich sexuell besetzt und wurde im Geschlechtsakt verehrt.

„Mutterkulturen" bedeuten in der Regel allerdings keine moderne „politische" Wirksamkeit der Frau; „nach außen" repräsentieren meist Männer die Gruppe, nicht selten kraft der Verwandtschaft zu einer bestimmten hochrangigen Frau, bei der die Sippenverbindungen blutsmäßig zusammenlaufen.[71]

b) Die Frau als Rätsel des Mannes, der Mann als Löser der Frau. Typik des Erotischen

Die erotische Anziehung und das Werbungsspiel der Geschlechter sind interkulturell ebenfalls asymmetrisch angelegt. Wie die großen Geschlechtermythen quer durch Religionen und Kulturen anschaulich schildern, stellt sich die Frau dem Mann als Rätsel und lockende Aufgabe dar, der Mann bietet sich ihr umgekehrt als Befreier („Freier") und Löser aus ihrer scheinbaren Abgeschlossenheit und Selbstgenügsamkeit an. Die Frau erscheint dabei häufig passiv-abwartend: in einen Turm oder eine Burg eingeschlossen, hinter einer Dornenhecke schlafend, von der „Waberlohe" geschützt, aber auch durch einen mächtigen Zauber gelähmt. Bei genauem Zusehen ist es aber sie, die einen hohen, sogar den höchsten Preis fordert, indem sie die Bedingungen für die Heirat setzt und den Mann zu (fast unerfüllbaren) Aufgaben, bis zum Einsatz des eigenen Lebens, anstachelt. In vielen Kulturen ist es auch die Sippe, die einen entsprechend hohen „Brautpreis" festlegt oder nur gleichrangige Partner zulässt – dabei aber gleichsam „im Interesse" der Frau agiert.

Wo die Kultur des Erotischen nicht zum bloßen Sexualgenuss oder zur männlichen Gewaltübung verkommen ist, wird sie also wesentlich von den Vorgaben, den Erwartungen, der Selbsteinschätzung der Frau

bestimmt. Der Mann muss – so in den Geschlechtermythen – die von ihr gestellten Bedingungen des Wett-
kampfes erfüllen („weiter springen, schneller laufen,
höher werfen") und darf nach der Einlösung nicht erneut „zu anderen Ufern" aufbrechen. Die Frau ist es,
die den Mann herausfordert und lockt – was in der
Weltliteratur als eigenartige, unentwirrbare Verflechtung der Geschlechter dargestellt wird: einerseits als
Scheitern des Mannes an der Frau, ihrer unentrinnbaren
Rache nach dem Betrogensein, andererseits als unerhörte Seligkeit, „von Ewigkeit zu Ewigkeit" „ein Fleisch"
zu werden (*ewe* = Ehe).

Die Versuchung der Frau besteht darin, ihren Wert
entweder zu hoch oder zu gering anzusetzen; die Versuchung des Mannes darin, den „Schatz im Acker" und
„die einzige Perle" mit List zu erschleichen oder auf
der Suche nach weiteren Perlen umherzuschweifen. Die
Frau bedarf des Mannes zu ihrer „Lösung", der Mann
der Frau zu seiner „Bewährung": Die erotische Spannung enthält eine polare, aber nicht austauschbare Zuordnung der Geschlechter.

Dass in vielen älteren Kulturen die Frau nicht die
Wahl des Mannes bestimmt (sei es dass der Vater für
die Tochter oder die Mutter für den Sohn im Sippen-
interesse wählt), täuscht meist darüber hinweg, dass die
Mythen eine andere Sprache sprechen: Sie tradieren die
„eigentliche" Aussage über die Aktivität der Frau im
„Erhören" des Mannes.

c) *Der Mann als Mensch, der „Vater" als*
   Rechtsträger. Typik der Vaterkultur

„Vaterkulturen" oder Patriarchate sind auf einen Mann
als Haupt und Vorstand einer Sippe bezogen, also kei-

neswegs – wie häufig missverstanden wird – auf jeden Mann, und sie bezeichnen auch nicht vorrangig die Qualität *biologischer* Vaterschaft. „Vater" wird vielmehr ein Rechtstitel. Neben der weiter bestehenden Betonung der Mutter als „innerer" Mitte des Stammeslebens und der Stammesethik bildet sich vom Zweistromland bis zum Mittelmeerraum, ähnlich aber auch in Indien und Fernost, der von den Müttern abgesetzte Aufgabenbereich des Vaters heraus.

Das Patriarchat ist knapp in vierfacher Hinsicht bestimmbar:

Der „Vater" ist der Träger des Rechts. Vaterkulturen entwerfen die ersten *schriftlichen* Rechtssatzungen und regeln die Konflikte des Oberhaupts einer (Groß-) Familie mit einem anderen Oberhaupt. Die übrige Sippe, Frauen wie Männer und Kinder, kommt in diesem „Vaterrecht" nur mitverwaltet vor. Alle alteuropäischen Rechte sind in diesem Sinne für Männer und nicht für Frauen geschrieben.[72] Die Frau ist durchaus Rechtsobjekt und wird als solches vom Mann vertreten, ist aber nicht mündiges Rechtssubjekt.[73]

Zweitens ist der „Vater" kraft dieses Rechtes der Besitzer der Frau(en), Kinder, Sklaven, des Viehs, des Bodens etc. Aus dem Besitz erwächst auch seine Sorgepflicht. Andere Sippenmitglieder nehmen am Besitz teil, sofern ihnen die Nutzung übertragen wird.

Drittens folgt die religiöse Verpflichtung des „Vaters", die Familie in Gebet und Opfer kultisch zu vertreten. Er hält die Verbindung zu den Göttern aufrecht und hat die religiöse Verwaltung des Heiligen inne in der Kulthierarchie.

Schließlich ist der „Vater" Träger des Geistes, des Wissens, der Wissenschaft in all ihren Zweigen, eingeschlossen die Künste und die Literatur. Den Vaterkulturen ist seit der „Achsenzeit" um 800 bis 500 v. Chr.

die „Entdeckung" der Welt des Geistes und der Natur-
gesetzmäßigkeiten (Astronomie) im Sinne von rationa-
lem Ursache-Folge-Denken zuzuschreiben. Die Griechen fassten dieses zielgerichtete Vermögen in das Wort
ménis = Absicht, Mut, Zorn, Wissen, wovon sich nicht
nur lateinisch *mens*, sondern auch das deutsche Wort
Mensch = Mann herleiten. Viele europäische Sprachen
kennen überhaupt nur ein gemeinsames Wort für
Mensch und Mann *(l'homme, man)*, während für die
Frau auf das Gebären bezogene Herleitungen gelten.

In der Vaterwelt steht also der „Vater" für den Bereich des Denkens und für die Eindeutigkeit des
Rechts: Was er abgrenzt und festlegt, ist gültig. Die
Frau rückt auf die Seite des Verhüllten, bis in die Mode
hinein: Der Schleier, das Verbinden der Mundpartie
beim Verlassen des Hauses, das Ausgehen nur unter
Begleitung (genauer: Bewachung) sind Zeichen dieser
Entwicklung. Im Haus bleibt sie für Haushalt und Kinder zuständig, oft mit mehreren Frauen zusammen; ansonsten ist sie Besitz des Mannes. Dies hat auch, ursprünglich vielleicht sogar erstrangig, Schutzfunktion:
Soll die Sippe weiter bestehen, müssen Frauen insbesondere im gebärfähigen Alter spezifisch „geschützt"
werden. Doch hat sich solcher „Schutz" auf die Dauer
zu einem deutlich spürbaren einseitigen Übergewicht
der männlichen Rechte über die Recht-Losigkeit und
von daher Minderstellung der Frau ausgewachsen. Im
römischen Recht beispielsweise „adoptiert" der Vater
in einem Rechtsakt das Neugeborene, wenn er es auf-
ziehen will, im anderen Fall wird es ausgesetzt – ob
mit oder ohne Zustimmung der Mutter. Die „Adop-
tion" ist Folge einer Erfahrung, die in einem anderen
römischen Rechtssatz niedergelegt ist: *mater certa,
pater semper incertus*; „Die Mutter ist sicher, der Vater
immer unsicher." So wird das Vaterrecht zur Sicherung

familiärer Bindungen anstelle biologischer und gefühls-
mäßiger Faktizität. Im mosaischen wie im islamischen
Scheidungsrecht kann der Mann die Frau vor Zeugen
entlassen, übrigens vorrangig wegen Unfruchtbarkeit –
in beiden Rechtskulturen bleibt die Frau dabei unbe-
fragt. Sie kann zwar ihrerseits die Scheidung beantra-
gen, allerdings mit doppelter Zahl von Zeugen und er-
heblich größerem Aufwand an Nachweis.

Diese rechtliche Vorrangstellung des Mannes gilt in
vielen Abwandlungen für die meisten alten Kulturen,
während daneben – für unseren Blick verwirrend –
durchaus Züge der erwähnten Mutterkultur oder der
nie bestrittenen mütterlichen Bedeutung mitlaufen.
Grundsätzlich gilt aber, dass die Frau als Gebärerin
der „Innenseite" der Familie zugeordnet bleibt und
vom Mann in allen öffentlichen Belangen mitvertreten
wird.

Aus diesen Gründen bleiben Frauen im Patriarchat
zumeist „unsichtbar", was heißen will, dass sie selten
eine Selbstdarstellung, noch seltener den rechtlichen,
finanziellen und lebensmäßigen Selbststand kennen. Ob
es gerechtfertigt ist, deswegen von einem „Leben aus
zweiter Hand" zu sprechen, *nur* als Frau von, Mutter
von, Tochter von, ist damit noch nicht beantwortet.
Jedenfalls suchte die Frauenforschung in den letzten
Jahrzehnten in großer Breite nach der unsichtbaren
„Frauengeschichte", nicht nur der ungeschriebenen,
sondern vor allem jener Geschichte, die „hinter die ka-
nonisierten Texte" auf Bilder, Kunstwerke, mündliche
Überlieferungen, Bräuche zurückgreifen kann. Dieser
reiche Strang einer gemeinsamen Geschichte lief bisher
vorwiegend auf der unbeleuchteten Rückseite einer
männergeprägten Geschichte mit.

3. Menschlichkeit und Göttlichkeit beider Geschlechter. Der biblische Entwurf

Judentum und Christentum haben an diesen – spannungsreich nebeneinander zu beobachtenden – Strukturen Anteil, sofern sie den vorfindlichen geschichtlichen Boden des Vorderen Orients und Alteuropas bilden. Zugleich verändert die jüdisch-christliche Tradition diesen Boden entscheidend in Richtung auf die Personalität beider Geschlechter, was heißen will: auf eine Neufassung des Menschlichen hin, das in seinem göttlichen Ursprung „ebenbürtig" konzipiert ist. Diese „Ebengeburt" heißt, negativ formuliert, auch eine gegenseitige Unverfügbarkeit, positiv formuliert, eine je eigene Sinnfülle jenseits aller Verzweckungen durch das Geschlecht. Die neu erwachte Suche nach „Frauengeschichte" findet daher in den Frauengestalten des Alten und des Neuen Bundes Ansätze und Ausgestaltungen einer „Menschwerdung der Frau", deren lebendiges Gesicht man aus diesen oft spröden und kurzen Porträts aufleuchten sieht.

a) Notwendige Erinnerungen: Frauen im Alten Testament

Der Grundimpuls gleicher Menschlichkeit geht bereits vom ersten, stark theologisch-intellektuellen Schöpfungsbericht (Gen 1,26 ff.) aus: „Er schuf den Menschen nach Seinem Ebenbild. Als Mann und Frau schuf er sie." Beide Geschlechter sind mit der gemeinsamen Grundausstattung ausgezeichnet, Abbild des Höchsten zu sein. Zugleich betrachtet Israel die Verknüpfung der Gottheit mit einem bestimmten Geschlecht oder sogar mit dem Geschlechtsakt selbst als Götzendienst: Baal, der die „Mutter Erde" im Frühlingsregen in „heiliger Hochzeit" befruchtet, ist ein Götze, desgleichen die vielnamigen Astarten oder Fruchtbarkeitsgöttinnen, gegen welche die Propheten ihr Wehe! rufen. Beide Geschlechter sind von mehr als sexueller, ursprünglich „göttlicher" Qualität. Dies hebt das Judentum aus den umgebenden Religionen Kanaans, des Zweistromlandes oder auch Ägyptens bereits entscheidend heraus.

Der Fortpflanzung gemäß ist der herausragende soziale Aufgabenbereich der Frau als Mutter weiterhin festgelegt; für die meisten Frauengestalten des Alten Testaments gelten der Wunsch und die Notwendigkeit, Kinder vorzuweisen. Doch das Erstaunliche wird schon in den Urväter-Geschichten sichtbar: In einer durchgängigen Erzähllinie bleiben gerade wichtige Frauen unfruchtbar, verfehlen also die „Naturaufgabe". Sie erhalten aber wider Erwarten, *contra naturam*, von Gott selbst ein Kind – so die Urmütter Sara[74], Rebekka[75], Rachel[76], die erst zu Gott um Aufhebung ihrer Schande schreien müssen; später Hanna, dann Elisabeth an der Schwelle des Neuen Bundes. Damit ist das Muttersein aus einem geheimnisvoll magischen Vorgang, den die Frau herbeizurufen, ja zu bannen hat, in ein freies Eingreifen Gottes und in den dazu nötigen Glaubensakt (nicht mehr Naturakt) der Frau übergegangen. Auch das Kind ist nicht mehr Besitz, nicht Habe, sondern Gabe; es wird zum Kind einer Verheißung und allein Gott gehörig, im Kern also frei. Das gilt selbst für Hagar, die von Sara benutzte und auch missbrauchte Sklavin, deren Sohn Ismael zweimal durch Jahwe vom Tode gerettet wird und sie mit ihm, weil Er auf sie beide seine Verheißung gelegt hatte. Im Falle der Ruth fallen Verheißung und freie Wahl Gottes sogar auf eine ausländische und andersgläubige Moabiterin, die gegen alle Hoffnung Mann und Kind gewinnt und daran den

Gott Israels als einzigen erkennt. Sie rückt sogar in die Stammlinie Davids und damit des Messias selbst ein – so erzählt die unerhörte Geschichte eine Erwählung gegen alle Wahrscheinlichkeit, gegen die biologischen und kulturellen Voraussetzungen, ja selbst gegen die religiöse Herkunft.

An der Gestalt der Richterin Debora (Ri 4–5) wird – ähnlich wie an Judith, Esther und den Prophetinnen Mirjam und Hulda – über das Muttersein hinaus der Zug der politisch handelnden Frau erkennbar. Sofern die männliche Führung Israels versagte und sich als kraftlos erwies, greift die Rettung über Frauen ein, die mit Stolz, List und unter Todesgefahr das Überleben des eigenen Stammes sichern. Im Fall von Judith handelt es sich um eine sinnbildliche, ungeschichtliche Gestalt: Sie köpft den Feind Holofernes, andernfalls das eigene Volk getötet worden wäre – die Männer erschlagen, die Frauen sexuell und sklavisch vernutzt. Entscheidend an solchen Aussagen ist, dass solche Frauen die drängende Not in göttlicher Inspiration deuten, über ihre sonst zugebilligte Natur hinaus im göttlichen Geist handeln. *So ist die Frau bereits im Judentum dem Geist zugeordnet;* es gibt dort Richterinnen, politische Führerinnen, Prophetinnen, aber keine Tempelprostitution, welche die Frau mit der sexuell vorgestellten Göttin gleichsetzt und die Tempeldienerinnen als Sexualreiz nutzt.

Gleichwohl ist Israels Erfahrung von Gott zutiefst von weiblichen und männlichen Zügen durchdrungen, obwohl Israel die Verwechslung Jahwes mit sexuelltriebhaften Mutter- und Vatergottheiten streng abweist. Schon der erwähnte erste Schöpfungsbericht nennt Gott das Urbild des Mannes, das Urbild der Frau. Besonders in den Aussagen der Propheten Jesaja und Hosea (11,1–9) bleibt Gott seinem Volke mütterlichzärtlich nahe: in den Bildern einer stillenden Frau, der

Mutter, die in Geburtswehen liegt, der Mutter, die ihr Kindlein nicht vergisst. Das sind Bilder, Hinweise auf Gottes unbildliches Antlitz; die Offenbarung hat sie ebenso freimütig gewählt wie die Bilder des Vaters, des Königs, des sieghaften Helden und unbestechlichen Richters. Gerade in den letzten Jahren sind die lang übermalten Bilder des Trostes, der unsäglichen Erbarmung, des mütterlichen Durchtragens neu freigelegt worden, zusammen mit *ruach*, dem göttlichen Geist, und *chokma*, der göttlichen Weisheit, die beide weibliche Konturen tragen.

Für die Frömmigkeit bedeutet dies: Das Bilderverbot des Alten Testaments betrifft tatsächlich nur die *Götzenbilder*. Jahwe lässt sich aber sehr wohl im Antlitz der Frau, im Antlitz des Mannes, seiner beiden Eben-Bilder, erkennen und in deren Lebenswelt wiederfinden. Und obwohl die „Verwaltung des Heiligen" in Opferritus und Tempelkult eindeutig den Männern des Stammes Levi übertragen ist, kann jeder und jede das Ohr Gottes unmittelbar erreichen. Auch außerhalb des Tempels „hört Er das Schreien des Armen", wer immer es sei, zu jeder Stunde, an jedem Ort, in jeder auch ungefügen Sprache. Und was im interreligiösen Vergleich ebenfalls außergewöhnlich ist: Viele Religionen kennen aufwändige, abgestufte Vorgehen durch Mittel und Mittler, um der Gottheit überhaupt nahezukommen. Aber im Judentum ist Gott unmittelbar zur Frau wie zum Mann. Anstelle der Opfer tritt „das zerknirschte Herz" (Ps 50).

b) Freisetzungen: Frauen im Neuen Testament

Beim Auftreten Jesu war Israel eine römische Provinz, stand also unter dem jüdischen wie römischen Vaterrecht und zugleich unter einer Fülle religiöser Gesetze, die zum Teil geschlechtsspezifisch waren wie die Reinigungsgesetze des Mose. Liest man die Evangelien zunächst als Geschichtsdokumente, so lässt sich herausarbeiten: Jesus hat einige den Rahmen sprengende Forderungen oder Verhaltensweisen gelebt, die die damalige Lebenswelt außer Kraft setzen. Dennoch sollte man sich vor der Versuchung hüten, Jesus wegen seiner „Nonchalance" gegenüber Frauen zum besonderen „Frauenfreund" zu stilisieren. Frauen sind kein „Biotop" im Evangelium. Vielmehr gründet Jesus seine Forderungen auf ein „Ohr, das hört" – und dies kann jedem, unabhängig von Stand, Geschlecht, Ausbildung, Klasse, zukommen. Als Gegenbeispiel: In der ur-buddhistischen Wiedergeburtslehre gebührt der Frau nur ein niederer Rang in der Abfolge der Inkarnationen; sie muss auf jeden Fall als Mann wiedergeboren werden, um den endgültigen Absprung aus dem Irdischen vollbringen zu können.[77]

Genau umgekehrt werden jedoch in den Evangelien die Frauen gerade in ihrer Personalität angesprochen. In siebenfacher Weise verlässt, ja verletzt Jesus die geltende Lebenswelt[78]:

1. Für beide Geschlechter gilt der Ruf nach Umkehr und die Nähe des Gottesreiches, und zwar ununterschieden. Frauen wie Männer sind daher von Anfang an in seinem Kreis und begleiten ihn, was für Frauen höchst ungewöhnlich ist. Tatsächlich folgten ihm zeitweise auch Ehefrauen, so Johanna von Chuza, die Frau eines Beamten des Herodes (Lk 8).

2. Kult-Tabus wie Unreinheit der Frau werden nicht mehr beachtet, so bei der Begegnung mit der blutflüssigen Frau.

3. Sexuelle Sünden sind nicht vorrangig an das weibliche Geschlecht geheftet, so bei der Szene mit der Ehe-

brecherin (Joh 8) oder der namenlosen Samariterin am Jakobsbrunnen (Joh 4). Überhaupt greifen die geschlechtlichen und leiblichen Sünden weniger tief als die Sünde „wider den Heiligen Geist".

4. Hiesige Macht, besonders in der bekannten Form männlicher Herrschaft, wird erschüttert. Jesus dient an seinem letzten Abend wie ein Sklave bei der Fußwaschung, bevor er die Jünger als seine Sachwalter einsetzt: Amt ist Dienst, ist Umkehrung des gewohnten Oben und Unten.

5. Zeitweilig wird der Besitz verlassen – Familie, Haus, Äcker –, wenn dies die Nähe des Gottesreiches stört. Alles wird freilich nach dem Versprechen Jesu „hundertfach" zurückerstattet. Damit sind die üblichen Bindungen zurückgestellt, auch für die Frau.

6. Tatsächlich sind in den drei Jahren der Wanderschaft Jesu die üblichen Aufgaben der Frauen = Jüngerinnen außer Kraft gesetzt: Weder Haushalt noch Kinder noch sonstige Sippenverpflichtungen stehen im Vordergrund. Von daher bildete sich bereits für die frühe Kirche eine doppelte Lebensform aus: die unverheiratete Jungfrau oder Witwe und die verheiratete Ehefrau, die allerdings nicht mehr als einseitiger „Besitz" des Mannes angesehen wurde; Paulus bezeichnet vielmehr die Gatten als gegenseitigen „Besitz" (1 Kor 7,4). Auf der Seite des Mannes entspricht dies dem unverheirateten Mann („um des Himmelreiches willen") und der Herausbildung der Mönchskultur mit den evangelischen Räten Armut, Keuschheit und Gehorsam, die gleichermaßen für beide Geschlechter gelten.

7. Schließlich tritt in den Evangelien, besonders bei Johannes und Markus, die ausnehmende Zeugenschaft der Frauen hervor, obwohl sie nach geltendem Recht keine Verbindlichkeit besaß. Frauen sind jedoch die vorrangigen Zeugen des Todes und der Grablegung

Jesu und sogar zunächst ausschließlich des Auferstandenen. Das Neue Testament zeichnet dabei die Gestalt der Maria von Magdala, der „Urapostolin" oder „Urzeugin", kraftvoll aus. Martha von Bethanien verdankt sich das erste Credo an den Messias (Joh 11,27), ebenso wie das Gespräch mit der Frau am Jakobsbrunnen bis dahin unerhörte theologische Aussagen Jesu hervorholt (Joh 4,7–30). Überhaupt ist Johannes hervorzuheben, der seine Aufzeichnungen wesentlich auf Handlungen und Aussagen von Frauen abstützt, so auf die Mutter Jesu bei der Hochzeit von Kana (Joh 2,1–11). Maria ist ohnehin die ausdrückliche Erbin der alttestamentlichen Verheißungen, schon im *Magnificat* (Lk 2); sie teilt in menschlich anrührenden Schwierigkeiten den harten Weg ihres Sohnes und bleibt bis in den Pfingstbericht hinein bei seiner Gruppe, übernimmt nach dem Auftrag des sterbenden Jesus auch die Mutterschaft für seinen Lieblingsjünger und übertragen für die ganze Kirche.

c) Die Umsetzung im Christentum

Jahrhunderte mühten sich um die Nachzeichnung des unerschöpflichen Beispiels Jesu, ob es nun wortlos oder worthaft war. So kommt es tatsächlich zu einer Art irdisch-geschichtlichen Wunders im Christentum. Paulus hat es als Erster formuliert; das Zitat mag vielleicht übernutzt sein, ist aber doch in seinem revolutionären Gehalt noch nicht ausgeschöpft: „Es ist nicht Jude, nicht Grieche, nicht Sklave, nicht Freier, nicht Mann, nicht Frau, alle seid ihr eins in Christus." (Gal 3,28) Die handgreifliche Welt der Unterschiede aller zu allen tritt zurück. Von keiner der alten Philosophenschulen sind solche Sätze auch nur annähernd ausgesprochen worden. Wenn man über diese unsterbliche, in der ganzen Antike, auch bei Sokrates nie gehörte Botschaft nachdenkt, so war auch die berühmte Erklärung der Menschenrechte nur ein Neusingen dieser urchristlichen Melodie. Die unerhörte Melodie ist das Konzept der freien Person, unabhängig von Geschlecht, Bildung, Rang und Würden, Volk und Rasse, Können, Nichtkönnen. Dies hat das Christentum vom Start weg über die spätantiken Religionen hinauskatapultiert, hat es als Sprengsatz in die Geschichte eingebaut: als Sprengsatz der vielerlei religiösen Vorbehalte, wer zu welchem Gott hinzutreten dürfe, wer überhaupt kultfähig, wer letztlich ein Mensch sei.

Zweifellos fanden sich Frauen in den früheren magisch-mythischen Kulturen wie in den späteren Vater-Kulturen „eingeräumt": als Fruchtbarkeitssymbol, als Gebärerin, als Sexualreiz, als Dienerin und gefügiger Besitz. In manchen dieser Zuordnungen steckte unterschwellige Macht, in vielen, oft gleichzeitig, Zähmung und Brechung des Weiblichen. In keinem Lebensentwurf aber ging es, konnte es gehen um Freiheit. Wenn Griechenland von *eleutheria* redete, so meinte dies ausschließlich die Freiheit weniger Männer, die weder Sklave noch Weib noch Barbar waren. Und nur ein solcher Mann war Mensch, der größere Rest war Nicht-Mensch. Wenn aber Paulus von Freiheit spricht, meint er die alle einschließende Freiheit. Erlösung heißt hier präzise die Lösung von der Macht der Ungleichheit.

Und es waren die Frauen, die den Geruch vom Ende der Sklaverei, auch der religiösen Sklaverei, schnell erfassten. Was heißen soll, dass die Frau aus der gewohnten leiblichen Mitgift und dem daraus abgeleiteten Nutzen und der Übernutzung freigesetzt wurde: aus dem Nutzen als Sexualobjekt, als Gegenstand irritierender Faszination, als fruchtbare Gebärerin möglichst vieler Kinder, als magische Verwalterin lebendiger und töten-

der Kräfte des Unbewussten, als Dienerin und Unterworfen-Willenlose, als Kultsymbol ohne eigene Züge
(wie in den Fruchtbarkeitsriten) – in jedem Fall als Wesen ohne eigene Individualität und Freiheit des Selbstseins. Zur Eigenständigkeit und Personalität der Christin gehörten weder mehr einfach das Mutterdasein
noch der Triebbereich des Geschlechtes und seiner magisch-unbewussten Macht noch die bloße Arbeitsver-
nutzung, sondern jener „eigene Name", von dem die
Apokalypse spricht und der paulinisch nicht weniger
deutlich „die Freiheit der Kinder Gottes" heißt.

Ein solches Begreifen war durch den Alten Bund
vorbereitet und lässt sich geschichtlich dingfest machen.
Noch einmal: Im Alten Testament gibt es keine Fruchtbarkeitsgöttinnen, keine Tempel-Prostitution, sondern
Prophetinnen, Richterinnen, Mütter des Glaubens.
Und das Christentum begann seinen siegreichen Zug
von den neujüdischen Gemeinden im Ostteil des Römischen Reiches aus. Frauen waren dort der zahlenmäßig
größte Teil; ihre herausragende Mithilfe bei der Befesti-
gung des Christentums ist bezeugt durch die berühmte
Namensliste des Paulus am Ende seines Römerbriefs.
Ja, es scheint, dass das junge Christentum in den ersten
Jahrhunderten einen ungeheuren Zulauf von Frauen
hatte, weil es die Lebensform der unabhängigen Frau,
als Jungfrau oder Witwe, entwickelte, sehr im Unterschied zu den vielerlei Rechtlosigkeiten der spätantiken
Ehefrau, von den Sklavinnen ganz zu schweigen. „Kein
Mann durfte sie (die Jungfrauen) berühren. Sie allein
waren ausgenommen von dem Los des Weibes, Beute
des Mannes zu sein, des Stärkeren, der sie kaufte oder
raubte, bis ihn der Stärkere schlug und die Frau zu sich
nahm, wie den Helm und das Ross."[79] Der bekannt
missgünstige Kritiker des Christentums, Celsus, schreibt
im 2. Jahrhundert voll zeitüblicher Verachtung: „Dem-

entsprechend spielt sich auch die christliche Predigt im Untergeschoss des sozialen Lebens ab: in den Frauenkemenaten, den Schusterwerkstätten und den Walkereien."[80] Der außergewöhnliche Zulauf selbstständiger Frauen führte bereits im 1. Jahrhundert dazu, dass die jungen Gemeinden offenbar zu wenig Geburten aufwiesen, weswegen die Christinnen erneut darauf verpflichtet werden: „Die Frau wirkt aber ihr Heil durch Kindergebären." (1 Tim 2,15) Das heißt aber, gegengelesen, dass die Christinnen von Anfang an sich unter dem neuen Zeichen der Personalität einfanden, und Personalität bedeutet wesentlich Eigenstand.

Diese Selbstverständlichkeit zieht sich durch die 2000-jährige Geschichte kirchlichen Wachstums. Natürlich liegt deswegen nicht einfach ein goldenes Zeitalter vor Augen. Aber eine vorher undenkbare soziale Dynamik brachte eine christliche „Frauengeschichte" hervor, die freilich keineswegs schon geschrieben oder hinreichend im Bewusstsein gegenwärtig ist. Durch alle europäischen Jahrhunderte finden sich Frauen, die sich auf nichts als ihre Geistbegabung und Sendung berufen (so die große Caterina von Siena!); besonders erwähnenswert sind die Klöster, denen reiche Lebensformen der selbstständigen und gebildeten Frau entspringen. Die Kunst entwickelt den zugehörigen Typus, „die streitbare Virago mit dem schmalen, scharf und edel geschnittenen Kopf, in der Verbindung von Geist und Tapferkeit sehr ähnlich der antiken Athene"[81]. Gerade hier zeigt das Eindringen in die Geschichte weit mehr weibliche „Selbstverwirklichung", als mit der Blickeinengung des 19. und 20. Jahrhunderts wahrgenommen wird und überhaupt möglich erscheint.

Nun wird an dieser Stelle Einspruch laut, sogar notwendig. Mittlerweile ist fast buchhalterisch aufgelistet, wie die christlichen Gesellschaften ihrerseits an der Unterordnung der Frau feilten, gedanklich wie praktisch. Auch bei einer nur beiläufigen Kenntnis der abendländischen Kulturgeschichte steigt fast von selbst die gegenteilige Erfahrung hoch: die Nötigung der Christin zum „Schweigen in der Kirche", ihre – wie aus anderen Kulturen bekannte – Einräumung ins Innere des Hauses, die erforderliche Konzentration auf besondere Tugenden, als da sind Demut, Gehorsam, Selbstlosigkeit bis zur Selbstverleugnung. Umgekehrt wird dem Mann mehr und anderes zugeschrieben: die Stellung als Haupt in der Familie, Amtsfähigkeit (allerdings nicht ausschließlich), Rechtsträger, „Besitzer" seines Haushalts mit Schutzverpflichtung. Augustinus nannte den Mann in Seele und Leib das Abbild Gottes, die Frau nur in ihrer Seele – der Leib war vom Phänomen her wohl zu stark mit Irdischem besetzt. Dies war eine wesentlich *neuplatonische* Mitgift für die christliche Anthropologie des Mittelalters.

So sehen Anthropologie und Alltags- wie Rechts-Praxis des Abendlandes vielfach anders aus, als im Alten und Neuen Testament theoretisch grundgelegt. Das liegt auch an den Missionierungswellen, die immer wieder anders geprägte heidnische Denkwelten einbezogen und christlich bearbeiten mussten: zuerst Griechen und Römer, dann Germanen und Slawen. So hat sich ein Verdacht ins Glaubensgefühl geschlichen, der von nicht wenigen herausfordernd geäußert, von anderen eher unbehaglich empfunden wird: Verbaut die jüdisch-christliche Herkunft am Ende eine wirklich neue Geschlechterbeziehung? Irritierend gegenwärtig sind zudem andere Modelle: etwa die verbreitete Auffassung, dass erst die Renaissance und letztlich die Aufklärung auch für die Frau die strahlende Vision von freier und vernünftiger Menschlichkeit geschaffen hätten – im Gegenzug gegen vorheriges Dunkelkammerdasein. Aber nicht nur von der selbstbewussten Neuzeit, auch von „rückwärts" wird die jüdisch-christliche Welt bedrängt. Die Frauenforschung hat ein fast neues Gebiet eröffnet, das Studium „matriarchaler" Kulturen, worin die Göttinnen selbstverständlich und die Aufgabenbereiche der Frau vielfältig, fremd, anziehend anders sind. Zahlreiche Frauengruppen glauben, im Blick auf diese „einstigen Mütter" endlich ihr verlorenes Pantheon, den Raum eigener „weiblicher Kraft" zu finden.

Diese Bedrängnisse des Christentums, von innen wie von außen, sind ernst zu nehmen. Warum lehrte Teresa von Avila im 16. Jahrhundert ihre Schwestern ein Dankgebet, weil sie ins Kloster und nicht in die Ehe berufen seien, wo sie doch nur geschlagen würden? Warum hatte Tertullian die Frauen zum Einfallstor der Sünde erklärt? Warum wurde Maria Ward im 17. Jahrhundert mit ihrem genialen Konzept der Mädchenbildung aus geistlichem Munde daran erinnert, sie sei ja doch „nur eine Frau"?

Die späte Aufrechnung solcher Tatsachen ereilt das christliche Bewusstsein heute massiv. So massiv, dass die Hauptwahrheit außer Blick gerät: Erst im jüdisch-christlichen Kulturraum vollzog sich die Menschwerdung der Frau (und die Menschwerdung des Mannes, was ein anderes ungeschriebenes Kapitel ist). Von Paulus lernt man, was Personalität heißt, vor und über aller Biologie, vor und über aller kulturgeschichtlichen Einebnung des göttlichen Entwurfes vom Menschen. Seit dem Spätmittelalter, verstärkt seit dem Ende des 18. Jahrhunderts, wird in Europa die Frauenfrage auch gesellschaftlich wirksam. Und es ist bezeichnend, dass tatsächlich nur in Europa eine solche *Querelle des femmes* stattfinden konnte – auch sie eine Frucht des jüdisch-christlichen Gleichheitsimpulses.

Es gibt keinen rechten Sinn, zum Gegenbeweis auf die Kulturen der Mutter-Göttinnen zu verweisen: Sind sie doch Symbole des Anonym-Fruchtbaren, der antlitzlosen Vervielfältigung. Und Göttinnen sagen noch nichts über den konkreten sozialen Rang der Frau aus. Wenn überhaupt, dann sprechen sie gegen ihn. Tatsächlich trifft die Matriarchatsforschung sogar eher auf „unmodische" Überraschungen, zum Beispiel auf die Ausgrenzung der Frau gerade in Kulturen der Tempelprostitution. Freilich gibt es die Macht der weiblichen Fruchtbarkeit, den Zauber des Geschlechtes: So gesehen ist die Frau jedoch eine Funktion ihres Unterleibs. Wie übrigens nicht wenige der alten „Venus"-Statuetten einen ausladenden Leib, aber nur eine Andeutung von Kopf aufweisen, und wie fast alle Namen für Weib (*gyne, femina, woman*) vom Genitalbereich abgeleitet sind. Im klassischen China war eine Frau für die Kinder, eine zweite für die ausgefeilte Technik der Liebe und eine dritte für Schönheit und Geist (zum Vorzeigen in der Gesellschaft) zuständig – eine dreifache Aufspaltung des Phänomens Frau in seine „verwertbaren" Teile.

Aber: Der jüdisch-christliche Grundsatz gleicher Menschlichkeit von Frau wie Mann bleibt in der Kirchengeschichte unvergessen. Beider Würde ist in Gott begründet, nicht mehr in einer Naturkraft oder einem Sippenzweck. Übrigens boten die Frauenklöster erstmals in Breite die Öffnung zu geistiger Betätigung und mitunter auch rechtlicher Unabhängigkeit – ein noch kaum ausgeschöpftes Kapitel der Frauengeschichte. Aber auch wo die Christin Mutter und Gattin war oder dem Haus vorstand, war nicht mehr die funktionale Bedeutung solcher Lebensformen vorrangig – auch hier war sie *zuerst* Person, zuerst sie selbst und frei; ihre zuwachsenden Aufgaben waren nicht Zweck ihres Daseins, sondern von ihrem in sich sinnvollen Dasein her erhellt und durchleuchtet. Dieser mühsam gegen den Zeitgeist (und die einleuchtenden Funktionen) festgehaltene Gedanke läuft als Zündschnur durch die abendländische Geistesgeschichte mit, auch gegen sie selbst. Und von dorther bildete sich keineswegs auf einen Schlag, aber beharrlich in immer neue und anders gepolte Kulturen eingepflanzt, das Bewusstsein von der Frau als Mensch heraus. Diese mühevolle, sich langsam ausformende Dynamik brauchte Jahrhunderte, bis sie sich aus der nur religiösen Sphäre auch in der Gesellschaft, der Politik, dem Recht, den Wissenschaften, dem Alltagsleben zu Wort meldete.

Erstmals der Schöpfungsbericht, viel später die Worte Jesu haben den Eigenstand, die aus sich selbst aufsteigende Würde der Frau konzipiert. Auf dem Boden solcher wesentlich theologischer Einsichten erwächst das christliche Verständnis von Person = Selbststand = Freiheit = Selbstbesitz. Die spätere Formulierung der Menschenrechte, die Parolen der Französischen Revolution, ja selbst die Forderungen der Frauenbewegung seit dem 19. Jahrhundert sind in dieser Weise nur innerhalb des europäischen Kulturraumes ausgesprochen worden; sie sind Blätter aus dem jüdisch-christlichen Buch, möglicherweise herausgerissen und zur Hälfte verfälscht, aber ihrem (häufig vergessenen) einzigartigen Ursprung eindeutig zuzuordnen. Und von der Bibel her bildete sich keineswegs auf einen Schlag, aber beharrlich in immer neue und anders gepolte Kulturen eingepflanzt, das Bewusstsein von der Frau als Mensch heraus. Sogar und vielleicht ausschließlich verdankt sich auch der gegenwärtige Feminismus dieser beharrlichen Botschaft. Es gibt keinen *ursprünglichen* Feminismus im außereuropäischen oder außerchristlichen Kulturraum. Daher sollte man die wirklichen „einstigen Mütter" (und Väter) dieser Botschaft dort suchen, wo sie gründen: in der mühevollen, sich langsam ausformenden Dynamik der Offenbarung – nicht außerhalb und in der „blauen Ferne", in die man hinausträumt, was man im eigenen Hause verlegt oder aus den Augen verloren hat.

4. Und heute: Gleichheit oder Unterschied? Unterschied bei gleicher Würde!

Mittlerweile haben sich Frauen mit Recht Freiheit und Gleichheit erkämpft – im säkularen Nachhall der Genesis-Botschaft von der paradiesischen Ausstattung beider Geschlechter mit gleichem Rang vor Gott, Freiheit zur Welt. Freilich stehen auch diese erkämpften Ideale heute in der Gefahr, „wie ein Raub festgehalten zu werden", das heißt, sie nicht aus ihrer Gesamtwahrheit zu verstehen, die spannungsvoller, gegensatzbestimmter ist: Gleichheit *und* Unterschied, Freiheit *und* Vorgaben, Haltung *und* Gehaltensein aus der jeweiligen Anlage – aus der Leiblichkeit, der seelischen Mitgift, den geistigen Vermögen. Unterschied und Vorgaben werden aber entweder ideologisch ins Wort gebracht *(Frausein ist besser)* oder tapfer-trotzig abgegeben *(die Frau gibt es gar nicht)*; es fehlt an der gelassenen Formulierung des Unterschieds, überhaupt am *gelassenen Unterschied.* „*Vive la différence!*" – wie könnte es gelingen, das absichtslos, ohne Überhöhung oder Anklage auszusprechen? Gerade wegen der gleichen Menschlichkeit ist Frausein und Mannsein möglich (ohne Defensive). Wer dagegen zur Frau nur *gemacht* ist, wie Simone de Beauvoir 1949 klagte, kann kaum noch Frau *sein*. Wie könnte ich mich meiner freuen, solange ich mich nur als weiblich stilisiertes Kunstprodukt sehe? Die Gebildeten unter den Verächtern des Geschlechtsunterschiedes hätten über diese Frage noch nachzudenken. Andererseits: Wie könnte eine Frau sich noch der Beziehung zu einem Mann erfreuen, wenn sie schlechthin die umgekehrte Karte ausspielt, wie es die Weiblichkeitsideologie tut: Frauen sind besser als Männer? Zum Beispiel „von Natur aus" friedlicher, harmonischer, ganzheitlicher? Wird dann die Zuwendung nicht ein karitativer oder auch richterlicher Akt, indem die Frau den Mann erst einmal auf ihre per Geschlecht von Mutter Natur gegebene Stufe „heben" muss?

Im christlichen Verständnis ist die natürliche biologische Ergänzung und kulturelle Aufgabenteilung von Mann und Frau immer wieder unterlegt durch die grundsätzliche „Ebengeburt" der beiden, modelliert nach dem Antlitz des Höchsten. An die Stelle der formalen *Gleichheit* tritt christlich die je besondere *Gleichwertigkeit* beider. Mehr noch: Frau wie Mann sind je für sich genommen ganz und nicht einfach „Hälfte". Schon die Urkirche bildete den Stand der unabhängigen Frau heraus, die weder Mutter noch erotisches Gegenüber noch dem Manne unterstellt ist – so in der ersten geschichtlichen „Selbstorganisation" von Frauen in den Orden. Klöster sind über die Jahrhunderte hinweg die genuinen Orte weiblicher Bildung und Selbstbestimmung. Ebenso war die mühsame Durchsetzung der Einehe und ihrer Unauflöslichkeit ein entscheidender Schritt zur Gleichachtung von Frau und Mann. Die Unauflöslichkeit, die dem heutigen Lebensgefühl so sperrig geworden ist, betont im Übrigen den Vorrang der gegenseitigen Liebe vor der Fruchtbarkeit: Auch ungewollt unfruchtbare Ehen sind kein Scheidungsgrund. (Über dieser Frage kam es sogar zu der Abspaltung der anglikanischen Nationalkirche von Rom durch Heinrich VIII.) Auch im Eros, auch in der

Mutterschaft tritt damit eine Kultivierung und Personalisierung ein: Das Gattungswesen war austauschbar, die Person wird einmalig.

Diese Wertsetzungen und Werteroberungen in der weiblich-christlichen Lebenswelt sind im Bewusstsein der Frauen selbst allzu verblasst; häufig schlägt sich in der Literatur eine einseitige „Kriminalgeschichte" nieder, zu deren Überwindung es neuer sachhaltiger Anstrengungen der Christinnen selbst bedarf.

Dazu bedarf es eines Neuverständnisses vom Verhältnis Frau und Mann: *einer Neufassung der kulturellen Asymmetrie der Geschlechter einerseits, der religiös begründeten Gleichwertigkeit andererseits.* Beides muss zugelassen, das heißt aus der Sphäre von Anklage und Rechtbehalten herausgenommen werden. Gleichwertigkeit *und* Unterschied ausbilden heißt: den Unterschied leben dürfen und dabei nicht nach höherem oder geringerem Wert beurteilt werden. Dies scheint nach den Erfahrungen einer hierarchischen Geschichte nur schwer gleichzeitig möglich, und trotzdem macht es auf die Länge der Geschichte die Aufgabe aus. Beide Schwerpunkte werden sich in rhythmischer Abfolge immer wieder verschieben und in ihrem Gewicht ablösen.

Gedanklich und lebensmäßig kompliziert wird die Gleichwertigkeit auch deswegen, weil sie in der kulturellen Entwicklung meist einfach als Gleichheit verstanden wurde und rechtlich auch so zu verstehen ist. So erkämpfte die Frauenbewegung seit der Mitte des 19. Jahrhunderts gleichen Lohn für gleiche Arbeit, gleiche Bildungsmöglichkeiten, überhaupt Rechtsgleichheit. Trotzdem ist der „Egalitätsfeminismus" im Grunde nur eine Teillösung. Und zwar nicht zuletzt wegen der sozialistischen Erfahrungen einer Gleichmacherei zu Lasten der Frauen: Ist es emanzipatorisch, wenn Frauen dieselbe Knochenarbeit zu leisten haben wie die

Männer – oder die Knochenarbeit im Zeichen der „Befreiung" auf sie abgeschoben wird? Im Rückschwung des Pendels steht im internationalen Diskurs heute der Unterschied zwischen den Geschlechtern zur Kultivierung an: Denn unter „Gleichheit" lässt sich sinnvoll nur Rechts- und Chancengleichheit verstehen, nicht aber Angleichung in der Lebenswelt – wieso sollte Frau sich zum Mann stilisieren? Die Suche nach weiblicher Geschichte, weiblicher Lebenswelt, weiblichen Perspektiven, also die Suche nach Vergangenheit, Gegenwart und Zukunft der Frau, ist vielversprechender und lockender, wird ihrem Selbstwert weit mehr gerecht als die Einebnung auf die neutrale Arbeitsbiene.

Nochmals die These: Der Unterschied zwischen Frau und Mann ist gerade seiner Asymmetrie wegen wichtig. Asymmetrie ist ein Gesetz des Lebendigen, und übrigens auch des Schönen. Ein vollkommener Kristall kann nicht wachsen, außer wenn er unregelmäßig ist. Alles, was lebendig ist, was der Entwicklung und der reizvollen Antwort auf Neues fähig ist, besteht nicht aus symmetrischen Kräften, die einander genau die Waage halten. Es setzt sich vielmehr zusammen aus ungleichen Energien mit unterschiedlichem Antrieb und getrennten Aufgaben. Allerdings sind die Kräfte auf ein einheitliches Ziel hin zu versammeln, sonst brechen die Strebungen aus dem Lebendig-Ganzen aus. So sind die Geschlechter einander asymmetrisch zugeordnet – gerade das macht den Reiz der Beziehung aus: die Lebendigkeit wirklichen, tiefen, bleibenden Andersseins und die Lust umso tieferer Gemeinschaft.

Die Suche nach der spannungsreichen Identität wird heute von Frauen vorangetrieben. Zu wünschen wäre, dass sie auf eine Einsicht stoßen, in welcher weder die gemeinsame Menschlichkeit noch die reizvolle Besonderung der Zweiheit auf der Strecke bleiben. Es geht um eine Einsicht, worin Selbststand und Sich-ergänzen-Lassen zusammengehören. Das klingt freilich nach der Quadratur des Kreises. Im Unterschied zu früher sind aber diesmal die Komponenten klarer: Nicht muss der Efeu die Eiche umschlingen, nicht die Eiche den Efeu tragen, wie das gängige Bild der Aufklärung für die männliche Eiche und den weiblichen Efeu lautete. Sich-ergänzen-Lassen meint keineswegs bloße Angleichung und wechselseitigen Rollentausch. Rechts- und Chancengleichheit, so unabdingbar sie sind – auch für die zu integrierenden patriarchal gefärbten Zuwandererkulturen –, bedeuten nicht Gleichheit der Lebenswelt und sollen es auch nicht werden. Asymmetrie meint das Zulassen und Aushalten der genannten biologischen und kulturgeschichtlichen Vorgaben, die ja letztlich Lebensspannungen sind. Allerdings heute mit neuen Balanceversuchen, ausgespannt zwischen dem lang Erprobten und dem Gegenufer neuer Möglichkeiten. Das scheint die unruhige Signatur unserer Epoche zu sein und vorderhand zu bleiben.

Grundsätzlich: Die jüdisch-christliche Tradition hat in der Tat die gleiche Personalität von Frau wie Mann – gegen die handgreiflichen Unterschiede – herausgestellt. Auf diese „Ebengeburt" der Geschlechter ist daher religiös erstrangig Wert zu legen, bei Anerkennung aller reizvollen Besonderung, die keinesfalls eingeebnet werden sollte. Die Gestaltung dieser Besonderung bleibt ebenso eine Aufgabe der Frau wie des Mannes, kann aber in unserem Kulturraum nur gelingen, wenn die Ebengeburt als leitende Überzeugung erhalten bleibt.

5. Wandel in der Kirche

Mit diesen Überlegungen sind wir an einem empfindlichen Punkt angelangt: Stützt die Kirche diese schwierigen neuen Balanceübungen? Von „der Kirche" zu sprechen, deckt zu viele Elemente gleichzeitig ab – so seien die hier bedeutsamen getrennt herausgehoben.

Zum einen meint „Kirche" die „amtlichen Verlautbarungen", also die Äußerungen der Hirten zum Thema Frau. Ohne pauschal sein zu wollen, lässt sich sagen, dass diese Stimmen bis in die Mitte des 20. Jahrhunderts die Aufgaben der Frau um Mutterschaft, Familie, Ehe und Gefährtenschaft gruppierten. Das Stichwort „herkömmliches Frauenbild" liegt hier nahe, allerdings verstehen sich die Aussagen als Schutz der Frau vor der unüberschaubaren Auflösung der erprobten Lebensordnungen und vor einer eigentümlichen, auch intellektuellen Frauenverachtung. Beschränken wir uns auf zwei katholische Stimmen, so kommt, wenn auch zögernd, zum Vorschein, dass der Veränderung der Lebenswelt stufenweise Rechnung getragen wird.

Die Eheenzyklika Pius' XI. von 1930 stellt aus den Erfahrungen der Kriegs- und Rezessionszeit absichtlich die Frau in die Mitte der Familie und warnt vor außerfamiliären Arbeiten, sofern dadurch die Belange von Kindern und Mann hintangesetzt werden (müssen). Stärker noch als für den Mann erscheint die Frau für die Kinder als unersetzlich – sie ist „Herz" der Familie. Damit wird noch einmal unterstrichen, was bereits damals nicht mehr selbstverständlich war – das Kerngebiet der Frau sollte bewusst aufrechterhalten werden. Wenig im Blick sind die unverheiratete und berufstätige Frau oder auch die notgedrungen berufstätige und verwitwete Familienmutter, wie die Zeitläufe sie vielfach erzwungen haben.

Diese grundsätzliche Zuordnung der Frau zu den Aufgaben des Familiären wird freilich durch die veränderte Lebenswelt überholt: durch die zwangsläufig alleinstehenden Frauen von 1945, durch den unumgänglichen außerhäuslichen Arbeitseinsatz der Frauen beim Wiederaufbau, aber nicht zuletzt durch die wachsende Entlastung der Hausfrauen durch sinkende Kinderzahl und durch die Technik. Der Alltag einer Mutter von sieben Kindern um 1900 und einer Mutter von zwei Kindern um 2010 sieht eben von Grund auf anders aus. Durch die Erfahrungen der Kriege, aber auch der Scheidung hatte sich die Notwendigkeit einer weiblichen Berufsausbildung aufgedrängt; über die Not hinaus war aber auch der Sinn für außerhäusliche Arbeit gewachsen.

Gewachsen ist auch die Stellungnahme der Kirche. Unmittelbar und erstmalig hob 1988 die gleichnamige Enzyklika *Mulieris dignitatem* die „Würde der Frau" hervor. Trotz aller Kritik zeigte sich darin das grundsätzliche Mitwachsen des Lehramtes mit der gewandelten Lebenswelt der Frauen. Der entscheidende Punkt ist die Aussage, dass die Frau nicht mehr allein in Polarität zum Mann steht, also in dessen bloßer Ergänzung oder in der Zuordnung zu den Kindern. Diese ist nicht aufgehoben, doch die Frau ist keineswegs mehr in reiner Hingabe oder als Aufopfernd-Gesichtslose gesehen – diese auch kirchlich übliche Einseitigkeit wird zu Recht ausbalanciert. In Berufung auf das Alte Testament sowie auf die Haltung Jesu erscheint die Frau – wie der Mann – erstrangig als Person, das heißt frei und selbstständig. Ihre Würde hängt nicht von (wie immer wichtigen) Aufgaben ab. Hingabe *und* Selbststand kommen mithin *beiden* Geschlechtern zu – eine alt-neue biblische Einsicht, die eine seit der Aufklärung gewohnte Zweiteilung von Mann = Selbststand und Frau

= Selbstvergessenheit überholt. Damit ist der Grundtenor der großen biblischen Aussagen wieder erreicht, der das Ebenbild des Göttlichen in beiden Geschlechtern, ihre gleiche Freiheit zur Welt, ihren gemeinsamen Weltauftrag gegen allen sonstigen Kleinmut hervorhebt.

Ein anderer Baustein der Kirche sind die Frauen selbst – pardon für diese Selbstverständlichkeit! Sie sei aber hier ein wenig gegen den Strich gebürstet. Denn die Kirche schreibt den Frauen (wie den Männern) heute weniger den Lebensstil und die Reichweite des Handelns vor, sie *reflektiert vor allem die Selbsteinschätzung der Christinnen*. Reflektieren meint hier im genauen Wortsinn *widerspiegeln*. Diese Tatsache wird heute, im Ausschreiben einer „negativen" christlichen Frauengeschichte, missleitend unterschätzt. Aber ein solches Verschweigen oder Verzeichnen der vielgefächerten positiven Frauentradition wird selber kontraproduktiv. Wenn vielen Frauen die eigene Geschichte in ihren ungeheuren Aufbrüchen so wenig bekannt ist, wem sollte sie dann bekannt sein? Was dringlich nottut, ist das Wegkommen von der Klagemauer: Immer schon haben Frauen nicht ..., oder umgekehrt: Immer schon mussten Frauen ... Es gibt die *große Geschichte* jüdischer und christlicher Frauen, die sich mit jeder „männlichen" Geschichte vergleichen lässt, an Intensität und Glück eines (göttlich berührten) Lebens. Die gewohnte Aufrechnung einer fortwährenden Unterdrückung, die mit heutigen Augen vermessen wird, trägt einen bewusst oder unbewusst desinformativen Zug. Noch dazu: Selbstmitleid lähmt. Jede Form von Larmoyanz ist ein Hindernis für die Sache.

Die eindringende Kenntnis der christlichen Frauengeschichte ist schon deswegen unverzichtbar, weil nur das historische Denken auch kirchlich denken kann und weil der ahistorische Mensch leider immer zum

Fanatiker neigt: zum Unbedingten, das er jetzt und hier erstmals verstanden haben will. Was die bisherigen Mütter und Väter gesehen haben, wird dabei fraglos auf die Seite geräumt. Es sollte heute zum Wandel des Bewusstseins gehören, dass Frauen ihre Vorgängerinnen nicht nur als Zu-kurz-Gekommene, als verkümmert Gebliebene wahrnehmen – sonst hat man sich willkürlich der lebendigen Kraft dieser Vorläuferinnen beraubt. Solange die große Reihe von Frauennamen nur unbekannt in ungelesenen, unterschätzten Büchern steht, sind ihre Erfahrungen unwirksam. Wenn es heute um die tiefere Mitsprache der Frau in der Kirche geht, dann müsste man sich an erster Stelle der Vor-Denkerinnen und gelebten Leben versichern, deren späte Frucht wir ja auch sind: der namenlosen wie der berühmten Christinnen. Allerdings nicht, indem sie auf heutige Nöte hin stilisiert, sondern in ihrer Zeit begriffen werden, wie wir in unserer Zeit begriffen werden wollen. Wir Spätlinge sind ein vielfach anderer Frauentyp geworden. Welche Unfreiheiten könnten die Enkelinnen einmal an den heutigen Frauen wittern? Es gilt grundsätzlich, anderen Frauen nicht Unglück vorzuschreiben, wo sie selber Glück formulieren würden.

Achtet man auf die geschichtlichen Abstände, dann wird auch das Gemeinsame zwischen den heutigen Frauen und den alten Büßerinnen, den Mystikerinnen, Politikerinnen, Lehrerinnen, Heilerinnen, den Jungfrauen, Ehefrauen, Witwen, den Freundinnen ihrer Freunde hervortreten. Der Reichtum dieser vielerlei Leben besteht ja darin, dass die Kirche auf der großen Welt der Antike und des Mittelalters aufbaut, der Erfahrung der Jüdinnen, Griechinnen, Römerinnen, der germanischen und slawischen Frauen. Nur mit dem Selbstbewusstsein einer zweitausendjährigen bedeutenden Vergangenheit lässt sich weiterhin Kirchenge-

schichte gestalten. Dem Beleidigtsein und der „Wut" –
die naturgemäß kurzatmig agiert – wird nichts gelingen
als ein Ressentiment. Nochmals: Kirche reflektiert,
spiegelt auf ihre Weise genau das Selbstbewusstsein
ihrer Frauen wider. Wenn sie es nicht kraft Christentum in sich tragen, von welchem „archimedischen
Punkt" aus sollte sonst Selbstbewusstsein zuwachsen?

Es ist ja nicht die Kirche sich selbst Maßstab, sondern ihre Gültigkeit besteht nur in ihrer Nähe zum Ursprung. Solange ich in der Kirche gewaschen, gesalbt,
getränkt, gespeist, über meine Halbheiten getröstet
werde, bringt sie mich in diese Nähe. Ab und zu wird
von einigen Sellerautoren zum Verlassen der Kirche
aufgerufen. Welches wirkliche = wirksame Haus des
Trostes haben sie dafür anzubieten? Wenn es am Ende
nur die Bücher eben dieser Autoren sind, wird die Antwort dünn. Trost besteht nicht bloß aus Psychologie
und menschlichem Verstehen, er muss aus göttlichem
Vorschuss kommen. Solange die Kirche dies greifbar
vermittelt, solange sie Haus von Brot, Öl, Wein, Wasser
ist, von der Gegenwart Gottes durchtränkt, ist sie nicht
ersetzbar. Auch nicht durch die Worte der Eiferer, denen zu viel menschlicher Geruch daran in die Nase
steigt. Recht und schlecht, ja recht und schlecht schlägt
sich die Kirche aus Menschen gleich Sündern durch die
Zeiten. „Ich wünsche nicht, dass die Kirche vollkom-
men ist, sie ist lebendig. Gleich den niedrigsten, den
ärmsten ihrer Kinder schleppt sie sich aus dieser Welt
in die andere Welt. Sie macht Fehler, sie sühnt sie, und
wer für einen Augenblick den Blick von ihrem Prunk
abwendet, hört sie mit uns in der Finsternis beten und
schluchzen" – so Georges Bernanos.

Und eben weil die Kirche nicht selbst souverän ist,
sondern vor dem Souverän steht und schluchzend und
betend seine Hand öffnet, gibt es keine Alternative zu

ihr. Wem die Kirche zu langsam, zu beharrend ist, gerade was die Mitwirkung der Frauen in neuen Formen angeht: Es ist zu bedenken, dass die Jahrzehnte nach dem Konzil mehr weibliche Arbeitsfelder in der Kirche geschaffen haben als alle Generationen zuvor. Warum sollte die Hoffnung versiegen, dass im Konsens mit der Kirche noch Weiteres entwickelt wird?

Man/frau sollte die Kirche nicht verlassen, aus welchem (modischen oder grundsätzlichen) Ärger auch immer. „Mich, den lebendigen Quell, haben sie aufgegeben und graben sich anderswo löchrige Brunnen." (Jer 2,13) Diese Klage kann leider vielen Suchbewegungen gelten. Was aber tun, wenn einem die Kirche selbst als löchriger Brunnen vorkommt? Tiefer in ihr graben, bis der Schacht zum Grundwasser getroffen ist. Denn es gibt den Schacht (das Beste an der Kirche), und in ihm rauscht das Grundwasser (Gott) – wirklich. Diesen Schacht zu finden, schafft vielleicht nicht die einzelne Frau, aber genau hier liegt der Sinn von Kirche: Im Verbund fällt die Suche leichter. Manchmal öffnen die alten Frauen der Geschichte, manchmal die Zeitgenossinnen den Zugang: jedenfalls die zahllosen geistigen Schwestern, die vielen Marien, Magdalenen und Marthen dem Namen und dem Geist nach.

Von allem sonst Wünschenswerten abgesehen, gibt es eine glühende Mitte in der Kirche: Von nirgendwo sonst als von ihr gehen Wandel, aber auch das wunderbar Beständige und Standverleihende aus. Auf diese Mitte sollten sich die Christinnen einlassen. Und um dieser Mitte willen mehr als bleiben: darin sein.

6. Ungleich und doch Schwestern: Christinnen im Orden, Christinnen in der Welt

Asymmetrisch nach Aufgabe und Lebensform sind auch die hoch unterschiedlichen Lebensentwürfe religiös gesinnter Frauen: der Christinnen in einer überindividuellen Ordnung *(ordo)* und der Christinnen in der „Normalität" üblicher Mischung von Freiheit und Unfreiheit, Familiarität und Einsamkeit, individueller Ordnung und Unordnung.

Was verbindet, was trennt Christinnen im Orden und in der Welt? Zunächst sind sie natürlich „Schwestern" – mit demselben weiten Horizont des Christentums, mit denselben Tröstungen, denselben Vorgaben, demselben Zeitgeist ausgesetzt, ähnlichen Abweichungen vom Ziel unterworfen. Ungleiche Schwestern aber auch: Die einen sind einer langerprobten Ordnung eingefügt, in welcher sie einer bestimmten Aufgabe offenstehen. Um dieser Aufgabe willen leben sie ohne die üblichen Beflügelungen und Hinderungen: ohne das Geschlecht, seine Ekstasen und Leiden, ohne Kinder und eigenes gestaltetes Heim, ohne die freie Beweglichkeit auch der unverheirateten Frau, stattdessen eingefügt und ausgerichtet auf das freiwillig gewählte Ziel, dessen Anziehung und zugleich Ordnungskraft ein Leben lang vorhalten soll. Eine ausdrücklich nach außen dokumentierte religiöse Existenz also, um deren innerste Wahl sich eine gemeinsame Lebensorganisation legt, die gerade in der Mehrzahl ähnlicher Existenzen ein Vorwärtskommen, vielleicht ein Ankommen, verspricht.

Die anderen: Ihr Lebensgang ist an Beruf, an Familie und Freundeskreis gebunden, mit der Notwendigkeit eigener Gestaltung und Entscheidung, von der Sache vorgegebener Organisation des Tages und des Lebens, mit deutlicheren Liebhabereien, Beschäftigungen mit sich selbst, schon was Kleidung, Mode, Eindruck auf andere betrifft. Die religiöse Seite und Sehnsucht wird stärker den Pflichten, den vielerlei Ansprüchen von vielerlei Seiten untergeordnet, wirkt mehr in Tun und Haltung, im immer neuen Sich-Aufrichten nach als in bewusst freigehaltenen Zeiten der Sammlung. Die anderen anvertrauten Leben oder auch der anvertraute Beruf fordern in der Regel das volle Maß an Kraft, sodass zum Einordnen des bunt gewürfelten Tages in ein Abendgebet oft schon nicht mehr genügend Atem ist – zu schweigen von längeren Überprüfungen. Aber nicht nur das: Auch die Freuden, der Sprung ins gemeinsame Wochenende, in die Lektüre, die Entspannung, die Reisen, das Zufällige sind von Eigengewicht. Keineswegs führt all dies notwendig von Gott weg, eher ist es sogar die Art, wie das Leben in Fülle gegönnt ist, doch spricht es nicht unablässig und unüberhörbar von ihm. Der Geber verbirgt sich in seiner Gabe. Und der so Selbstvergessen-Alltägliche lässt sich auch leicht vergessen (was zu seiner Souveränität gehört).

Ohne zu behaupten, dass dies schon alle Unterschiede seien – es sind nur die ins Auge springenden, nicht die verborgenen –, soll hier jedoch ein großes Gemeinsames der ungleichen Schwestern ins Bewusstsein gebracht werden. Und zwar, weil es einer heute andrängenden Aufgabe im großen Stil entspricht, einer Aufgabe, der nur von verschiedenen Seiten her im Ganzen Genüge getan werden kann. Wobei zu diesem Ziel durchaus mehrere Wege führen. Auf welches Ziel aber geht es zu?

Es lässt sich nennen: *die geistbegabte Frau zu leben*. Was ist damit gemeint? Gegenwärtig sind vielerlei Konzepte des Weiblichen sichtbar und werden zeitgleich vorgeführt. Dazu nur einige gegenüberliegende Extrempunkte am Gesamthorizont: Emanzipation bis zur

Verweigerung jeder länger dauernden Bindung – auf der Gegenseite aber auch Unterwerfung unter den Mann, in sexueller Abhängigkeit (man müsste sie richtig als *gegenseitige* Unterjochung begreifen); oder: eine freizügige bis geschmacklose „Weibchen"-Darstellung in den Medien – auf der Gegenseite eine betont formlose, ja verhässlichende Aufmachung in Stil, Benehmen, Mode: der „Unisex" einer „gesichtslosen" Mädchengeneration. Oder: Der alte feministische Verdacht, zur Frau „gemacht" zu sein, leugnet die aus der Leiblichkeit und der eigenen Psyche kommende Mitgift schlechthin als anerzogen, z.B. die Sehnsucht nach Schutz und Zärtlichkeit, den Wunsch nach Kindern – auf der anderen Seite sprießen die Ideologien reichlich, dass Frauen (würde man sie nur lassen) eine menschlichere Welt, eine schonendere Technik, die schönere Lebens-Alternative entwickelten ... Wenn ich nun eigentlich zur Frau verformt bin – wieso ist Frausein dann doch wieder „besser"? Viele Fragen, wenig Antworten.

Daher nochmals: Die gemeinsame Aufgabe der Christinnen, innerhalb wie außerhalb einer festen Ordnung, könnte es sein, *den Zusammenhang von Frau und Geist neu darzustellen, eine erkennbare weibliche Kultur vom Geist her zu schaffen.* Nicht eine „Gegen-Kultur", die doch nur ideologisch missrät und Verworrenes anbietet (das Verworrene ist das Gegenteil von Geist). Auch die übliche Alltagskultur genügt nicht: Die allgemeine frauliche Betriebsamkeit weist einen eher pragmatischen als zielbestimmten Horizont auf. Wenn wahr ist, dass das Christentum die Menschwerdung der Frau freisetzt, dann sollten die Christinnen auch unterschiedlicher Lebensordnung diese Wahrheit heute, in der Wiederkehr alter Verwirrungen, neu illustrieren.

Was ist mit Frau und Geist gemeint? Vieles und Konkretes, für das Stichworte zu eigener Ausfüllung gegeben seien. An erster Stelle steht die hohe Gabe, das eigene Leben aus Freiheit, nicht aus Drang und Muss zu gestalten. „Wo der Geist des Herrn ist, dort ist Freiheit." (2 Kor 3,17) Freiheit, weil eine solche Frau auf geistige Weise, in geistiger Klarheit dem bloßen Fühlen und Empfinden (das leicht zu einer Schwäche von Frauen wird), dem Bedürfnis und dem seelisch Ungeordneten voraus ist. Der Geist schafft Person, was heißt: sich selbst gehörig, selbstständig sein. Äußerer wie innerer Zwang, der gleichermaßen von anderen wie von der Frau selbst ausgehen kann, verpflichtet hier nicht (mehr). Also Freisein von physischem und moralischem Druck von außen, aber tiefer noch Freisein auch von dem Herdentrieb zum modischen „man tut/ frau meint". So sind unserer Kultur Übungen des Freiwerdens aufgetragen, die übrigens gar nicht besonders neu sein müssen; längst liegen schon Erfahrungen vor, wie man die „wilden Hunde im Keller" bändigt und wie Stärke durch Sammlung gefunden wird. Aber nur die *anschaulichen* Leben rufen das gut vergessene Alte in die Wirksamkeit zurück. Person ist auf Person resonant; Frauen wären auf Frauen resonant (wenn es genug Vorbilder gäbe). Freiheit ist das Ziel der klösterlichen wie anderer Bindung: ein kostbares Charisma des Geistes, gerade *den* Frauen aufgegeben, die zu Hingabe und Einordnung bereit sind. Denn Freiheit enthält im Kern die schwer erreichbare Wahrheit, dass bei aller Hingabe das Selbst ausgeprägt sein muss. Was könnte sonst hingegeben werden?

Freilich ist Selbstgehörigkeit – gegen alle neuzeitliche Behauptung – nicht die tiefste Form der Freiheit. Schon in dem Wort steckt der Vorgang des Hörens, der zur Hörigkeit entgleiten kann. So muss sich das Hören

„richten", ebenso wie sich das Selbst „richten", ins Gerade strecken muss. Das wirkliche Beisichsein ist eine *processio ad extra*, ein Herausgehen nach außen, wie Thomas von Aquin formuliert. Nur damit entkommt man dem Risiko des inneren Todes, nämlich dem mit sich selbst identischen Ich, Grundversuchung aller Emanzipation. Stattdessen ist die eigentliche Form des Lebens ein Paradox, das Frauen wie Männer heute nur schwer zusammenbringen: nämlich identisch zu sein und gleichzeitig unbedingt zu hören, zu gehören. Es gibt ein Geben und Sich-geben-Lassen, das eigenste „befreite Freiheit", Seligkeit des eigenen Willens ist. Freiheit geht an einer tiefen Stelle über in personale Hingabe. In der ausdrücklichen willentlichen Zustimmung zu einer Person bleibt die Freiheit doch frei und die Bindung doch bindend. Der Wille zur Freiheit erkennt nicht allein den eigenen Wert an, sondern auch das Du und das Wir (nicht das Man). Nur wer frei ist, hat nichts dagegen zu dienen. Anders: Nur wer frei ist, hat nichts dagegen, treu zu sein. Jenseits von Selbstdurchsetzung und Unterwerfung also: die geistbegabte Frau.

Andere ihrer Qualitäten lauten *charis* (griech.) und *hanna* (hebr.) – die beide übersetzt dasselbe heißen: Schönheit, Anmut, Liebenswürdigkeit, Gnade. Es ist ein großes Kennzeichen der erlösten, gelösten, zu ihrer Menschlichkeit entbundenen Frau, eine „Wohltat für Seele und Leib" zu sein. Wirklich ist es Wohltat, einer Frau dieser Art zu begegnen. Die großen Heilerinnen des Christentums waren mit solcher *charis* ausgezeichnet. Es gibt das Gnadenhafte im weiblichen Dasein, in seiner Weise der Sorge und des Schenkens, die es nicht zu verbergen gilt, sondern zu wahren – jenseits aller überwarmen Aufdringlichkeit oder eines säuerlichen Zurückziehens. Eine geistgeprägte weibliche Kultur wäre eine Kultur auch des *gratis*, des Geschenkten: Sie wäre eine Öffnung auf die Urbedeutung der Gnade, die ja auch nicht nur sparsam tröpfelnd, sondern nach des Paulus Worten „ausgegossen", im Überfließen die Herzen erreicht. Und nicht dabei zu vergessen: Auch die eigene Anmut gehört zu diesen Gaben, gehört zum Schatz im Acker des Daseins – für die weibliche Kultivierung des Schönen, die gegen den Kult des Hässlichen antreten könnte, fehlt es insgesamt an gemeinsamen fraulichen Regeln (wiederum in und außerhalb des Ordens). Dabei ist nicht eitle Ästhetik gemeint. Der Geist ist Urgabe, Urcharisma, Urschönheit.

Ein letzter Hinweis: Der Geist schließt Leiblichkeit und Biologie ein, nicht aus – aber er macht sie auch durchsichtig auf das, was mehr ist als Biologie und leiblich-gemüthafte Mitgift. Wenn Frauen heute unsicher sind, ob sie „zu sehr Frau", also zu stark von Leib und Psyche im herkömmlichen Sinne und damit von den seit jeher gewohnten Aufgaben bestimmt sind, so kann wiederum die jüdisch-christliche Erfahrung die Augen klären. Im Alten wie im Neuen Testament sind Frauen vom Geist erfüllt worden – *jede* Art von Frauen: Mütter, Jungfrauen, Witwen, Unfruchtbare, Fruchtbare, Uralte, ganz Junge. Nichts, keine Anlage entzieht sich von sich aus der Formung und Erhellung durch den Geist: weder das Dienen noch das Glück, in sich selbst zu stehen. Freilich ist auch die europäische Kulturgeschichte durchsetzt von der heidnisch-gnostischen Zweiteilung: Mann = herrscherlicher Verstand, Frau = dienender Körper, bestenfalls Gemüt. Der Geist des Pfingstfestes jedoch hat sich ausdrücklich auf Frau wie Mann ausgegossen und damit das Äon der geisterfüllten Menschlichkeit eingeleitet. Die Apokalypse, das letzte Buch der Schrift, schließt mit der Vision vom „Geist und der Braut" – was doch die deutlichste Erklärung darüber ist, welcher höchsten Formung die weibliche Natur offensteht. Die lange Zeit geltende Unterscheidung von Selbststand und Hingabe darf heute nicht mehr zwischen Mann (= Freiheit) und Frau (= Selbstvergessenheit) aufgeteilt werden, aber auch nicht mehr zwischen Frau in der Welt (= relative Freiheit) und Ordensfrau (= gehorsame Einordnung). *Omnia simul*, alles zugleich ist gefordert, sagten die Mystiker, wenn die Näherung an den Urlebendigen gelingen soll.

Die beiden Testamente lassen Frauen sehen nicht nur im Vor-Denken, Vor-Arbeiten, Wachsenlassen großer Einsichten, sondern auch im Stolpern. Aus der Realität des menschlichen Ausgleitens wächst die Demut, die Wehrlosigkeit derer, die wirklich mit Gott zu tun haben, ihr Ausziehen aus dem selbst gebauten Haus. Dieses Weggehen von sich ist allerdings schwere Arbeit. Es bedeutet auch das Weggehen aus modischen Ideologien, aus Rechthaberei, aus Kampfstimmung gegen die Kirche. Vielmehr bleibt die redliche Wahrheitssuche, gepaart mit Intelligenz, die das Christentum in seiner besten Überlieferung auszeichnet. Eine Frau, die ganz sie selber ist und zugleich ganz aus dem Geist lebt – sie verkörpert den Charme des Charismas. Christinnen sollten sich mitten im Getümmel der Parolen verstehen können, um es mit Euclides da Cunha auszudrücken, „schön wie ein Ja in einem Saal voller Nein".

III. Kultur der Geschlechter, Kultur des Geschlechts: Zu einem europäischen Endlosthema

1. Efeu und Eiche: Symboliken für Frau und Mann

1789, im Jahr der Französischen Revolution und in der Hoch-Zeit der Aufklärung, erschien ein Buch *Väterlicher Rat für meine Tochter*. Väterlicher Autor war der Verleger und Schriftsteller Johann Heinrich Campe (1746–1818), aufgeschlossener Zeitgenosse Kants und der bedeutendsten philosophischen Strömungen Europas dieser Jahre. Sein Buch zielte laut Vorwort vornehmlich auf „junge Frauenzimmer des glücklichen Mittelstandes" und ergab als Fazit: „Gott selbst hat gewollt, und die ganze Verfassung der menschlichen Gesellschaft auf Erden, so weit wir sie kennen, ist darnach zugeschnitten, daß nicht das Weib, sondern der Mann das Haupt seyn sollte. Dazu gab der Schöpfer in der Regel dem Manne die stärkere Muskelkraft, die straffern Nerven, die unbiegsamern Fasern, das gröbere Knochengebäude; dazu den größern Muth, den kühnern Unternehmungsgeist, die auszeichnende Festigkeit und Kälte, und – in der Regel meine ich – auch die unverkennbaren Anlagen zu einem größern, weitblickenden und mehr umfassenden Verstand." Quintessenz war schließlich: Der Mann sei „die Eiche, sie der

Epheu, der einen Theil seiner Lebenskraft aus den Lebenskräften der Eiche saugt, der mit ihr in die Lüfte wächst, mit ihr den Stürmen trotzt, mit ihr steht und mit ihr fällt – ohne sie ein niedriges Gesträuch, das von jedem vorübergehenden Fuß zertreten wird."[82]

Was hier zum Lachen reizt, gehört zu jener eigentümlichen Bildlichkeit, die auch die viktorianische Romanwelt des 19. Jahrhunderts noch genüsslich pflegte: die Frau als zart-schönes Geschöpf, das bei Gelegenheit in Ohnmacht fällt, der Mann als der starke Arm, der sie dabei auffängt. Trotzdem ist es zu leicht, sich aus dem Abstand von 200 Jahren über diese poetischen Klischees erhaben zu fühlen. Zu leicht wäre auch der Schluss gezogen, die Frauen wären noch zu Ende des 18. Jahrhunderts schlechthin efeuartig gehalten worden. Warum muss Campe mit langen Argumentationswindungen das töchterliche Ideal festigen? Weil die Tochter schon längst anderes wittert: Knapp nach des Vaters betulichen Ratschlägen verkündet 1791 Marie Olympe de Gouges in Paris eine *Déclaration des droits de la femme et de la citoyenne* – in genauer Übernahme der französischen Menschenrechtserklärung („Männerrechtserklärung") von 1789. De Gouges wird ihre nur 17 Artikel umfassende, aber bahnbrechende Erklärung nicht mehr theologisch, sondern ontologisch begründen: Im Pflanzen- und Tierreich stünden die Geschlechter zueinander in Harmonie und Symmetrie. Die unmittelbare Übertragung auf die menschliche Welt kann als ideelle Grundlage der Frauenrechtsbewegung des 19. und 20. Jahrhunderts gelten. Weder Eiche noch Efeu, sondern das gemeinsam Menschliche und die darin wurzelnden „natürlichen, unveräußerlichen und heiligen Rechte der Frau" bilden den Kern von de Gouges' Erklärung. Denn: „Wenn die Frauen ein Recht auf das Schafott haben, so haben sie auch ein Recht auf die Tribüne."

Wenn auch der Gedanke der Rechtsgleichheit schon im nachrevolutionären Frankreich als „unweiblich" verworfen war und de Gouges sogar tatsächlich geköpft wurde, so sprang doch der Funke europäisch sofort über in eine längst aufnahmebereite Mentalität; bereits ein Jahr später verfasste die Engländerin Mary Wollstonecraft (1759–1797) *A Vindication of the Rights of Women* (1792). Es ging um gleiche Rechte, nicht mehr um ergänzende Tugenden, die auf einer anthropologischen Metaphysik über das polare „Wesen" von Frau und Mann aufbauten.[83]

Bevor Campe allzu rasch in „rückschrittlich", de Gouges und Wollstonecraft in „fortschrittlich" eingeteilt werden, bedarf es der Koordinaten solcher Wertung. Erst wenn Herkunft und Motive einer Denkhaltung bekannt sind, lässt sich über ein Fortschreiten reden. In der Geschlechterfrage handelt es sich um ein ebenso erregendes wie unabgeschlossenes Kapitel der Geistesgeschichte – hier verschränken sich Philosophie und Theologie unmittelbar mit Handeln, Kultur und Ethik, mit Glück und Unglück des Alltags. Wenn im Folgenden der knappste Überblick aufgerufen wird, so in der Hoffnung, dass er nicht klischiert wirkt; alle Daten könnten ihrerseits noch auf Begründungen im Gesamt der Lebenswelt zurückgeführt werden.

2. Das Vorfeld: Die Querelle des femmes

Die neuzeitliche Deutung des Geschlechterverhältnisses fußt auf zwei Quellen: dem klassisch-antiken Erbe der Philosophie und dem jüdisch-christlichen Impuls. Wo es in der griechischen Antike einen Ansatz zur Theorie des Menschen gibt, meint sie den Menschen als freien, geistbestimmten Mann. Die Frau, *gyne*, ist zuallererst, anschaulich und sinnenfällig, Mutter der Kinder und Verwalterin des *oikos*, des häuslichen Innen – hier liegen ihre Macht und Reichweite. Zu einem weit schmaleren Teil und nur an die Jugendjahre gebunden, ist sie Trägerin des Eros und der Schönheit; allerdings übernimmt in der athenischen Hochkultur auch der Jüngling diese Qualitäten. Zu einem geringen Teil kann sie auch Trägerin des Geistes sein – so Diotima, die Lehrerin des Sokrates, und andere Philosophinnen, wobei die spätantike Neuplatonikerin Hypatia von Alexandria (gest. 415) sich „vermännlicht" im Sinne von „vergeistigt" und ihre Weiblichkeit als widergeistig verneint. Vorwiegend bleibt die Frau der antiken Hochkulturen jedoch fruchtbare Gebärerin, *mater foecunda* möglichst vieler Kinder, sexuell ein Gegenstand irritierender Faszination, magische Verwalterin lebendiger und tötender Kräfte des Unbewussten, unentbehrliche Dienerin und Unterworfen-Willenlose, Kultsymbol ohne eigene Züge (wie in den Fruchtbarkeitsriten) – in jedem Fall ein Wesen ohne eigene Individualität und Freiheit des Selbstseins.[84]

Schon das Judentum, massiv dann das Christentum brachten eine geistesgeschichtlich bis dahin unbekannte Komponente ein: Frau und Mann als gemeinsames Bild des göttlichen Ursprungs. Grundsätzlich gilt, dass die biblische Denkweise das Menschen- wie Gottesbild entscheidend dahin klärt, dass es beide Bilder ihrer üblichen magisch-mythischen Dämonie entkleidet. Dieser rasch hingesagte Satz bildet die erstaunliche Geschichte der geistigen und kulturellen Entwicklung insbesondere Europas, und diese Dramatik umfasst zugleich den Durchbruch zu einem Frauenbild, das nicht mehr vom Triebbereich des Geschlechts und der damit verbundenen (magisch-unbewussten) Macht, aber auch nicht mehr allein von seinen kompensierenden Aufgaben zu

Entlastung oder Genuss des Mannes bestimmt ist. Vielmehr leistet dieser Ansatz – gerade in der großen Ouvertüre der Genesis – die entscheidende Formulierung von Menschlichkeit, Personalität, Identität, und zwar gleichermaßen für den Mann wie für die Frau. Diese Richtung (Richtung auch zu hören als Gericht über die andersartige soziale Wirklichkeit) setzt sich fort über die in der Spätantike einzigartige Stelle des Paulus über die Einheit der Geschlechter in Christus (Gal 3,28). Den letztgültigen Maßstab findet diese Auffassung in der Gestalt Jesu, seiner tatsächlich gleichwertigen Behandlung von Frau und Mann im Blick auf das Gottesreich.[85] Es scheint, dass die erste urkirchliche Generation diese Gleichwertigkeit nach dem Tode Jesu in Tat und Gedanke umzusetzen suchte, wenn man die berühmte Namens- und Funktionsliste des Paulus am Ende seines Römerbriefes erwägt.[86]

Alltags- wie Rechts-Praxis des Abendlandes mussten allerdings weithin anders als theoretisch grundgelegt bei der Inkulturation der christlichen Botschaft in höchst verschiedene Gesellschaften erst bearbeitet werden. Patriarchale Züge im mediterranen Raum, matriarchale Züge bei den germanischen und slawischen Stämmen werden nicht schlagartig eliminiert, sondern einbezogen, müssen sich allerdings immer unterscheidend messen lassen an dem neu eingeführten Maßstab. Auf jeden Fall setzt das Christentum das wichtige Modell der nicht in familiären Bindungen lebenden Frau durch, die sich einem Orden angliedert und dem Karitativen und dem Gebetsleben zugeordnet ist – auch in der Form der Mitsorge und Stellvertretung. Gerade die Frauenklöster bieten eine bemerkenswerte Öffnung zu geistiger wie musischer Betätigung und rechtlicher Unabhängigkeit der Frau – ein noch zu wenig ausgeschöpftes Kapitel der Kirchengeschichte. Im Übrigen sind auch die anderen weiblichen Lebensformen keineswegs rechtlos, wie ein unausrottbares Klischee behaupten will.[87]

So wird der jüdisch-christliche Grundsatz erlöster Menschlichkeit von Frau wie Mann nicht mehr vergessen. Seine mühevolle, sich langsam ausformende Dynamik braucht allerdings Jahrhunderte, bis sie sich aus der eher religiösen Sphäre (Gleichwertigkeit vor Gott, manifest in der besonderen Verehrung heiliger Frauen) auch in der Gesellschaft, der Politik, dem Recht, den Wissenschaften, dem Alltagsleben zu Wort meldet.

Die Frage nach der Ebenbürtigkeit von Mann und Frau wird in der Neuzeit an der Forderung nach erweiterten weiblichen Lebensformen dingfest gemacht und religiös unterbaut, und zwar mit biblischer Bezugnahme. Die Diskussion leitet sich ein mit der berühmten *Querelle des femmes* des 15. bis 18. Jahrhunderts, die – wie die Bezeichnung verrät – zunächst vor allem in Frankreich ausgetragen wurde, dann aber auf Deutschland und Italien übergriff.[88] An ihrem Beginn steht der Name von Christine de Pizan (1364–um 1430), die mit ihrem Konzept einer *Cité des Dames* von 1404/05 gegen den süffisanten Ton des „Rosenromans" ein durchgängiges europäisches Thema intoniert.[89]

Die *Querelle* hat zum Gegenstand eine Bestimmung des Wesens der Frau, in Weiterführung der scholastischen, biblisch gestützten Argumentation, aber unter Einbeziehung antiker Quellen, neuer Bibelauslegungen (Entschärfung des Eva-Bildes!) und rationaler, auch naturrechtlicher Bestimmungen. Eines der vielen Argumente lautete: Adam sei aus Lehm *(lutus)* geschaffen, Eva aber aus Fleisch; er als Erstgeschaffener sei ein Entwurf, sie als Zweitgeschaffene das vollendete Werk. Die Stellungnahmen von Männern wie von Frauen schwanken jedoch zwischen der These, dass Frauen die besseren Menschen seien, und der gehässigen (allerdings ironischen) Anfrage, „Ob die Weiber Menschen seyn oder nicht?" Dazwischen liegt eine Fülle anderer, auch ausgewogenerer Behauptungen, die sich um ein Gleichheits- oder Polaritätsmodell gruppieren und weniger um Unter- oder Überlegenheit.

Christine de Pizan, von italienischen Eltern aus Venedig an den Hof Charles' V. nach Paris gebracht, von ihrem Vater ausgebildet, durch den Ehemann in den unmittelbaren kulturellen Umkreis des Königs eingedrungen, wird nach dem Tode von Vater und Mann ihre Familie ernähren müssen; sie gilt als erste Berufsautorin Frankreichs. Theoretisch anspruchsvoll formuliert sie in der *Cité des Dames*, aber auch in späteren, teils autobiografischen Schriften eine Anthropologie der Frau. Im Übrigen lässt sie sich gerade in diesem Manuskript bereits als Intellektuelle in ihrem *Studio* voller Bücher mit allen Ausstattungen und Hinweisen auf ihren gelehrten Status abbilden; ihr Selbstbewusstsein drückt sich auch in dem häufigen *„je, Christine"*, *„ich, Christine"*, aus.

300 Jahre vor der Aufklärung wird Christine de Pizan eine Stadt mit Hilfe der *Dame Raison* errichten und sie ausschließlich für Frauen zugänglich machen. Elemente des immer noch nicht hinreichend interpretierten Werkes sind *Exempla*, beispielhafte Geschichten über Frauen, welche sich später verschiedentlich in den sogenannten Frauenkatalogen – im Übrigen einer nicht zu unterschätzenden Geschichtsquelle – wiederfinden. Es geht dabei um die theoretische Kapazität, also den gleichen Intellekt von Frauen, insbesondere aber um ihre ethischen Vorzüge in der Widerlegung angeblich weiblicher Schwächen und Fehler. Christine scheut sich nicht, bereits vorhandene Geschichten hermeneutisch in einen anderen Kontext zu stellen und insbesondere

die Bewertung von Verhaltensweisen weitgehend zu ändern. Insofern kann sie als eine der ersten Entdeckerinnen des Zusammenspiels von Identität und historischem Kontext gelten. Um dies deutlicher zu konturieren, sei hingewiesen auf ihre Behandlung der Frage: „Ob es Gott jemals gefallen habe, den weiblichen Verstand durch die Erhabenheit der Wissenschaften zu adeln; ferner die Antwort, die Frau Vernunft daraufhin gibt" (Kap. XXVII). Hier gelingen vier theoretisch bemerkenswerte Erhellungen aufgrund von Historisierung: Frau Raison beklagt erstens die geschichtliche Vernachlässigung der Frauenbildung. Zweitens arbeitet sie mit Kompensation: Wenn schon Frauen körperlich unterlegen sind, so kompensieren sie es durch Geist, Tugenden, Religion. Drittens benennt sie die Beschränkung weiblicher Lebenserfahrung auf das Haus (Christine erfuhr selbst eine Zurücksetzung durch ihre Mutter in ihrem Studiendrang). Viertens folgert sie, falls diese historischen Einschränkungen entfallen würden, eine ebenbürtige Intelligenz von Frau und Mann, wie sie sich bereits innerhalb verschiedener sozialer Klassen feststellen lasse. Die Differenz der Geschlechter sieht sie am intensivsten in der Biologie, und dort freilich unüberholbar festgeschrieben; dennoch habe diese Differenz einen deutlichen Ausgleich durch die geistigen Qualitäten der Frau erfahren. Wo dieser Ausgleich nicht stattfinde, sei eine geschichtliche und soziale Vernachlässigung solcher Qualitäten am Werke, nicht eine Wesensdifferenz von weiblicher und männlicher Grundausstattung.

Die Frage nach dem Intellekt findet also um diese Zeit bereits egalitäre Antworten, während die Frage nach dem „Gutsein für" (nicht moralisch, sondern funktional gedacht) zu einer Unterscheidung von Mann und Frau führt, die relativ festgeschrieben durch die Jahrhunderte tradiert wird. Diese Unterscheidung wird teils empirisch (biologisch) vollzogen oder stützt sich auf die biologischen Fakten. Bedeutsamer aber ist, dass die leibliche Vorgabe in der Regel metaphysisch gedeutet und durch die Biologie gleichsam erhärtet wird: Frau als Empfangende, Passive, Materielle, Sinnliche …

Dabei verklammert sich die Wesensfrage auch und schon zu Beginn der Neuzeit mit der Religion, denn die Empirie wird vorrangig im Deutungsrahmen der Religion geordnet. Die Anthropologie von Frau und Mann konnte also zureichend nur in einem Blick auf die Theologie, genauer auf die Theomorphie des Menschen erhellt werden. Es ist deswegen eine bedeutende theoretische Leistung der frühen Neuzeit, die Adam-Eva-Deutung neu zu bewerten und eine neue Exegese mit dem Ziel der Entlastung Evas zu entwickeln. Der erste bekannte Versuch dieser Art verdankt sich der italienischen Humanistin Isotta Nogarola mit ihrem Essay *Über die gleiche oder ungleiche Sünde Evas und Adams* von 1451. Es handelt sich um einen Dialog, dessen weiblichen Part sie selbst vertritt, wobei sie mit dem Argumentationsschema dabei auf eine merkwürdige Weise Eva sowohl entlastet wie zugleich an ihrer untergeordneten Stellung festhält. Sie geht nämlich zunächst von der Prämisse aus, Adam wäre das vollkommene, Eva das unvollkommene Lebewesen, „ihrer Natur nach schwach, unwissend, unbeständig". Gerade deswegen aber sei ihre Haltung weit weniger sündhaft, weil unreflektiert, weil unbeabsichtigt, in gewissem Sinne von ihrer gottgewollten Natur geleitet. Isotta wendet zum ersten Mal ein Verfahren an, das in der *Querelle* später zu einer scharfen Argumentationsfigur zugeschliffen wird: die Voraussetzung des Gegners zu teilen und daraus mit Hilfe beiderseits anerkannter Logik Gegenteiliges zu folgern. Damit sind weder die heiligen Texte noch die Instrumentarien ihrer Auslegung angegriffen:

Beides bleibt bestehen, wird aber immanent, von einer anderen Zielrichtung her anders akzentuiert.[90] Auf dieser Grundlage kann die Diskussion letztlich nur offen enden. Der Gesprächspartner Ludovicus weicht der Schlussfolgerung aus und vertritt die gewohnte Position: größere Schuld Evas, weil größere Schwäche; Isotta bleibt bei der Theorie: kleinere Schuld, eben weil größere Schwäche.

Im 16. Jahrhundert beginnt Deutschland in den Streit einzutreten mit der Verteidigungsschrift des Agrippa von Nettesheim, *Declamatio de nobilitate et praecellentia Foeminei sexus* (1529). Dem Spanier und *Converso* Juan Luis Vives (1492–1540) verdankt sich eine – vor dem Hintergrund der Zeit frauenfreundliche – Schrift zur Erziehung der (adeligen) Frau, *De institutione feminae Christianae* (1529), worin ihr umfassende Bildungsmöglichkeit eingeräumt und zugleich weiblich-besondere Funktionen zugewiesen werden. Jedoch verstärkt das 16. Jahrhundert die Inferioritätsthese in Deutschland wie in Italien. Zeitgleich ist zwischen 1590 und 1630 übrigens der Höhepunkt der Hexenverfolgung im europäischen Maßstab zu verzeichnen. In deutscher Fassung erschien 1618 der Titel „Ob die Weiber Menschen seyn oder nicht?" (1595 lateinisch) mit der aberwitzigen Behauptung, den Frauen sei nicht nur die Menschlichkeit, sondern auch das Erlöstsein durch Christus abzusprechen. Der Dialog stützt sich auf das gesamte vorhandene Arsenal von der natürlichen Verfehltheit der Frau, sei es biologisch, psychisch oder geistig. Das „lustig Gespräch" ist von einer so durchgängigen Absurdität, dass man in der Forschung davon ausgeht, der Autor habe, wie bereits im Vorwort erkenntlich, überhaupt die Unsinnigkeit der ganzen Fragestellung durch seine Übertreibungen bloßstellen wollen. Da der Anonymus zweifelsfrei als Valerius

Acidalius (1567–1595) identifiziert wurde und sein Lebenslauf – deutscher Latinist mit Ausbildung in Italien – einen an sich klugen Kopf vorstellt, ist der These zuzustimmen, dass er mit der *Disputatio* eine Verunglimpfung der protestantischen Diskutierweise seiner Zeit habe verfassen wollen. Die Rezeption der Schrift greift jedoch nicht auf diese subtile Absicht zurück, vielmehr erweist sich ihre Argumentation als eine auf den naiven Leser unmittelbar wirkende Quelle.

Ende des 16. Jahrhunderts begibt sich auch Italien, insbesondere Venedig, in die Arena solcher Anwürfe. Zwei einflussreiche Schriften verstärkten die Aussage über die dämonische Natur der Frau. Giuseppe Passi lieferte mit *I donneschi diffetti, Die Fehler der Frauen*, eine Blütenlese böswilliger Zitate von den Kirchenvätern bis zu seiner Gegenwart, worin ein bestimmtes Laster mit einem historischen Beispiel und einer biblischen Geschichte gekoppelt wird. Die Beispiele sind ausschließlich weiblich, während die Kur vom Laster durch Tugenden des Mannes besorgt wird. Offensichtliches Ziel ist es, eine bereits theoretisch behauptete und zuweilen in Anspruch genommene Unabhängigkeit der Frau als unethisch zu erklären und in der Abhängigkeit vom Mann das einzige, auch religiös und historisch gesicherte Mittel der Zähmung der Frau zu preisen. Sein Zeitgenosse, der Abt Tondi, verfasste die noch gehässigere Schrift *La femina origine d'ogni malo, Die Frau – Ursprung jeden Übels*: Die Frau tut nicht das Böse, sie ist das Böse. Die Polaritätsthese der Geschlechter lässt hier nicht nur die einfache Aufteilung von Gut und Böse zu. Sie zwingt auch zur Aufspaltung der Polarität zur Dualität: Der Mann ergänzt sich nicht an der Frau, er hat sie schlechthin zu meiden.

Um 1600 werden in Venedig drei Frauen – Lucretia Marinella, Moderata Fonte und Arcangela Tarabotti –

111

in unmittelbarer Reaktion darauf die Superioritätsthese der Frau über den Mann in Anspruch nehmen. Diese betont einseitigen Antworten sind als leidenschaftliche Gegenwehr gegen eine historisch überwiegende Betrachtung der Frau als inferiores Wesen verfasst. In der Schrift *Le nobiltà delle donne (...)*, *Über die Vorzüge der Frauen* der Venezianerin Lucretia Marinella (1561 – 1653) wird der Mann überhaupt finalisiert auf die Frau hin begriffen, „um aus seinem Körper die Frau zu schaffen". Marinella will metaphysisch die Göttlichkeit der Frau unmittelbar in ihrer Schönheit ausgedrückt finden – der neuplatonische Gedanke von der Epiphanie Gottes in allem Schönen wird ausdrücklich auf die Schönheit des Leiblichen angewandt. Nicht zuletzt sei die Frau gerade in ihrem ethischen Verhalten, also in Bezug auf das *bonum*, unvergleichlich viel näher am Willen Gottes als der Mann. Die Frage des *verum* wird mit einem Katalog von gelehrten Frauen, die zugleich tugendhaft waren, beantwortet. Eine bezeichnende Eigentümlichkeit Marinellas besteht darin, dass sie den Frauen bis dahin für männlich gehaltene Qualitäten wie Tapferkeit, kriegerische Selbstbehauptung und Ähnliches zuschreibt – ein Zeichen dafür, dass sie aus dem Polaritätsmodell auszutreten strebt und in der Frau den besseren Menschen, gleichsam geschlechtsübergreifend, zu kennzeichnen versucht. Die unerwartete Schlusspointe Marinellas liegt in der neuen Geschichtswertung: Die mangelnde Präsenz von Frauen in der geistigen oder politischen Geschichte, die bisher als Beweis für die Unterlegenheit des weiblichen Geschlechtes galt, wird umgepolt, denn die Männer hätten aus Furcht vor ihrem Herrschaftsverlust das eigentlich potentere Geschlecht durch Zwang zum Schweigen gebracht. „Aber wenn die Frauen, wie ich hoffe, aus ihrem langen Schlaf erwachen, in den sie hinabgedrückt sind, so werden diese undankbaren und hochmütigen Männer zahm und demütig." Den einzigen Nachteil des weiblichen Geschlechtes bildet die leibliche Konstitution, „zarter und weniger kräftig als das männliche Geschlecht" zu sein, was aber durch die maßvollere Säftemischung (die alte Lehre der Temperamente!) durchaus kompensiert wird. Die physische Anlage zur Mäßigung führt auf geradem Wege zur ethischen Vorrangstellung der Frau vor dem hitzigen und triebhaften Temperament der Männer.

So wird die Diskussion theologisch, metaphysisch, biologisch, medizinisch, geschichtlich geführt – wobei Marinella mit der Breite der Argumente die Topoi der gegenteiligen Diskussion auffängt. Die scheinbare Überzogenheit Marinellas wird durchaus relativiert, wenn man den Hintergrund der in vollem Ernst vorgetragenen Schmähschriften um die Wende von 1600 in Rechnung stellt.[91]

Als zweite glänzende Theoretikerin kann Moderata Fonte (1555–1592) mit ihrem posthum erschienenen Werk *Il merito delle Donne* gesehen werden.[92] Vom Alter von neun Jahren an in einem venezianischen Kloster erzogen, erfährt sie eine recht gute Bildung, die sie kraft ihres ausnehmenden Gedächtnisses zum Teil aus Gehörtem aufbaut. Anders als Marinella wird sie heiraten und bei der Geburt des vierten Kindes 1592 sterben. Erst im Umkreis der negativen Frauenbewertung gaben ihre Eltern das Werk der begabten Tochter nach ihrem Tode heraus. Reizvoll ist *Das Verdienst der Frauen* vor allem wegen der gekonnten Dialogform (die sich von Marinellas Traktat lebhaft unterscheidet), aber auch wegen des ungewohnt satirischen Tons und Inhalts der fiktiven Gespräche. Äußerst reizvoll sind auch die Gesprächspartnerinnen, die in ihrer Siebenzahl eine Art Prisma weiblicher Lebenserfahrung vorstellen. Eine alte

Witwe, eine junge Witwe, zwei Ehefrauen mit unterschiedlicher Glückserfahrung, eine junge, hoffnungsvolle Braut, zwei junge Mädchen, die sich noch nicht zur Ehe entschieden haben: In diesen Aspekten kommt ein reiches, unterschiedlich getöntes Bild fraulicher Existenz zum Vorschein – immer in der Spiegelung zum Mann. Die älteste Frau, Corinna, spielt dabei die Rolle der *advocata diaboli*: Ohne den Haupttenor der Gespräche zu bestimmen, bleibt sie mit ihren Einwürfen skeptisch. Die Gespräche enden mit der Frage an Leonora: Sie solle sich doch noch einmal, trotz aller erwiesenen Untreue und Flüchtigkeit der Männer, überlegen, ob sie nicht wieder heiraten wolle. Leonora antwortet: „Vielleicht …"

Die offene Form der Darstellung, die nicht eigentlich wie bei Marinella zu einem ausgesprochenen Schluss kommt, lässt die Gespräche als unerhört vielschichtiges Dokument der Selbsteinschätzung von Frauen erscheinen. Der differenzierte Ton, mit dem auch die Fehler der Männer, nicht unwidersprochen von anderen Teilnehmerinnen, vorgestellt werden, verhindert ein plattes Schwarz-Weiß-Bild der Geschlechter. Dieses ungewöhnliche Dokument, das auf die Superiorität der Frauen abzielt, zeigt jedoch auch, dass die Rechtfertigung des Frauseins durch Frauen nicht einfach nur Vorurteile umdreht.

Ohne die Behauptung der Superiorität war offenbar geistesgeschichtlich nicht zum Thema der Egalität vorzudringen, und erst nach dem „venezianischen Dreigestirn" wird das theoretische Niveau erreicht, auf dem in Frankreich durch Marie le Jars de Gournay zum ersten Mal die These von der unbedingten Gleichheit der Geschlechter aufgestellt wird: unter dem Titel *De l'égalité des hommes et des femmes* (1622). Marie le Jars de Gournay (1565–1654) wird freilich in den meisten

Lexika nur als Herausgeberin, wenn nicht Entdeckerin des Philosophen Michel Montaigne und seiner skeptischen *Essais* aufgeführt. 1688 lernte die 23-jährige Autodidaktin den 55-Jährigen in Paris kennen, lud ihn mehrfach auf ihr elterliches Schloss Gournay in der Picardie ein und trat nicht nur in ein dauerndes wissenschaftliches Gespräch mit ihm ein, sondern veröffentlichte Montaignes Werk nach seinem Tode. Biografisch erscheint hier ein bekannter Zug: Eine unverheiratete, intelligente, aber nicht schulmäßig gebildete Frau von Adel entscheidet sich aufgrund ihrer Interessen zu einem selbstständigen Schriftstellerleben.

Ihr zweites Werk, *Le grief des dames, Die Klage der Frauen* (1626), entwirft ein Zeitgemälde weiblicher Einschränkungen. Der Frau seien verboten: Freiheit, Handeln, Urteil, wahre Rede, Autorität; in der öffentlichen Diskussion sei sie gering geachtet, was sich auf die schriftlichen Arbeiten einer Frau ausdehne. Von Christine de Pizan geschult, spricht le Jars vom „Arrest am Spinnrocken", der nur durch eine allgemeine und alle Klassen überspringende Frauenbildung aufzuheben sei. Ein weiterer provozierender Text liegt mit *Des vertus vicieuses, Über die lasterhaften Tugenden* vor, worin sie eine scharfe Kritik ihres gesellschaftlichen Standes, aber auch der Kirche betreibt. Was als Tugend erscheine, sei bei genauem Hinsehen nur die Verkleidung eines moralischen Abgrundes – ohne dass sich das Gewissen dieses Zwiespaltes bewusst sei. Im Gegenteil: Die äußere Fassade höfischer Lebensart bilde das einzige Kriterium der Beurteilung eines Menschen.

Mit dem Titel von 1622, der *Gleichheit von Mann und Frau*, erhebt le Jars eingangs die These, die bekannte Diskussion um den Vorzug eines Geschlechtes verdunkle nur die anstehende Problematik. Ursache für den behaupteten Vorzug des Mannes seien die männlichen Vorurteile und die ungeeignete Erziehung der Frauen. Gegenbeweise liefern: Gott, die Kirchenväter und andere große Männer (Platon, Sokrates bis zu den Humanisten – Marie le Jars scheint bewusst oder unbewusst selektiv zu lesen!). Dieses Autoritätsargument wird durch systematische Argumentation vertieft: Historisch wäre über ein neues Erziehungsmodell für Mädchen sehr vieles zu ändern; biologisch beweise der Unterschied der Körperkraft keine ethische Differenz, da die Tiere noch stärker seien als die Männer; theologisch spreche der erste Genesistext eindeutig von derselben Ehre und Würde der beiden Geschlechter; die Prophetie sei ebenso an Frauen wie an Männer ergangen, selbst das Richteramt in Israel sei für Frauen offen gewesen, desgleichen die politische Lenkung des Volkes. Paulus habe den Frauen nur aus Furcht vor ihrer Überlegenheit das Sprechen verboten. Was sich an die Amtsfrage anschließe, die seit den Kirchenvätern für Frauen negativ beantwortet ist, ließe sich nur als pragmatisches Instrument zur Schaffung des innerkirchlichen Friedens zwischen den Geschlechtern lesen: Alle Verbote der Sakramentenspendung seien nicht vom Wesen der Frau her formuliert, sondern schlechthin friedenssichernd, also nur sozial begründet. Aus diesem Grunde seien alle überlieferten Argumente unter dem Gebot der Gegenwart neu aufzubrechen. Die Frau verdiene einen neuen Zugang: zu Bildung mit „Chancengleichheit", zu theologischen Aufgaben wie Prophetie, selbst zu politischen Aufgaben, schließlich Zutritt zu Autorität und Amt auch in der Kirche. Die Apostolin Maria Magdalena besitze bereits *égalité* mit den anderen Aposteln, von daher sei die Sakramentenspendung, ganz zu schweigen von der Lehrerlaubnis oder mit anderen Worten das kirchliche Amt, unterschiedslos der

Frau zu öffnen. In einem theoretischen Ausgriff fragt Marie le Jars – in der Folgerung richtig – nach dem zugrunde liegenden Gottesbild. Herausfordernd-witzig spricht sie von der Unterstellung, Gott sei wohl mit einem Bart ausgestattet, um die Ähnlichkeit mit den Männern deutlicher zu machen. Stattdessen sei Gott weder männlich noch weiblich; anthropomorphe Bilder führten nur zu einer Vergegenständlichung Gottes. Das Ebenbild, das der Mensch in beiden Geschlechtern vorstelle, müsse daher auf beide hin gelesen werden, ohne Gott einseitig auf den Mann hin festzulegen. Wo dies geschehe, schätzten sich die Männer letztlich blasphemisch höher als Gott, der doch auch Urbild der Frau sei. Merkwürdigerweise nimmt le Jars am Ende die konkrete Unterordnung der Frau in Kauf: Um des Friedens willen solle sich die Frau in der Ehe unterwerfen, freilich unbeschadet ihrer grundsätzlich gleichen Würde.

In Marie le Jars ist die erste Vertreterin einer – biblisch begründeten – Gleichheit im Sinne der gleichen Würde der Geschlechter anzutreffen. Mit großer innerer Folgerichtigkeit bindet sie theologische, soziologische, biologische, geschichtliche und schließlich kirchenhistorische Argumente zu einer einheitlichen Argumentation zusammen und scheut vor praktischen Folgerungen der Gleichheit (wie in der kirchlichen Amtsfrage) nicht zurück. Ihre Thesen lesen sich mit heutigen Augen mit einer unerwarteten Aktualität, die in anderen Schriften der Zeit weit weniger deutlich ins Auge fällt.

Im Unterschied zu der französischen Diskussion, die 1791 in die Erklärung der Frauenrechte mündet, zeigt die deutsche Diskussion des 17. Jahrhunderts noch eine deutliche Verteidigungsstellung. Vorurteile gegenüber Frauen werden weithin defensiv und eher schüchtern beantwortet. Am Beispiel der außerordentlich berühmten niederländischen Gelehrten Anna Maria van Schurman (1607–1678) sei eine Ambivalenz im Blick auf die Frauenbildung und die eigene Selbsteinschätzung deutlich gemacht.[93]

Typisch dafür ist die berühmte *Dissertatio* der „Schurmannin" über das Frauenstudium von 1641, worin die Unentschiedenheit der These neben einer formal ausdrücklich scholastischen und abstrakten Beweisführung auffällt. In vierzehn Argumenten plädiert Schurman für ein Studium der christlichen Frau. Drei Teile der Gedankenführung lassen sich unterscheiden: die Begründung für den Wert des Frauenstudiums, das für alle Künste und Wissenschaften, auch die Politik, geöffnet werden solle – entwertet wird der Gedanke jedoch durch die Beschränkung dieser Forderung auf die Frau des gehobenen Standes, die wegen ihrer Muße und der darin lauernden Verführungen an das geistige Arbeiten zu gewöhnen sei. Der zweite Teil verhandelt die übergreifende, nicht geschlechtliche Charakteristik der Wissenschaften: Es gilt die gleiche Kapazität für das „Wahre" bei männlicher wie weiblicher Intelligenz. Der dritte Teil widerlegt mögliche Gegenargumente, wobei Schurman freilich „bescheiden" und im Rahmen gewohnter, auch misogyner Theorien bleibt (was später immer wieder als „Beweis" der Unterlegenheit des weiblichen Geschlechtes, die von Schurman selbst zugegeben sei, herangezogen wird). So verbindet sie das theoretisch Erreichte in der Praxis mit einer Rücknahme, ja dem Verzicht der Frauen auf Bildung, da sie sich primär der Familie zu widmen hätten. Bildung wird damit zur Ausnahme und letztlich zu einem eher moralischen Postulat, um die unbeschäftigte Frau von falschen Gedanken abzuhalten. Durchgängig ist ein großer Ansatz zu erkennen, der freilich vor dem eigenen Mut weit mehr zurückscheut, als es bei Marie le Jars der Fall war. Die eigene Ausnahmesituation versucht Schurman durch Topoi der Bescheidenheit in den akzeptablen Rahmen zu setzen; eine Verallgemeinerung ihrer persönlich bevorzugten Situation hält sie nicht für möglich. Offensichtlich war im deutschsprachigen Raum die Diskussion um „Gleichheit" in Theorie und Praxis weniger möglich als in Frankreich. Selbst im „wissenschaftlichen" Stil, dem scholastischen Traktat, unterscheidet sich der „Stern von Utrecht" deutlich von der italienischen und französischen Zeitgenossin.

Für das 17. Jahrhundert sind in Deutschland noch fast ungebrochen Schriften zur Beschränkung des Frauenzimmers auf Haus und Familie als dem eigentlichen Gegenstand weiblichen Daseins die Regel. Zwei Ausnahmen seien jedoch erwähnt, die freilich in der Folge auch kräftigen Widerspruch erfuhren: Johann Frauenlob (Pseudonym), *Die Lobwürdige Gesellschaft Der Gelehrten Weiber* von 1631/1633 und Wilhelm Ignatius Schütz, *Ehren-Preiß Deß Hochlöblichen Frauen-Zimmers* von 1663. Besonders Schütz, katholischer Rechtsgelehrter aus Speyer, entwickelt in einer reizvoll-barocken Sprache ein ausschließliches Lob der Frauen, mit allen Konsequenzen für Bildung, Beruf, Wirken in der Öffentlichkeit, Recht und Ansehen in der Familie und schließlich verbunden mit einer theologischen Aufwertung. Um für das Bildungsverständnis von Schütz ein anschauliches Beispiel zu geben, da ja immer noch die These vom geringen oder überhaupt nicht vorhandenen „Verstand des Weibs" im Umlauf war, eine Probe seines Arguments: „Wann deß Aristippi Tochter (...) noch bey Leben / und ihre Bücher vorhanden weren / es würde mancher die Schnauppen einziehen / und sich mit aller seiner Einbildung verkriechen müssen." Im Gegenteil: Adam habe durch den Fluch an Verstand

119

eingebüßt, der ihm durch den Schweiß „abgeloffen", während Eva durch die Schmerzen bei der Geburt am Verstand nicht beeinträchtigt worden sei.

Das 18. Jahrhundert bringt die Weiterentwicklung und vor allem Überwindung einer ausgereizten Diskussion, deutlich schon im Vorfeld der Aufklärung. Erwähnt sei die wichtige Arbeit der Dorothea Christiane Leporin-Erxleben, *Gründliche Untersuchung der Ursachen, die das weibliche Geschlecht vom Studieren abhalten* von 1742. Der Leporin verdankt die gelehrte deutsche Frauenwelt die erste promovierte Medizinerin, die mit einer Ausnahmegenehmigung Friedrichs II. von Preußen in Halle 1754 die Prüfung machen durfte und als Ärztin praktizierte. In der Schrift über das Frauenstudium schlägt sich die Leporin bezeichnenderweise noch mit denselben Vorurteilen gegen die Gelehrtinnen herum wie Anna Maria van Schurman 100 Jahre zuvor. Wieder beginnt sie mit der theologischen Auslegung der Genesis, freilich behauptet sie eine unterschiedliche Gottebenbildlichkeit der Geschlechter. Die naturrechtliche Minderstellung der Frau bleibt unangetastet; Ziel der Argumentation ist vielmehr dieselbe Kapazität für die Wissenschaften: Emanzipation also – von der eingeschränkten Lage bedingt – nur für den weiblichen Verstand. Offensichtlich war es immer noch nicht möglich, eine grundsätzliche Egalitätsthese im französischen Stil zu formulieren. Im Rahmen des Möglichen bildet Leporin aber theoretisch wie praktisch eine wesentliche Brücke zu den Frauen nach der deutschen Aufklärung.

3. „Der reizende Unterschied": Variationen von der deutschen Aufklärung und dem Idealismus bis zur Romantik

In diese zaghafte Auseinandersetzung bricht die Aufklärung ein; anstelle der Theologie ergreift die Philosophie das Zepter der Veränderung von Welt und Mensch. Das Vorfindliche wird Etüde für die spekulative Reflexion; das unterschiedliche Menschsein muss jetzt argumentativ begründet werden.

Es ist Immanuel Kant (1724–1804), der noch in seiner vorkritischen, „galanten" Zeit die Frau für die Aufklärung philosophisch-systematisch ortet. In seiner Deutung findet sich zwar eine Reihe lange gewohnter Vorgaben wieder, doch die Zuweisung der physischen, moralischen und verstandesmäßigen Minderwertigkeit der Frau unterbleibt; ja gänzlich schwindet bei Kant das trübe Assoziationsfeld weiblicher Dämonie. Ein eigenartiges Zeugnis solch gut gemeinter Neuorientierung bilden die *Beobachtungen über das Gefühl des Schönen und Erhabenen* (Königsberg 1764 = A, [2]1766, Riga [3]1771). Sie entfalten nicht Gleichheit, sondern Polarität der Geschlechter, aber mit deutlichem Willen zur Gleichwertigkeit der beiden Pole. Kant behält den „reizenden Unterschied" (A 49) von Mann und Frau bei ohne Unterton von Wertung: Das Wesen der Frau ist Schönheit, das Wesen des Mannes ist Erhabenheit. In dieser Aufteilung spiegelt sich noch einmal die klassische Gegenüberstellung von Natur = weiblich und Geist = männlich, allerdings ohne ethisches Prädikat. So sehr die Frau dabei auf ein reines Naturwesen eingeschränkt bleibt, so sehr bedeutet diese Zuschreibung auch ihre nachhaltige Ästhetisierung: Die Frau ist schlechthin schön. So kommt es bei Kant zur Entdämonisierung der Frau, zu ihrem Vorrang in der Naturausstattung, zur Überwindung der Abspaltung der Geschlechter durch gegenseitige Verwiesenheit, zur Ästhetisierung auch der weiblichen Tugend: Selbst Fehler der Frau sind angenehm. Und schließlich kommt es zur Ausklammerung des Naturrechts für die Ehe, worin der Mann bisher „von Natur aus" die Stelle des befehlenden Hauptes einnahm: Ehe sollte nach Kant überhaupt nicht als Rechts-, sondern als Neigungsverhältnis verstanden werden. „Wenn es dahin kommt, dass die Rede vom Rechte des Befehlshabers ist, so ist die Sache schon äußerst verderbt; denn wo die ganze Verbindung eigentlich nur auf Neigung errichtet ist, da ist sie schon halb zerrissen, sobald sich das Sollen anfängt hören zu lassen. Die Anmaßung des Frauenzimmers in diesem harten Tone ist äußerst hässlich, und des Mannes im höchsten Grade unedel und verächtlich" (A 80).

Deutlich spricht hier der „galante Kant", der in seinem eigenen Leben eine eher platonische Beziehung zum anderen Geschlecht besaß und in der fast kindlichen Verehrung schöner Damen dem überlieferten Hexenbild gerade unter den Intellektuellen den Boden entzog. Von daher muss seine Schrift als Neueinsatz wunderlicher und bewundernder Bewertung der Frau gewürdigt werden, wenn es auch ausschließlich bei ihrer Ästhetisierung bleibt. Die Grenze des Ansatzes zeigt sich im Rückschritt hinter die bereits erreichte Bildungsdiskussion: Kant verlangt von Frauen keine Bildung, da reflexes Wissen das angeboren Schöne und ursprünglich Intuitive zerstöre. Statt Bildung also Ausbildung von Rührung oder Empfindung: „Eben so werden sie (= die Frauenzimmer) von dem Weltgebäude nichts mehr zu kennen nötig haben, als nötig ist, den Anblick des Himmels an einem schönen Abende ihnen rührend zu machen, wenn sie einigermaßen begriffen haben, dass noch mehr Welten und daselbst noch mehr schöne Geschöpfe anzutreffen seien, (...) niemals ein kalter und spekulativer Unterricht, jederzeit Empfindungen und zwar die so nahe wie möglich bei ihrem Geschlechtsverhältnisse bleiben" (A 55). Entsprechend kann sich die Frau negativ nur zur Pedantin oder Amazone (nicht mehr zur Teufelin!) entwickeln, der Mann zum „läppischen Zieraffen" (A 77): Diese Gegenbilder der Geschlechter stammen aus der Verkehrung der Naturordnung. Die Frage stellt sich freilich, was die nicht schöne oder alternde Frau mit dieser Definition von Frausein noch gemein habe. Hier ist die einzige Lücke in Kants galantem System: Und so darf im Alter doch die Möglichkeit tieferer Bildung, in gewissem Sinne die Vermännlichung der Frau Platz greifen: „Allmählich, so wie die Ansprüche auf Reizungen nachlassen, könnte das Lesen der Bücher und die Erweiterung der Einsicht unvermerkt die erledigte Stelle der Grazien durch die Musen ersetzen, und der Ehemann sollte der erste Lehrmeister sein. Gleichwohl, wenn selbst die allem Frauenzimmer so schreckliche Epoche des Altwerdens herankömmt, so gehört es doch auch alsdenn noch immer zum schönen Geschlecht und es verunzieret sich selbst, wenn es in einer Art von Verzweiflung (...) sich einer mürrischen und grämischen Laune überlässt" (A 74).

So verdankt die Frau des 18. Jahrhunderts Kant zwar durchaus nicht einen „Ausgang aus der selbst verschuldeten Unmündigkeit" – Kants Zielbestimmung der Aufklärung –, im Gegenteil: Unmündigkeit wird als zur Natur der Frau gehörig empfunden. Dennoch ist diese Unmündigkeit nicht mehr diabolisch, minderwertig, naturrechtlich fixiert – sie macht den Reiz des Frauseins in einem naiven, ebenso ritterlich wie pedantisch formulierten Sinne aus. Friedrich Schiller (1759–1805), den Goethe einen „gebildeten Kantianer" nannte, entwarf seine *Maria Stuart* nach der kantischen Konzeption des Schönen, freilich so, dass sie schließlich in der dramatischen Steigerung das Männlich-Erhabene erreicht und vertritt – als königliche Frau.[94]

Wie sehr diese Gleichsetzung der Frau mit dem Schönen auf das ausgehende 18. Jahrhundert wirkte, lässt sich an den weiblichen Heroinen Jean Pauls (1759–1805) erkennen, die in der Regel aus Intuition, Empfindung, visionärem Wahrnehmen der Gründe des Daseins bestehen – sofern sie nicht satirisch verzeichnet werden. „(...) wär' ich um keine Medaille der Welt imstande gewesen (...), den glücklichen Erfolg näher zu kolorieren, womit der Minister, um Lianens ungewöhnliche Schönheit der jüngern Jahre durch Erziehung in die jetzigen hinüberzubringen, das Seinige getan durch zarte und fast magere Kost – durch Einschnüren – durch Zusperren seines Orangeriehauses, dessen Fenster er selten von dieser Blume eines milderen Klimas abhob – noch weniger hätt' ich wie er malen können, dass sie dadurch ein zartes, nur aus Pastellstaub zusammengelegtes Gebilde geworden, das die Windstöße des Schicksals und die Passatwinde des Klimas fast zerblasen können – und dass sie sich wirklich nur mit Seifenspiritus waschen könne und nur mit den weichsten Linnen ohne Schmerzen trocknen und nicht drei Stachelbeeren ohne blutende Finger abnehmen."[95] In noch gröberem Kontrast zum Mann: „Die weiblichen Seelen sind Pfauen, deren Juwelen-Gefieder man in reinen und geweißten Wohnungen unterbringen muss, indes unsere in Entenställen sauber bleiben."[96]

E. T. A. Hoffmann parodiert dieses Weiblichkeitsideal, das auch anderwärts gängig ist, mit großer Bosheit: „Fürs erste wollen sie [die Dichter], dass das Fräulein über alles, was sie von sich verlauten lassen, in ein somnambüles Entzücken gerate, tief seufze, die Augen verdrehe, gelegentlich auch wohl was weniges ohnmächtle oder gar zurzeit erblinde als höchste Stufe der weiblichsten Weiblichkeit."[97]

Bei so viel Naturausstattung wird und wirkt der Geist unweiblich. Die „schöne Seele" im größten Bildungsroman der Zeit, in *Wilhelm Meisters Lehrjahren* von Johann Wolfgang von Goethe, gesteht im Rückblick auf den Geliebten eine heimlich gehaltene Bildung ein: „Er brachte und sendete mir manch angenehmes Buch, doch das musste geheimer als ein verbotenes Liebesverständnis gehalten werden. Man hatte die gelehrten Weiber lächerlich gemacht, und man wollte auch die unterrichteten nicht leiden, wahrscheinlich weil man für unhöflich hielt, so viel unwissende Männer beschämen zu lassen. Selbst mein Vater, dem diese neue Gelegenheit, meinen Geist auszubilden, sehr erwünscht war, verlangte ausdrücklich, dass dieses literarische Kommerz ein Geheimnis bleiben sollte."[98] Daher erfolgt zwar „nach innen" eine geistige Vertiefung, aber „nach außen" eine hausfraulich-irdische Gegenbewegung; Bildung und „reine Schönheit" des Geistes werden letztlich gegenüber der nötigen Solidität weiblichen Könnens zweitrangig. Noch übertrumpfen die häuslichen Funktionen der Frau die Entfaltung neuer Potenzen. „Äußert uns der Bräutigam, dass wir ihm in einer Morgenhaube besser als in dem schönsten Aufsatze gefallen, dann wird einem wohldenkenden Mädchen gewiss die Frisur gleichgültig, und es ist nichts natürlicher, als dass er auch solid denkt und lieber sich eine Hausfrau, als der Welt eine Putzdocke zu bilden wünscht. (…) Hat ein solches Mädchen dabei das Glück, dass ihr Bräutigam Verstand und Kenntnisse besitzt, so lernt sie mehr, als hohe Schulen und fremde Länder geben können. Sie nimmt nicht nur alle Bildung gern an, die er ihr gibt, sondern sie sucht sich auch auf diesem Wege so immer weiterzubringen. Die Liebe macht vieles Unmögliche möglich, und endlich geht die dem weiblichen Geschlecht so nötige und anständige Unterwerfung sogleich an; der Bräutigam herrscht nicht wie ein Ehemann; er bittet nur, und seine Geliebte sucht ihm abzumerken, was er wünscht, um es noch eher zu vollbringen, als er bittet."[99]

Noch der Aufklärer Georg Christoph Lichtenberg (1742–1799) glaubt satirisch festhalten zu müssen: „Die Mädchen, anstatt sich für ihren Überfluss Schuhe, Strümpfe, undurchsichtige Halstücher und solchen üppigen Plunder anzuschaffen, lasen die gelehrte Zeitung und errichteten eine Lesegesellschaft, bliesen Oden und lauschten auf das Brausen des Genies in den Wolken."[100] Goethe sieht eine Generation später, dass Frauenbildung folgerichtig zu einer neuen, umgekehrten Asymmetrie im Geschlechterverhältnis führen könne: „Die Männer konnten sich nicht völlig ausbilden, ohne den Frauen gleiche Rechte zuzugestehen; indem die Frauen sich ausbildeten, stand die Waageschale inne, und da sie bildungsfähiger sind, neigt sie sich zu ihren Gunsten."[101]

Die dichterische Umsetzung soll nicht von der Hauptbetrachtung, der philosophischen Begründung der Geschlechterpolarität, wegführen; sie erhellt vielmehr einen breiten kulturgeschichtlichen Boden, in dem Philosophie und Literatur gemeinsam wurzeln. Auch das Rechtsempfinden steigt aus dem Boden auf: Das rationale Gleichheitsideal einer de Gouges wird schon im nachrevolutionären Frankreich wiederzugeschüttet. Madame de Staël (1766–1817) schreibt 1809 in ihrem breit rezipierten Buch *Über Deutschland*: „Man tut gut daran, die Frauen von den öffentlichen und bürgerlichen Rechten auszuschließen. Nichts ist ihrer natürlichen Bestimmung entgegengesetzter als alles, was sie in den Zustand konkurrierender Beziehungen zu den Männern brächte."

Die Frage der Gegenpoligkeit bleibt in der deutschen zeitgenössischen Diskussion ausdrücklich wirksam und führt bei G. W. F. Hegel (1770–1831) zu einer bedeutenden Vertiefung bisher gewohnter Polaritätsargumente. Weit über glatte Behauptungen hinaus sucht Hegel eine spekulative Grundlegung der Geschlechtertheorie. Die Weise, wie er Frau und Mann auf den Begriff bringt, gründet in der dialektischen Gesamtbewegung seines Systemdenkens und vollzieht sich nicht einfach als Festschreibung einer Erfahrung; diese ist vielmehr durch die „Anstrengung des Begriffs" gegangen und versteht sich als gültige Auslegung des Phänomens zweier Geschlechter des einen Menschen. Für Hegel ist es die Frau, die dem Manne aus seiner Entzweiung zur Versöhnung mit sich selbst verhilft, während der Mann die Frau aus ihrer unentfalteten Einheit löst. Damit wird ein Gedanke erreicht, an dem die Differenz der Geschlechter „aufgehoben" erscheint.

In den *Grundlinien der Philosophie des Rechts* von 1821 handelt Hegel in den §§ 161–169 „Die Ehe" ab. Hier kommt mittelbar das Thema der Geschlechter zum Ausdruck, besonders im § 166, in dem noch immer die Polarität von Mann und Frau als leitender Gedanke dient. Hegel versucht bereits eingangs die Kantsche Neigungsehe als ungenügend zu erweisen, denn die Ehe überwinde sowohl das bloß physische Verhältnis, den Zweck der Produktion von Nachkommen, als auch den bloß bürgerlichen Kontrakt, welcher Sicherheit gewähre, als auch die reine Empfindung, welche dem Zufall, auch der Zeit unterworfen bleibe. „Die Ehe ist daher näher so zu bestimmen, dass sie die rechtlich sittliche Liebe ist, wodurch das Vergängliche, Launenhafte und bloß Subjektive derselben aus ihr verschwindet." (§ 161) Zu diesem sittlichen Verhältnis bedarf es des natürlichen Untergrundes der Geschlechter.

Die Natur des Mannes bestimmt Hegel als „das Geistige, als das sich Entzweiende in die *für sich seiende* persönliche Selbstständigkeit und in das Wissen und Wollen der *freien Allgemeinheit*, in das Selbstbewusstsein des begreifenden Gedankens und in das Wollen des objektiven Endzwecks". (§ 166) Die Natur der Frau wird umgekehrt gekennzeichnet als „das in der Einigkeit sich erhaltene Geistige als Wissen und Wollen des Substantiellen in Form der konkreten *Einzelheit* und der *Empfindung*". Damit erscheint der Mann als jener, der aus der Entzweiung, nämlich der Distanz des Geistigen zu sich selbst, durch die Frau als sein Gegenüber zu sich zurückkehrt, während die Frau als eine sich selbst genügende Einheit eine solche Rückkehr nicht braucht, vielmehr in der Familie ihre eigene Substantialität immer schon besitzt. „Jenes im Verhältnis nach außen das Mächtige und Betätigende, dieses das Passive und Subjektive. Der Mann hat daher sein wirkliches substantielles Leben im Staate, der Wissenschaft und dergleichen, und sonst im Kampfe und der Arbeit mit der Außenwelt und mit sich selbst, sodass er nur aus seiner Entzweiung die selbstständige Einigkeit mit sich erkämpft, deren ruhige Anschauung und die empfindende subjektive Sittlichkeit er in der Familie hat, in welcher die Frau ihre substantielle Bestimmung und in dieser *Pietät* ihre sittliche Gesinnung hat." (§ 166) Als „Gesetz des Weibes" gilt mithin das Gesetz „der Innerlichkeit, die noch nicht ihre vollkommene Verwirklichung erlangt" im Gegensatz gegen „das offenbare, das Gesetz des Staates". Kurz gesprochen bedarf der Mann der Frau, um aus seiner Zweiheit zur Einheit der Darstellung zu gelangen, die Frau des Mannes, um aus ihrer Einheit (freilich in Form bloßer subjektiver Innerlichkeit) erlöst und aufgebrochen, nämlich zur Äußerung und damit zum Wirken veranlasst zu werden. „Unentzweite Individualität" der Frau heißt noch nicht gewonnene, sondern vor-verantwortliche Individualität, während der Mann diese Individualität von jeher mitbringe, ohne freilich das einheitliche Bei-sich-Sein anders als über die Frau zu besitzen.

Bei aller vertieften Spekulation enthalten Hegels Gedanken noch deutlich kantische Vorstellungen: „Die Bildung der Frauen geschieht, man weiß nicht wie, gleichsam durch die Atmosphäre der Vorstellung, mehr durch das Leben als durch das Erwerben von Kenntnissen, während der Mann seine Stellung nur durch die Errungenschaft des Gedankens und durch viele technische Bemühungen erlangt." (§ 166)

Hegel sieht durchaus einen „tragischen Gegensatz" im Verhältnis der Geschlechter. Tragik meint dabei ein unbedingtes Verwiesensein aufeinander ohne die Möglichkeit, die Verwiesenheit zu verwirklichen, also sich auf der gleichen Ebene wahrhaft zu ergänzen. Das beiderseitige Zusammengehören ist ebenso notwendig wie ungleich im Ansatz. Die Antwort des einen Geschlechtes auf das andere erfolgt gleichsam auf eine so nicht gestellte Frage. Der Mann ist Entzweiung der Frau, die Frau ist Einheit des Mannes. Die Sittlichkeit der Ehe ist dabei weniger ethisch gemeint denn als Absicherung der freien Hingabe durch äußere Festschreibungen. Unsittlich ist wesentlich die Unsicherheit eines prinzipiell bleibend gedachten Verhältnisses. Hegel lässt die Auflösung der Ehe zu, allerdings nur unter der Voraussetzung deutlicher Unverträglichkeit der Partner. Ansonsten gehört zu ihrer Rechtsstruktur die eigentliche Unauflöslichkeit.

Nicht vergessen werden darf, dass Hegel hierin den Durchschnitt des Geschlechtsverhältnisses, also keineswegs die wirkliche Liebe zwischen Mann und Frau im Blick hat. Die Kennzeichnung der Liebe wird vielmehr in den *Vorlesungen über die Ästhetik II* (1817/18; hg. 1836) im Abschnitt über den „Begriff der Liebe" gewonnen und zu einer bis dahin nicht erreichten Höhe geführt. In diesem Abschnitt überwindet Hegel die vorausgesetzte Polarität der Geschlechter, indem er eine Strukturbeschreibung der Liebe unternimmt, welche die beiden Partner einander angleicht. Erst in diesem Vorgang ist nun Absolutes, das An-und-für-sich des Geistes erreicht – von daher sind die Kennzeichnungen der Ehe noch einem mittleren Zustand zugeordnet und treffen keine letzte Aussage über die Geschlechter. Der wirkliche Vorgang der Liebe wird folgendermaßen formuliert: „ (...) so ist in der Liebe vielmehr das Höchste die *Hingebung* des Subjekts an ein Individuum des anderen Geschlechts, das Aufgeben seines selbstständigen Bewusstseins und seines vereinzelten Für-sich-Seins, das erst im Bewusstsein des anderen sein eigenes Wissen von sich zu haben sich gedrungen fühlt. (...) Wesentlich wird sie (= die Liebe) jedoch hier nur dadurch, dass das Subjekt seinem Inneren, seiner Unendlichkeit-in-sich nach in dies Verhältnis aufgeht. Dies Verlorensein seines Bewusstseins in dem anderen, dieser Schein von Uneigennützigkeit und Selbstlosigkeit, durch welchen sich das Subjekt erst wiederfindet und zum Selbst wird, diese Vergessenheit seiner, sodass der Liebende nicht für sich existiert, nicht für sich lebt und besorgt ist, sondern die Wurzeln seines Daseins in einem anderen findet und doch in diesem anderen gerade ganz in sich selbst genießt, macht die Unendlichkeit der Liebe aus."[102]

Damit ist die Dynamik der Liebe als Dynamik von Selbstverlust und Selbstgewinn entwickelt: Das Subjekt wird über den anderen seiner selbst zum Selbst. Dieser

Vorgang gibt zugleich die Selbstwerdung des Bewusstseins wieder, das aus dem An-sich über das Für-sich zum An-und-für-sich gelangt. Die Geschlechter differenzieren sich dabei nicht mehr, wenn auch Hegel den „weiblichen Charakteren" diese Hingebung am schönsten bescheinigt; trotzdem ist die Struktur der Hingabe nicht geschlechtsspezifisch gedacht. In diesem Vorgang wird jede Form von Natur- oder Geistzuordnung überwunden, weil jeweils verlassen um des Gegenpoles willen, sodass zwar im Einsatz der Bewegung (die Frau geht von der Natur, der Mann vom Geist aus), aber nicht in ihrem Endzustand ein Unterschied noch geltend zu machen ist. Der unbedingte Bezug der Geschlechter aufeinander wird in der Liebe seiner herkömmlichen Bewertung und Unterscheidung entkleidet; das Verhältnis selbst verleiht den Polen des Verhältnisses eine sonst nie erreichte, unterschiedslose Qualität. Liebe wird so der Prozess der gegenseitigen Entselbstigung und Verselbstigung, des gegenseitigen Liebesopfers, in dem sich die vollkommene Einung ereignet.

Ein Aspekt, der bei Hegel nicht deutlich zum Vorschein kommt, wird in den *Vierzig Sätzen aus einer religiösen Erotik* des mit Hegel befreundeten Philosophen Franz von Baader 1831 ausgeführt: „Eine andere Person als solche kann ich als Person (...) nicht unmittelbar besitzen oder genießen, sie setze sich mir denn zum unpersönlichen Gut und Sache herab. Daher materia von mater, und in diesem Sinne ist jedes Sichgeben dem Liebenden ein Sichopfern dem Geliebten. Ohne die Einsicht in dieses beständig sich in einander Übersetzen und wieder Zurücknehmen des Selbstisch-Persönlichen in die selbstlose Natur ---- ohne diese Einsicht in diesen sich verselbstigenden und entselbstigenden Prozess versteht man nichts von beiden. Hieraus begreift man denn auch die ursprüngliche androgyne Natur des Geistes (der geistigen Person) oder, dass jeder Geist als solcher seine Natur (Terre) in sich hat und nicht außer sich; wie denn die wahre Liebe nur damit wirklich wird, dass beide Liebende wechselweise ihr verselbstigendes und entselbstigendes Vermögen in Wirksamkeit setzen; dessen Vorhandensein also in beiden (eben als ihre androgyne Natur) vorausgesetzt wird. ---- In der normalen Geschlechtsverbindung (durch Liebe) hilft der Mann dem Weib bewundern, dieses dem Mann lieben, oder der Mann hilft dem Weibe in sich zur Mannheit, dieses dem Mann in sich zur Weibheit."[103] Diese Sätze, an Emilie Linder in Basel gerichtet, betonen die Notwendigkeit oder Materialisierung der Liebe im Leib – die „platonische Liebe" zweier schöner Seelen ist als solche unbefriedigend, weil nicht konkret geworden. Unter den Bedingungen der Existenz bedeutet dieses Konkretwerden freilich eine gewisse Demütigung: In ihrer Weiblichkeit ist die Frau nicht Individuum, sondern Gattung; ebenso der Mann. Dennoch ist diese „Selbstlosigkeit", in welcher man sein Selbst noch nicht rückhaltlos darstellen kann, als Medium der gegenseitigen Liebe zu ertragen; unterzieht man sich dieser Verstofflichung nicht, so geht auf der anderen Seite auch das Unverwechselbare der individuellen Liebesbeziehung in einer seltsam gegenstandslosen Beziehung auf. Baader hat diesen Prozess der Verleiblichung der Liebe scharfsinnig als Prozess der Demütigung wie als unverzichtbare Grundlage der Geschlechter zueinander gekennzeichnet. Die eigentliche Betonung liegt freilich erneut auf der Androgynität von Mann und Frau, die am meisten zum Vorschein komme in der Liebe und dort auch ihren wesentlichen Ausdruck habe.

Auch diese Gedanken finden ein Echo in der Kulturgeschichte. Die Frau, die den Mann aus seiner Zerrissenheit zu einem Ganzen fügt, erhebt sich zur Muse seines Geistes und wird dabei sie selbst, da zugleich ihr eigener Geist erweckt wird. Nicht wenige Namen der deutschen Romantik verbinden sich mit einem solchen Entwurf: Sophie de la Roche, die Goethefreundinnen Marianne von Willemer und Bettina Brentano, in gewissem Sinne auch die unglückliche Cornelia Goethe, Caroline Schlegel-Schelling, Dorothea Mendelssohn-Schlegel, Rahel Varnhagen oder, in tragisch-missglückter Weise, Caroline von Günderode. In der Musik sei an Fanny Mendelssohn-Hensel und Clara Schumann erinnert. Manche dieser Namen sind mehr die Folie des männlichen Ruhmes, Selbstopfer für den Geliebten wie Dorothea Mendelssohn, erst die Skandalfreundin des jungen, dann die treue Haus- und Ehefrau des älteren Friedrich Schlegel, die nach einer Zeit literarischer Tätigkeit später strümpfestrickend und nähend die Enkelkinder hütete. Auf die Frage eines Freundes, weshalb sie alle geistige Tätigkeit aufgegeben habe, antwortete sie gelassen: „Es gibt zu viele Bücher auf der Welt; aber ich habe noch nie gehört, dass es zu viele Hemden gäbe."[104] Die meisten genannten Namen stehen aber für das Ausleben eigener Begabung; zum ersten Mal nach den italienischen Renaissancedichterinnen kommen wieder Frauennamen zum Vorschein, die gleichrangig auf der geistigen Ebene mit Dichtern und Schriftstellern, auch Malern und anderen Künstlern der Zeit Aufmerksamkeit finden: begeisternd, anfeuernd und selbst schöpferisch tätig[105]. Ähnliches geschieht in England, wenn man an die Schwestern Brontë und an Jane Austen denkt, die bereits sozial- und selbstkritisch beobachten, wie die konventionell eingeschnürte Lage der Frau auch ihren inneren Regungen keinen Raum lässt. „Er glaubte im Herzensgrund, dass liebliche, seelenruhige weibliche Mittelmäßigkeit das einzige Pfühl sei, auf dem gedankentiefes Mannestum Ruhe für seine schmerzenden Schläfen finden könne"[106] – so Charlotte Brontë in dem Roman *Villette*, in dem die Heldin als Engländerin freilich das „kontinentale" Mittelmaß trotz eigener düsterer Gemütslage sprengt.

In der deutschen Dichtung gibt es den Durchbruch zum eigenständigen Genie bei Annette von Droste-Hülshoff (1797–1848). In ihrer Sprachgewalt einzigartig, in Intuition und Intensität ohne vergleichbares Beispiel, beschreibt die Droste nie zuvor Gehörtes und Gesagtes, das sie bis an den Rand der Selbstaufgabe drängt. Die bisherigen Felder weiblicher Erfahrung genügen längst nicht mehr, um das Andrängende sprachlich einzuhegen.[107]

Als exemplarisch für die Romantik sei die Charakteristik des Männer- und Frauenbildes bei Joseph von Eichendorff (1788–1857) betrachtet. Auffallend ist die ambivalente Typologie von Mann und Frau in verschiedenen Dichtungen, die keine konkreten Personen, sondern eben typische Ausprägungen zeichnen: den Spielmann, den Ritter, den Dichter, den Philister; und bei den Frauengestalten: das Liebchen und vor allem die Zauberin, die betörende Frau unter den Namen Romana, Diana, Venus, Juanna, Faustina (!) oder deren nördliche Schwester Loreley. Von Natur und Mensch scheint es eine unheimlich-doppeldeutige Erfahrung zu geben. Einerseits sieht Eichendorff die Natur in einer lockenden Autonomie und Selbstgesetzlichkeit, die sich in Bildern der Nacht, der Schwüle, des Wetterleuchtens, der Venus und des Venusberges ausdrückt – gerade der gefährliche, übermächtige Charakter der Natur scheint in der Zauberin verkörpert. Andererseits träumen die unentbundene Natur und die unentbundene Weiblichkeit von Erlösung; sie sind bereits durchdrungen vom Geheimnis der Vollkommenheit, durchscheinend für die „neue Erde", besonders im Erlebnis des Morgens, des Sonntags, des befriedeten Gartens, der Einsamkeit, was alles „Widerschein einer viel ferneren und tieferen Heimat" ist. Diese Doppeldeutigkeit der Natur und des Weiblichen ist zunächst unterscheidbar: Sie lässt sich bereits in einzelnen Wörtern nachweisen: „schön", sogar „wunderbar" und „still" können jederzeit in ihre Gegenseite umschlagen.[108]

Angesichts dieser Ambivalenz wird der Mann bei Eichendorff in eine Entscheidung gestellt, in eine Auseinandersetzung mit dem „verworrenen Leben" selbst. Auch die seelische Wirklichkeit des Mannes ringt um Klarheit oder Erlösung, denn die eigene naturhafte Unentschiedenheit, der Reichtum des Chaos wird in der Seele mit heftiger Sehnsucht nach einer Art rauschhaftem Untergang gespiegelt. Diese Unentschiedenheit, im lockenden Reichtum zu verharren, wird zur Schuld. Erst in dem Maße, in dem sich die Seele dem „verworrenen Rauschen" entringt, vollziehen sich Klärung und Entschuldung.

So ist mit traumhafter Sicherheit die dämonische Werbung der Natur und die dämonische Möglichkeit der Seele, in sich verschlossen, entscheidungslos zu bleiben, in Eichendorffs Frauengestalten verkörpert. In *Ahnung und Gegenwart*, dem frühen Meisterwerk, erscheint Romana, die „heidnische Seele", als selbstgenügsam bis zur scheinbaren Selbsterlösung, als blind ohne Richtung, als haltlos. Sie tötet sich selbst, sie kann auch ihr Liebstes töten, nur um sich nicht entscheiden zu müssen – ebenso tötet Faustina im *Julius* den Geliebten Oktavian. Die Klage dieser Frauen ist zugleich das Lied der Sirenen für den Mann, nämlich Verführung nach unten, ins Wasser- oder Erd-Element; aber in Frage kommen weder Unterwerfung noch Versöhnung mit dem Mann: Seine Liebe wird abgewehrt.

Diese Natur, diese „Braut" nimmt den Mann nicht als „Bräutigam" an, sie widerstrebt der entschiedenen Geistigkeit, der Überantwortung nach oben. Wenn sich der Mann der Klage, dem „irren Rufen" der Natur und der Frau ausliefert, wird er zum Spielmann und Zauberer, zum Magier (als welcher Brentano von Eichendorff geschildert wird). Er ist dann derjenige, der an das Unbewusste, Unheimliche rührt, es aber nicht zur Klärung bringt; der Abenteurer, der Kräfte weckt, sie aber nicht in der Gewalt hat: Er lockt zum Venusberg, zum Mittelpunkt der Sinnenwelt, dem magischen Liebesort. Die Aufgabe des Dichters wie des Mannes ist aber nicht die Verfallenheit an die Welt, die rätselhafte Verlorenheit der Seele, die wie im Traum in den Abgrund blickt; seine Aufgabe ist es vielmehr, die unbewussten Rätsel in eine größere Ordnung des Geistigen zu stellen. Hier gewinnt der Dichter/der Mann das Maß des (christlichen) Ritters als einer Urform männlichen Daseins. Er weckt und benennt die Dinge, um sie zu klären, er weckt und benennt die Frau als Sinnbild aller Dinge, um sie von sich selbst zu lösen. „Die Natur ist in ihrem Wesen mystisch, als ein verhülltes Ringen nach dem Unsichtbaren über ihr." Die Natur steht typologisch für die Frau, das Unsichtbare für den Mann – wieder spricht sich intuitiv und mit großem Ernst eine sich offenbar aufdrängende Bildlichkeit aus.

In der Biografie Eichendorffs ist die bedeutende Tatsache zu vermerken, dass er im Umgang mit der konkreten Frau seines Lebens, mit der geliebten Luise von Larisch, die er 1815 in Berlin heiratete, unerhört gute, gegenteilige Erfahrungen machte: Sie gilt ihm als die eigentliche Hilfe, als die Löserin, als jene Tagesklarheit, deren er in seinen Träumen bedarf. Offenbar stößt die Problembeschreibung auf einen noch zu klärenden Zusammenhang: Ist die Wahrnehmung des „Weiblichen" möglicherweise unterschieden von der Wahrnehmung der konkreten „Frau"? So spitzfindig dies klingt, wird dieses Problem jedoch bis zum 20. Jahrhundert mitgetragen, nämlich als Assoziationskette endlos offener Übertragungen von Dämonie, Verführung, Natur, Materie auf das Weibliche – andererseits als konkrete Erfahrung mit Frauen, eingeschränkt auf bestimmte Lebensumstände und definierbare Aufgaben. Die beiden Bereiche sind nicht deckungsgleich und fordern deswegen die Frage heraus, ob nicht das „Problemfeld" des Weiblichen theoretisch getrennt werden müsse von der Frauenfrage im rechtlichen, sozialen und bildungstheoretischen Sinn. Woher stammt aber die erstaunlich negative Aufladung „des Weiblichen" mit dem Topos des Dunklen, Unheimlichen, unter aller Ohnmacht Übermächtigen?[109]

4. Dämonisierung und Idealisierung des „Weibes"

Bestürzend endet das 19. Jahrhundert, geistesgeschichtlich gesehen, im philosophischen Frauenhass; dafür stehen exemplarisch die Namen Arthur Schopenhauer (1788–1860)[110] und, zweideutiger und wirkungsvoller als dieser, Friedrich Nietzsche (1844–1900). Die Zweideutigkeit ergibt sich daraus, dass Nietzsche eine Ablehnung des „Weibes" formulierte, aber durchaus eine Anziehung durch die „Frau" erfuhr, konkret durch Lou Salomé, die er als Studentin in Zürich 1882 lieben lernte, ohne ihr näherkommen zu können. So trifft man auf schroffe Zweiteilung in der Charakteristik des „Weibes": „Allzu lange war im Weibe ein Sklave und ein Tyrann versteckt."[111] „Was das Weib betrifft, so neige ich zur orientalischen Behandlung."[112] Älteste Polarität taucht wieder auf: „Das Glück des Weibes heißt:

137

er will."[113] Und immer noch ist die Frau Natur, und als Natur Instinkt, ohne und gegen den Geist: „Wenn ein Weib gelehrte Neigungen hat, ist gewöhnlich etwas an ihrer Geschlechtlichkeit nicht in Ordnung."[114] „‚Emancipation des Weibes‘, ein merkwürdiges Symptom von der zunehmenden Schwächung der allerweiblichsten Instincte."[115] „Emancipation des Weibes – das ist der Instincthass des missrathenen, das heißt gebäruntüchtigen Weibes gegen das wohlgerathene."[116]

Daneben steht unverbunden in Nietzsches Erfahrung eine völlig andere Frau: „Das vollkommene Weib ist der Müßiggang des Schöpfers am siebenten Tag der Kultur, das Ausruhen des Künstlers in seinem Werke."[117] „Man muss es in aller Tiefe nachempfinden, welche Wohltat das Weib ist. (…) Erst durch die Berührung des Weibes kommen viele Große auf ihre Bahn."[118]

Genügt es als Erklärung, dass Nietzsche offenbar zwei widersprüchliche Erfahrungen mit Frauen machte oder sie in einer eigenartigen, vielleicht krankhaften Deutung erst zum Widerspruch stilisierte? Es ist bei solcher Widersprüchlichkeit, tiefer gesehen, zu vermuten, dass philosophisch etwas Wichtiges nicht verarbeitet ist, was das 19. Jahrhundert beständig doppeldeutig vor sich herschob: den Unterschied des Weiblichen im Allgemeinen von der konkreten Frau. Sören Kierkegaard (1813–1855) hatte die Ursache des Zwiespalts scharfsinnig getroffen: „Mein Freund ist Dichter, und einem Dichter gehört jener schwärmerische Glaube an die Frau wesentlich an. Ich bin mit Respekt zu sagen Prosaist. Was das andere Geschlecht betrifft, habe ich meine eigene Ansicht, oder richtiger, ich habe überhaupt keine, da ich nur sehr selten ein Mädchen gesehen habe, dessen Leben sich in einer Kategorie begreifen ließe."[119]

Was Kierkegaard als gefährliche Idealisierung darstellt, war bei Nietzsche in die Dämonisierung umgeschlagen. Für das Weibliche greift er auf älteste Besetzungen zurück: das Erdhafte, Schwere, die geschlechtliche Lust, das tierhaft Erotische, das Fruchtbare und Gesichtslose, das verschlingend Mütterliche, das Zauberische, Dämonisch-Verschlossene, das Gegenbild zum Geist. Die konkrete Frau schon des 19. Jahrhunderts aber war diesen dunklen Zuschreibungen vielfach schon entwichen und mit recht anderen Schwierigkeiten befasst: mit dem Kampf um dieselbe Bezahlung, dasselbe Recht, dieselbe Bildung (die Nietzsche ja auch an Lou, der Studentin der Theologie und Kunstgeschichte, schätzte). So trennt sich die symbolische Deutung des Weiblichen mehr und mehr als entweder wohlwollende oder böswillige Spekulation von der rasch sich wandelnden Selbsteinschätzung der Frauen, ihrem nüchternen historischen Bruch mit bisherigen Festlegungen. Mit der geänderten Lebenswelt aber wird der Mythos vom Wesen des „Weibes" brüchig, unglaubwürdig, gerade bei Nietzsche von hörbar falschen Tönen durchsetzt. Er, der den dionysischen Untergang des Geistes wünschte – warum sollte er eigentlich das Dionysische am „Weibe" hassen? Im Grunde lässt sich vermuten, dass Nietzsches „Weib" bereits ein geschichtsfernes Konstrukt darstellt, die lustvoll gehasste Dämonin tiefenpsychologischer Komplexe, ihm als Philosophen immer noch prinzipiell genug, den Zeitgenossinnen aber weder mehr als Vorbild noch als Schreckbild dienlich.

Lou Salomé (1861–1937) selbst steht für das Lebensgefühl der gebildeten, weltoffenen jungen Frauen am Ende des Jahrhunderts. In einem Brief vom März 1882 aus Rom an ihren mahnenden Erzieher in St. Petersburg strömt dieses Lebensgefühl unverhohlen über:

Malwida von Meysenbug „pflegt sich so auszudrücken: dies oder jenes dürfen ‚wir' nicht thun, oder müssen ‚wir' leisten, – und dabei hab ich doch keine Ahnung, wer dies ‚wir' eigentlich wohl ist, – irgend eine ideale oder philosophische Parthei wahrscheinlich, – aber ich selbst weiß doch nur was von ‚ich'. Ich kann weder Vorbildern nachleben, noch werde ich jemals ein Vorbild darstellen können für wen es auch sei, hingegen mein eignes Leben nach mir selber bilden, das werde ich ganz gewiss, mag es nun damit gehn wie es mag. Damit habe ich ja kein Prinzip zu vertreten, sondern etwas viel Wundervolleres, – etwas, das in Einem selber steckt und ganz heiß vor lauter Leben ist und jauchzt und heraus will. (...) Was nennen Sie ‚Übergang'? Wenn dahinter andere Endziele stehen sollen, solche, für die man das Herrlichste und Schwersterrungene auf Erden aufgeben muß, nämlich die Freiheit, dann will ich immer im Übergang stecken bleiben. (...) Wir wollen doch sehn, ob nicht die allermeisten so genannten ‚unübersteiglichen Schranken', die die Welt zieht, sich als harmlose Kreidestriche herausstellen!"[120]

Die Metapher von Efeu und Eiche ist bereits im späten 19. Jahrhundert so unangemessen, dass sie sich im Lächerlichen – dem Tod jeder idealisierenden Überhöhung – auflöst. Fontane lässt in der selbst schon anachronistisch unterlegten Tragödie um Effi Briest den Brautvater sprechen: „Geert, wenn er nicht irre, habe die Bedeutung von einem schlank aufgeschossenen Stamm, und Effi sei dann also der Efeu, der sich darumzuranken habe. Das Brautpaar sah sich bei diesen Worten etwas verlegen an, Effi zugleich mit einem Ausdruck kindlicher Heiterkeit. Frau von Briest aber sagte: ‚Briest, sprich, was du willst und formuliere deine Toaste nach Gefallen, nur poetische Bilder, wenn ich dich bitten darf, lass beiseite, das liegt jenseits deiner Sphäre.' Zurechtweisende Worte, die bei Briest mehr Zustimmung als Ablehnung gefunden hatten. ‚Es ist möglich, dass du recht hast, Luise.'"[121]

5. Abstoß von den alten Ufern:
Das 20. Jahrhundert

So klaffen auseinander die Metaphysik des Ewig-Weiblichen und das Selbstverständnis der modernen Frau, die zwar noch nicht philosophisch „abgesichert", aber vom Glück und der Notwendigkeit der historischen Stunde getragen Neues erobern, das Nicht-Dagewesene erproben will. Wie wird die Philosophie des 20. Jahrhunderts mit diesem Doppelbestand gedanklich umgehen? Die Umordnung des Denkens, nun stark von den Frauen selbst vorangetrieben, erfolgt langsam; sie holt im Nachhinein ein, was lebenspraktisch schon erworben ist. Allerdings ist die gedankliche Neuordnung tief greifend und im Übrigen widersprüchlich formuliert.

Zu Anfang des Jahrhunderts klingt das Vergangene noch nach: In den einflussreichen Werken von Georg Simmel, *Das Verhältnis der Geschlechter* (1902), und Otto Weininger, *Geschlecht und Charakter* (1903) baut Simmel die Frau noch gänzlich in biologischer, seelischer und geistiger Polarität zum Mann auf, während Weininger erneut die dichotomischen Ansichten Schopenhauers und Nietzsches wiederholt: Das weibliche „Weib" sei schlechthin unerträglich; nur das maskuline „Weib", das den Mann (= das Geistprinzip) in sich entwickelt, sei dem Mann annehmbar.

Gegenüber diesem Dokument wüster Verstiegenheit setzen zwei neue gedankliche Linien an. Eine erste wird, noch einmal, das Wesen des Weiblichen neu zu fassen suchen, diesmal in Überwindung der gewohnten Assoziationen durch eine ausdrücklich helle Symbolik.

Dafür stehen die Namen Teilhard de Chardin (1881–1955) und Gertrud von le Fort (1876–1971). In beiden Fällen handelt es sich um religiös inspirierte Deutungsversuche des Wesens der Frau, das die vielerlei geschichtlichen Leben übergreifend verklammert in einer symbolgetragenen, spekulativen Metaphysik. Teilhard vollzog in seiner visionären „*Hymne an das Ewig-Weibliche*" von 1918 den bisher ungewohnten Schritt: Er besetzte die Symbolik der mütterlich-weiblichen Materie neu, mit ihr die Symbolik der Frau. Statt dunkler, geistferner Ungrund zu heißen, wird die Materie bei Teilhard offen für den Geist, entwickelt sich evolutiv auf ihn zu, ist dessen Träger in Widerstand und Faszination, ist heilig, rätselhaft, unverfügbar – ebenso wie das immer noch nicht begriffene Weibliche. Ähnlich ist für Teilhard auch die Mutterschaft der Frau – ihre dauerhafteste historische Aufgabe – im Grunde weder richtig eingeordnet noch in ihren künftig möglichen Offenbarungen erfasst: als Offenbarung der Fruchtbarkeit des weiblichen Geistes.[122] 1934 schreibt Teilhard den kühnen Text *Evolution der Keuschheit*: „Die Frau für die Fortpflanzung der Rasse – oder überhaupt keine Frau: Das ist das von den Moralisten aufgestellte Dilemma. Gegen diese Vereinfachung erheben sich jedoch unsere teuersten und sichersten Erfahrungen. So fundamental sie auch ist, die Mutterschaft der Frau ist fast nichts im Vergleich zu ihrer geistigen Fruchtbarkeit. Die Frau bringt zur Entfaltung, sensibilisiert, offenbart an sich selbst den, der sie als Geliebte haben wird. Diese Wahrheit ist so alt wie der Mensch (der Mann). Aber damit sie ihren vollen Wert erhielt, musste die Welt den Grad an psychologischem Bewusstsein und

sozialer Evolution erreichen, wo in einer weithin aus-
gebreiteten und wirtschaftlich gesicherten Menschheit
die Fragen der Ernährung und der Fortpflanzung an-
fangen, von den Problemen der Erhaltung und der Entwicklung der geistigen Energien beherrscht zu werden."[123] Teilhards eigenes Angezogensein von Frauen
folgte dieser Spur ein Leben lang mit großer innerer Sicherheit, obwohl seine Lebenswahl, der Jesuitenorden,
dazu wenig Raum bot (oder: genügend Schutz bot?).

Gertrud von le Fort legte unter dem zeichenhaften
Titel *Die ewige Frau* ebenfalls 1934 einen anderen Ent-
wurf vor. Dreifach formt sich bei ihr das Wesen der
Frau aus: als Mutter, Braut und Jungfrau. Alle drei
Grundformen treten selbst noch einmal dreifach vari-
iert auf: als „ewige Frau" (metaphysisches Antlitz des
Weiblichen in seinem kosmisch-religiösen Rang), als
„Frau in der Zeit" (namentliche charismatische Gestalten) und als „zeitlose Frau" (namenloser, alltäglicher
Einsatz für alles Schwächere). Genau besehen wurzeln
alle drei jedoch in der gemeinsamen weiblichen Grund-
anlage, Dienst für einen anderen zu übernehmen, unter
der Verborgenheit des „Schleiers" unbeachtet Großes
zu tun. „Vom Charakter der bloßen Mitwirkung her,
auch der charismatischen Frau, erleuchtet sich das Geheimnis, weshalb weibliche Leistung außerhalb des
Charismatischen stets nur zweiten oder dritten Ranges
bleibt. Der Grund liegt nicht in der geringeren Begabung, sondern er liegt im Wesen und Auftrag des Weiblichen. (...) In einer letzten Zuspitzung des Gedankens
bezeugt gerade die unscheinbare Leistung das eigentliche weibliche Mysterium, die Bedeutung der Frau nicht
als sichtbarer, sondern als unsichtbarer Pfeiler des geschichtlichen Lebens."[124]

So wird der „Schleier" zum Synonym für die Frau,
Signatur ihrer äußeren Ohnmacht bei innerer Macht;

die Unsichtbare ist zugleich die Ausschlaggebende, die bloß Mitwirkende ist die Wirkungsvollste. „Hingebung ist Offenbarung, ist eine Gabe: Die dem Manne, gleichviel in welcher Form, hingegebene Frau bringt ihm als Mitgift die Hälfte einer Welt zu! In der Hingebung der Frau als Offenbarung dieser andern Welthälfte steckt der weibliche Anteil an der geistig-kulturellen Schöpfung des Mannes. Hingebung ist Offenbarung, aber eine verhüllte. Selbst im Jenseits tritt Beatrice Dante zunächst verschleiert entgegen!"[125]

Wo das Wesen der Frau freilich nur mit Hingabe identifiziert wird, drängt sich der Eindruck einer Zustandsbeschreibung auf, die das Bestehende zugleich als metaphysische Norm ausgibt. Auch einseitiges, geschlechtsbestimmtes Dienen kann zur Ideologie werden; Gertrud von le Fort ist dem bei aller Tiefenschärfe des Blicks nicht entgangen, auch wenn man ihre zugrundeliegende Auseinandersetzung mit dem plumpbiologischen Frauenbild des Nationalsozialistmus in Rechnung stellt.

Weibliche Indirektheit wird zum Bedeutendsten erklärt, ja verklärt und damit wesentlich unentrinnbar. Solchermaßen bleiben die konkrete Zeitgeschichte, die veränderte Lebenserfahrung und Lebensanforderung der Frauen unberührt; zeitloses Wesen hat die Zeit eingeebnet. Um nicht missverstanden zu werden: In ihrer eigenen Dichtung sind Gertrud von le Forts Frauengestalten kraftvoll und lebendig, auch weit ichhafter konturiert. Nur das Ewig-Weibliche in derartiger Deutung hält die Frau, jedenfalls beim heutigen Lesen, anonym besetzt. Wegen solcher Einseitigkeit ist auch das Diskutable am Ansatz le Forts gegenwärtig verschüttet, das in der sozialen und ethischen Bedeutung der Proexistenz liegen könnte. Die theoretische Gegenwehr formuliert sich, nüchtern und analytisch.

Vorgestellt seien zwei Philosophinnen, die die Frage nach der weiblichen Eigenart vorrangig von einer Theorie geschichtlicher Individualität her entwickeln. So lautet die schroffe These der Existentialistin Simone de Beauvoir (1908–1986) in der berühmten Arbeit *Le deuxième sexe/Das andere Geschlecht* von 1949, „die Frau" gebe es überhaupt nicht, vielmehr werde jede Frau zur Frau „gemacht". Gemeint ist der einleuchtende Zusammenhang, Frausein bedeute eine Spiegelung der Erziehung, der übertragenen, wenn nicht eingebläuten Rollen, des Gebrauchtwerdens. Bei Beauvoir wird dieser Zusammenhang freilich absolut, von bitterer Totalität. Wann wird Dienen weibliches Glück? Wenn man es lange genug als solches bezeichnet hat. Anders: Frausein sei eine Erfindung männlicher List zur Abwälzung unangenehmer Aufgaben. Zwei „Fallen" des Frauseins seien abzuschaffen: das Kind und der Bindungswille an den Mann; beide führten zu Verantwortung und damit wieder zu dauerhafter Übernahme von Pflichten. Beauvoir verlangt daher eine Maskulinisierung der Frau im Sinne bindungsloser Selbstbestimmung. Daher sei die einfache, faule Denkungsweise aufzuheben, wonach Frausein vorrangig durch den biologischen Uterus bestimmt werde, dem sich dann alle seelischen Haltungen zuordnen müssten, um „weibliche", gattungstypische Eigenschaften zu sein. Wann immer die Frau als „die andere" bezeichnet wird, wird sie nach Beauvoir schon ausgrenzend ins Anderssein abgewiesen. Daher gilt es nach ihr, die Kategorie „weiblich" von Grund auf als repressiv zu begreifen, ihren Gebrauch zu ächten. Den Unterschied zum Mann, geschweige, dass es noch ein „reizender Unterschied" wäre, kann Simone de Beauvoir nicht mehr in die Theorie einbringen; das Glück des Andersseins kann fürs Erste weder gedacht noch gelebt werden. Dieser *Egalitätsfeminismus* („Frau muss Mann werden") bestimmte die erste Diskursphase, wurde aber von den theoretischen „Enkelinnen", wie etwa Luce Irigaray[126], kritisiert, zumal nach Bekanntwerden von Beauvoirs eigener angepasster Unterwerfung unter Sartres sexuelle Forderungen.

Anders und umfassender versucht sich die Husserl-Schülerin Edith Stein (1891–1942) der Frage zu nähern, nämlich phänomenologisch: vom Erscheinungsbild der Frau aus Folgerungen auf ihr „Wesen" zu ziehen. Methodenleitend bedient sie sich dabei des alten scholastischen Satzes von der *anima forma corporis*, der Seele als Form des Körpers, und verbindet damit psychologische Erfahrungswerte. Um den Unterschied zum Mann wenigstens ansatzweise zu bestimmen, geht die Beobachtung vom Leib zur Seele und zum Geist der Frau weiter. Was im Leib Anlage zur Mutterschaft heißt, ist im Seelischen Einfühlung in das Schwächere oder anziehend Größere, ist Anpassung, Hilfe zur Entfaltung, Begabung zur Gefährtenschaft: in einem von Edith Stein gern verwendeten Wort das *Gemüt*.

Der Versuch, die spezifisch weibliche Form von Geist darzustellen, gerät jedoch bedeutsamerweise schwierig. Edith Stein bestimmt den Geist der Frau als „Verlangen, Liebe zu geben und Liebe zu empfangen, und darin (als) eine Sehnsucht, aus der Enge ihres tatsächlichen gegenwärtigen Daseins zu höherem Sein und Wirken emporgehoben zu werden"[127]. Der aktiv-passive Prozess dieser Geistigkeit besteht ebenso sehr im eigenen Reifen wie darin, „zugleich in den andern das Reifen zu ihrer Vollkommenheit anzuregen und zu fördern (…), tiefstes weibliches Sehnen, das in den mannigfaltigsten Verkleidungen, auch Entstellungen und Entartungen, auftreten kann. Es entspricht (…) der ewigen Bestimmung der Frau."[128]

146

Edith Stein hat diesen ihr selbst zu engen Rahmen ontologisch-philosophischer Wesensbestimmung der Frau immer dort verlassen, wo sie in die wirkliche Geschichte der Frauen eindringt, aber auch dort, wo sie weit ausblickende Ansätze einer neuen Bildungslehre für Frauen entwickelt. In der Regel wird sie dabei die Veränderung dieser (zu) allgemeinen Vorgaben durch die lebendige Person betonen. Jede Person hat in ihrer Eigenart jeweils neue, ihr selbst gemäße Ausprägungen des Vorgegebenen zu vollziehen, ja, es ist die Kunst (und das drohende Misslingen), dies zu lernen. Durch die Lebendigkeit des Individuellen kommt in das sonst alles fixierende Grundmuster die eigentliche Lebensspannung, die Notwendigkeit, sich selbst wie den anderen auch das Unverwechselbare, Eigene zuzugestehen, ja darauf ausdrücklich die Anstrengung zu richten.

So findet Edith Stein wohl die stärksten Sätze zur Eigenart der Frau, wenn sie das Frausein dem Menschlichen (Personalen, Freien, mit sich Identischen) nachordnet. Zu Ibsens *Nora* fällt die Bemerkung: „Sie weiß, dass sie erst ein Mensch werden muss, ehe sie es wieder versuchen könnte, Gattin und Mutter zu sein."[129] Oder die in einer Diskussion formulierte Einsicht, die die phänomenologische „Wesenbestimmung" relativiert: „Menschsein ist das Grundlegende, Frausein das Sekundäre."[130]

Mit welcher Schwierigkeit für die Phänomenologie die Bestimmung des „spezifisch Weiblichen" verbunden ist, mag aus einem bisher unveröffentlichten Brief von Hedwig Conrad-Martius (1888–1966), der Freundin und Taufpatin Edith Steins, hervorgehen, die selbst eine außerordentliche Phänomenologin war und das Problemfeld in seiner Verworrenheit so aufrollt: „Ihre Frage (= nach der weiblichen Eigenart) ist ja nicht ganz leicht und einfach zu beantworten. An dem von Ihnen erwähnten Zwitter sieht man, dass der geschlechtliche Typus sogar schon im Biologischen durcheinandergehen kann. Erst recht kann das natürlich in rein seelischen und geistigen Bereichen der Fall sein. Eine durchgehende absolute weibliche oder männliche Artung wird es empirisch kaum je geben. Ich bin der Meinung, dass in jedem Menschen, so wie die Potenzen für alle Rassen (...), auch die Potenzen für beide Geschlechtstypen darin liegen. Natürlich sind bei einem Menschen, der nun einmal biologisch ein Weib oder ein Mann geworden ist, auch die seelischen und geistigen Bezirke normalerweise und im Großen und Ganzen ‚männlich' oder ‚weiblich' ausgeprägt. Daneben gibt es Männer mit einer weiblichen Gefühlsseele, Frauen mit einem männlichen Verstand oder auch Frauen mit männlicher Willensbestimmtheit usw. Um das im Einzelfall und grundsätzlich zu klären, bedürfte es allerdings einer phänomenologischen Wesensbestimmung dessen, was im allgemeinen Sinne ‚männlich' oder ‚weiblich' genannt werden kann. Daran fehlt es überall. Man kann ja auch von einem typisch männlichen Kunstwerk oder von einer typisch weiblichen Kulturära sprechen. Es wäre dies ein Thema für eine große phänomenologische Wesensuntersuchung."[131]

Aus diesen klugen Bemerkungen von Hedwig Conrad-Martius wird deutlich, dass eine wirklichkeitsgerechte Bestimmung des Weiblichen phänomenologische Prüfung *und* geschichtliche Einzelerfahrung heranziehen muss.

Eigenartigerweise treffen sich Edith Stein und Simone de Beauvoir, die sonst weit Getrennten, in der Forderung, die weibliche Persönlichkeit in ihrer individuellen Anlage, in ihrem eigenen Lebensentwurf ernst zu nehmen: Wechsel von der Frage nach dem Weiblichen überhaupt zur Aufmerksamkeit auf die Person, zur einzeln-einzigartigen Frau, oder deutlicher: zum Menschen in der Frau. Freilich bleibt der Personbegriff bei de Beauvoir letztlich leer, das heißt von wenig mehr als von der abstrakten Autonomie des Selbstseins gefüllt, während Edith Stein die Person von ihrer jeweils einzigartigen Ausstattung durch ihren (göttlichen) Ursprung her fasst und darin die vorhandenen (leiblichen und seelischen) Gattungselemente nicht mehr determinierend, sondern stützend, jedoch untergeordnet nimmt: „Es ist keine Frau nur Frau.“[132]

6. Was heißt Frausein? Neues Aufrollen eines Spannungsfeldes

Dieser Rückblick ist mehr als eine museale Erinnerung; er nimmt die heutige Verflochtenheit des Problems bereits vorweg. Um die ganze Theoriespanne aufzurollen, seien die auseinanderklaffenden Standpunkte noch einmal vergegenwärtigt.

Überwiegend gingen die bisherigen Theorien von der Asymmetrie und Polarität der Geschlechter aus. *Biologische Vorgaben* und *kulturelle Aufgaben* waren unterschiedlicher Art und galten nicht einfach als austauschbar. Zu dieser Asymmetrie gehörten die Differenz von Mutterschaft und Vaterschaft, die Differenz im erotischen Verhalten, die Differenz in Bezug auf häusliche und außerhäusliche Aufgaben (Familie/Beruf), möglicherweise die Differenz im Weltverhalten (Intuition/Verstand etc.).[133] Zunächst gaben die biologischen Konstanten den unbestreitbaren Unterschied vor, der sodann in einem zweiten Schritt auf psychische und kulturübergreifende Merkmale des Frauseins hin gedeutet wurde. Aber schon der Fortgang der *Querelle des femmes* erhellte die Tatsache, dass diese Merkmale in der kulturellen geschichtlichen Konnotation durchaus wandelbar waren – nur: bis zu welchem Grad?

Die erste Phase der modernen Frauenbewegung begann Mitte des letzten europäischen Jahrhunderts mit einem solchen bewussten Wandel, und zwar unter dem konkreten Druck der Frühindustrialisierung als Kampfbewegung gegen deren Arbeitsbedingungen.[134] Sie weitete sich rasch zu einem Kampf um neue Lebensgestaltungen in einer sich explosiv ändernden, technisch vereinheitlichten Welt. Nicht allein die marxistische, sondern ebenso die bürgerlich-liberale Theorie[135] thematisierte den Kampf um die rechtliche und soziale Angleichung (noch nicht um die Gleichstellung) von Frau und Mann, begründet auf der (geschichtlich erstmals annähernd) gleichen Arbeitswelt, zielend auf konkrete Rechtsgleichheit. Gleiche Bezahlung bei gleicher Arbeit, aber darüber hinaus gleiche Chancen für schulische und universitäre Bildung, außerhäuslichen Beruf und individuellen Lebensstil wurden eingeklagt.

Um nur die Entwicklung in Deutschland zu skizzieren[136]: Was die Chancengleichheit in der Bildung angeht, so hatten Mädchen in Hamburg erst 1896 nach dem zähen Kampf Helene Langes (1848–1930) das Abitur ablegen können; ab 1900 öffneten sich die Tore der ersten deutschen Universität in Baden (Bayern folgte 1903, Preußen 1908), obwohl der Kampf darum bereits seit Gründung des Allgemeinen Deutschen Frauenvereins um 1865 aufgenommen worden war. „Als die erste Frau lesen lernte, begann die Frauenbewegung" – dieser griffige Satz von Marie von Ebner-Eschenbach drückt *eine* Seite der angestrebten, weit umfassenderen Zielvorstellung aus. Neben dem Kampf um Bildung für Frauen durch Frauen stehen gleichermaßen der Kampf um gleiches bürgerliches Recht (Frauenstimmrecht) und gleichen Rechtsschutz, aber

auch die Auseinandersetzung um Ehe- und Sittlich-
keitsfragen (Bund für Mutterschutz und Sexualreform
1905, gegründet von Dr. Helene Stöcker in Berlin). Die
konfessionellen Frauenverbände schlossen sich der Bewegung um die Jahrhundertwende an (1900 Evangeli-
scher Frauenbund, 1903 Katholischer Frauenbund,
1904 Jüdischer Frauenbund), wobei die sozialen, karitativen und erzieherischen Fragen gleichfalls in den Vordergrund rückten.

Mit dieser bildungsmäßigen Angleichung als Grundlage einer geschlechtsneutralen Berufswelt erhob sich
die Frage nach der weiblichen Eigenart unabweislich.
Edith Stein, ab 1913 im Philosophiestudium bei Hus-
serl in Göttingen, empfand ihre Intellektualität, ihr Au-
tonomie-Streben, überhaupt ihre Willensbetonung im
Rückblick als männlich, genau wie ihr Leben unter den
Kommilitonen „männliche" Züge auspräge: „Wissenschaft ist das Gebiet strengster Sachlichkeit. Die weibliche Eigenart wird also nur da fruchtbar zu Geltung
kommen, wo die Sache, die es zu erforschen gilt, per-
sönliches Leben ist, d.h. in den Geisteswissenschaften:
Geschichte, Literatur usw. Wer sich eine der abstrakten
Wissenschaften – Mathematik, Naturwissenschaften,
reine Philosophie etc. - als Arbeitsgebiet wählt, in dem
wird in der Regel die männliche Geistesart vorherr-
schen, wenigstens, was die reine Forschung angeht."[137]
Diese Zuordnung von weiblich-männlich spiegelt die
damalige Erfahrung, die als die einzig mögliche erschien. Dass diese Wertung durch die folgende Entwicklung aufgelöst wurde und voreilig war, hat Edith
Stein selbst an manchen Stellen reflektiert. Die rasche
Entwicklung der Frauenfrage kennzeichnet sie 1932 in
dem Aufsatz *Probleme der neueren Mädchenbildung*
unmissverständlich: „Rechtlich und politisch waren um
die letzte Jahrhundertwende die Frauen den Unmündi-

gen, d.h. den Kindern und geistig Minderwertigen, gleichgestellt. Die Reichsverfassung von 1919 brachte die prinzipielle Gleichstellung, die sie zu Vollbürgern machte. Durch die Verleihung des aktiven Wahlrechts wurden sie zu einem politischen Machtfaktor, an dem man nicht mehr vorbeigehen konnte. Das passive Wahlrecht gab die Möglichkeit, sie an verantwortlicher Stelle zu Trägern des Staatslebens zu machen. (…) Wir brauchen eine allgemeine, gründliche politische und soziale Schulung als Vorbereitung für die Erfüllung der staatsbürgerlichen Pflichten (übrigens nicht nur für die Frauen, sondern für das ganze deutsche Volk, das ja erschreckend unreif in die demokratische Staatsform hineingeschleudert worden ist) und spezielle Vorbereitungswege für die verschiedenen Posten im Staatsdienst, die nach Frauenarbeit verlangen."[138]

Frankreich erhielt erst 1944 aktives und passives Frauenwahlrecht, doch wurde die gesetzliche Gleichstellung nach dem Zweiten Weltkrieg zumeist die europäische Regel. Trotz solcher Erfolge verschwand das Thema der Gleichheit nicht, wurde vielmehr in den heutigen „Gleichstellungsstellen" zu einem scharfen Motor gesellschaftlicher Veränderung, auch in den bis zur Monotonie durchgesetzten weiblichen Substantiv-Endungen. Antrieb dafür ist die Auffassung, dass die rechtlich garantierte Gleichheit nur eine solche auf dem Papier sei und die Lebenswelt von Frau wie Mann erst auf eine praktische Gleichheit hin verändert werden müsse.

Einen theoretischen Neueinsatz bildet die heutige *zweite Phase der Frauenbewegung: der Feminismus.* Es macht die Analyse schwierig und unübersichtlich, dass es zeitgleich mehrere „Feminismen" gibt, die sich in drei größere Richtungen aufspalten: den Egalitätsfeminismus, den Differenzfeminismus und neuerdings auch die „Selbstaufhebung" des Feminismus durch *Gender:* die Theorie einer zugeschriebenen, daher „fließenden" Identität.

7. Egalitätsfeminismus – Differenzfeminismus

Die Nachkriegs-Phase der Frauenbewegung nach 1945 ist unter dem Stichwort *Feminismus* zu fassen. Im Unterschied zur historischen *Frauenbewegung* des 19. Jahrhunderts entwickelte der Feminismus vorrangig *theoretische* Konzepte, aus denen sekundär gesellschaftliche und politische Folgerungen gezogen wurden. Erst seit den 1970er-Jahren in Deutschland als Begriff geläufig, ist er eine spezifisch moderne und mittlerweile postmoderne Ablösung bisheriger Anthropologie, die als androzentrisch, das heißt ihre Maßstäbe des Menschlichen vom Männlichen her beziehend, gelten kann. Feminismus reflektiert die gesellschaftliche und individuelle Konstitution von Frausein mit der Tendenz, bisherige Festschreibungen zu befragen und zu weitgehend autonomen Selbstdefinitionen überzuleiten. Allerdings wird der Diskurs auch selbstkritisch-kontrovers geführt, sodass sachlich von pluralen „Feminismen" zu sprechen ist.

Terminologisch lassen sich trennen ein Egalitätsfeminismus der letzten Jahrzehnte, der durch die Namen Simone de Beauvoir und Betty Friedan (*Der Weiblichkeitswahn*, deutsch 1970) markiert ist, und ein Differenzfeminismus, der auch als „kultureller Feminismus" beispielsweise durch Cornelia Klinger vertreten wird[139]. Dieser Differenzfeminismus wendet sich gegen ein Verständnis der Gleichheit als Angleichung, was letzten Endes – auch in der Konzeption von Simone de Beauvoir – als Neutralisierung, in der Regel sogar als Maskulinisierung der Frau bezeichnet wird, „als Bewegung der männlichen Zwischentypen unter den Weibern"[140]. Stattdessen seien die Lebenswelten von Mann wie Frau zunächst als verschieden anzusehen und vor allem in der geschichtlichen Entwicklung verschieden gelebt worden (zur historischen Kontingenz vergleiche auch die Forschungen von Elisabeth Badinter).

International zeichnet sich daher deutlich die Neigung ab, die bisherige vorrangige Gleichheitsdiskussion durch eine Diskussion des Unterschiedes abzulösen. Um bereits mit einer scharfen Position zu beginnen: In Italien profilierte sich eine Philosophinnengruppe aus Verona unter dem Namen *Diotima*, die sogar bestritt, dass so etwas wie eine einheitliche Lebenswelt von Mann wie Frau überhaupt thematisiert werden könne. Vielmehr müsse auf zwei getrennte Welten Wert gelegt werden, damit Frauen ihre eigene gerechte Welt *(suum cuique)* gestalten könnten.[141] Sofern Gleichheit angestrebt werde, dann nur phasenhaft als strategisches Vehikel zur anschließenden durchgängigen Trennung der Welten – wie es eine Wortführerin von „Diotima", Adriana Cavarero, vertritt.

Diesem separatistischen Modell sind gegenüberzustellen einige Versuche, Gleichwertigkeit ohne Angleichung zu denken, nämlich auf Grund von Differenz und unter Kultivierung der Differenz. Leitend könnte hierbei das Stichwort „demokratische Differenz" sein, wie es von Annedore Prengel ins Spiel gebracht wurde.[142]

Grundsätzlich ähnlich verläuft die französische Differenzdebatte, die überhaupt durch die französische Diskussion der Postmoderne angestoßen wurde, wofür etwa die Namen von Jacques Derrida und Jacques Deleuze stehen. Diese allgemein philosophische Diskussion betont gegenüber einer aufklärerischen, insbesondere als deutsch empfundenen Denktradition, Wirklichkeit sei immer unterschiedlich und individuell und nur mit Gewalt zu vereinheitlichen; Systemdenken sei prinzipiell totalitär. Entsprechend sei das Denken und Leben des Unterschieds eine Forderung der Stunde, weil antitotalitär. Auf dieser Ebene sind die Versuche von Luce Irigaray (* 1930), der französischen Philosophin und Lacan-Schülerin, anzusiedeln. Bei ihr erscheint die Tendenz, die weibliche Liebesfähigkeit ins Unbegrenzte zu stilisieren. (Wie weit die Liebe dabei anonym wird, das heißt den Partner ebenfalls eher „gesichtslos" lässt, bleibt undiskutiert.) Für Luce Irigaray liegt jedenfalls die eigentliche „natürliche" Potenz der Frau in ihrer Liebesbegabung. „Streng genommen könnte die Frau unbegrenzt in der Liebe leben. Daher ihre Schwierigkeiten, den Liebesakt zu unterbrechen."[143] Das sind Sätze, die sich auf merkwürdige und ungewollte Weise mit früheren Einwänden gegen die weibliche „Natur" treffen. Auch Irigaray (wie Nietzsche, wie Otto Weininger) sieht diese Natur in der Sinnlichkeit, als Gegenbild zum Geist, aber (darin über die Genannten hinausgehend) als Voraussetzung von Geist. „Wenn der Liebende sich in der Wollust erfahren muss, so um in dem anderen von sich selbst zu versinken. Um in dem Dunkel, der Nachtseite, selbst zu versinken, die er in seinem vernunftgeleiteten Leben verdeckt und die ihm, wenn er in sie eintaucht, die Möglichkeit gibt, noch höher hinaufzusteigen."[144] Damit gibt es eine Ethik der Leidenschaften, die bereits als solche gut seien und das Dasein zum Guten verändern. Der Trieb selbst, dem die Frau nachgibt, sei bereits – nebulös-blumig formuliert – Voraussetzung dafür, „um den Bund zwischen Himmel und Erde zu besiegeln. Neues Pfingsten, an dem das Feuer – vereint mit dem Wind? – dem Weiblichen wiedergegeben wird für die Erfüllung einer zukünftigen Welt?"[145]

Hinzu kam im amerikanischen Spektrum die Stimme von Andrea Dworkin. Sie trat eine Diskussion los, die zunächst typisch angelsächsisch erschien, nämlich den ältesten europäischen Rechtsgrundsatz *habeas corpus* für die Frauen einforderte. Der weibliche Leib sei nicht nur anders gebaut als der männliche, sondern schon vom Phänomen her der geschlechtlichen Begegnung tiefer ausgesetzt und intensiver verwundbar, ja der Geschlechtsakt selber sei bereits eine „Körperverletzung" der Frau. Diese Asymmetrie der Geschlechtlichkeit müsse durch eine stärkere Selbstbewahrung der Frau ausgeglichen werden. Konkret bedeutet das eine überlegte Partnerwahl und keine Promiskuität, gesteigerte Bedingungen an den Partner, Rücksicht auf die weibliche Leiblichkeit (keine chemische oder sonstige „Einebnung" des weiblichen Körpers nach den Bedingungen des Mannes), im Zweifelsfall Enthaltsamkeit. In jedem Fall hat die Frau in der erotischen Begegnung ihre eigenen, qualitativ hoch anzusetzenden Bedingungen zu formulieren und sich der gegenwärtigen Praxis wahlloser Verfügbarkeit zu versagen.[146] Alles andere sei Kollaboration mit dem „männlichen Feind" oder erlaube dem Mann ein feindliches Gebaren.

Ähnlich hatte sich Christina Hoff Sommers zu Wort gemeldet, indem sie den Feminismus als Inszenierung eines Geschlechterkrieges bezeichnete, der stattdessen mittlerweile zum puren Machtkampf von Frauen untereinander geworden sei. Dieser Machtkampf äußere sich als gedankliche Fixierung auf das Thema der Egalität, nach Hoff Sommers einer feministischen Utopie, die dem gelebten Leben von Frauen keineswegs gerecht werde, zugleich aber das Nachdenken darüber verbiete. Unter dem Stichwort *political correctness* werde ein Gedankenterror ausgefochten, in welchem nur ein erzwungen-konformes Frauenbild zugelassen sei.[147]

Offenbar ist der pur egalitäre Feminismus am Verblassen (zeitgleich mit dem verwandten marxistischen Modell), während der Differenzfeminismus immer neue Spielarten aufweist: matriarchal-esoterisch, politisch-ökologisch („grüne Frauen") sowie theologisch (in Judentum und Christentum, neuerdings auch im Islam; die Neuauslegung der jeweiligen Heiligen Schriften führt dabei zu einer Kritik der religiösen Institutionen und Ämter). Das Thema der Gleichheit von Frau und Mann wird von solchen differenzfeministischen Bewegungen zwar beansprucht und sogar eingefordert, aber als Rechts- und Chancengleichheit und nicht als *Gleichheit der Lebenswelt*. Im Übrigen ging es tatsächlich seit den 1970er-Jahren um eine deutlichere Theorie des Geschlechtsunterschieds: also um das spezifische Leben als Frau, um die Suche nach weiblichen Werten, weiblicher Geschichte, weiblicher Kultur, weiblichem Selbstbewusstsein (so unscharf und teilweise ideologisch diese Suchvorstellungen auch blieben). Um es mit Ernst Bloch zu formulieren: „Die geschlechtslose Arbeitsbiene ist nicht das Ziel, zu dem man angelaufen ist (...). Es ist belanglos, ob das Weib dem Mann gleichwertig ist, wenn beide Angestellte eines Betriebs sind, der überhaupt nicht mehr wertet, sondern normt."[148] Eher im Hintergrund bleibt die gegenpolige Frage, was das spezifische Leben als Mann, die männliche Kultur ausmache.[149] Vieles läuft in der feministischen Selbstbeschreibung stark gefühlsmäßig ab, sucht eine Begründung in der Theorie, aber die Theorie ist noch lückenhaft, sogar widersprüchlich.[150]

So trifft die „ältere" egalitär-frauenkämpferische Aufklärung über die gemeinsame Menschlichkeit auf die „neuere" differenz-feministische Gegenaufklärung von den spezifischen (und spezifisch besseren) weiblichen Energien, die zum Wohl des männlich verformten

Ganzen aus ihren Verschüttungen wieder freigesetzt werden müssen. Beispielhaft dafür stand 1993 ein offener Konflikt in der feministischen Theologie. Christa Mulack vertrat die Seite „weiblich-ganzheitlicher" Heilung der Welt durch Entbindung weiblich-göttlicher Kräfte, Dorothee Sölle die Seite aufklärerischer Solidarität aller mit allen.[151] In dieser offenkundig zutage tretenden Teilung der Zielrichtung liegt die eigentliche theoretische Schwierigkeit, mit welcher sich die Feminismen bis heute herumschlagen, ohne lebensmäßig und theoretisch eine tatsächliche Überbrückung vorzulegen, es sei denn im reinen Individualismus.

Die *Praxis der Differenz* wurde im Kulturellen Feminismus *(Cultural Feminism)* in der *Ethik der Fürsorge* oder *Care Ethics* konkretisiert. Dabei wird eine kulturell eingeübte Verschiedenheit der Geschlechter teilweise zustimmend gesehen und nach heutigen Kriterien erweitert. Dieser Typus von Feminismus wurde durch das wichtige Buch von Carol Gilligan, *In a Different Voice* (1982), angestoßen. Geschichtlich und interkulturell hätten Frauen eine Alternative zur Ethik der analytischen Medizin entwickelt. *„to care of"* bedeute eine kulturgeschichtlich wesentlich männlich geprägte Betreuung in objektiver Distanz unter dem Kriterium von „Gerechtigkeit" (z. B. in der Verteilung der Mittel), während *„to care for"* durch parteiliche Voreingenommenheit unter dem Kriterium der persönlichen Bedürfnisse (z. B. in Privilegierung eines bestimmten Einzelfalls) bestimmt sei. Kulturgeschichtlich hätten Frauen die Ausprägung des zweiten Modells vollzogen (*„beneficence"* gegen *„justice"*) und damit ein Paradigma subjektiver und emotionaler Fürsorge für eine überschaubare Lebenswelt geschaffen, zeitlich und örtlich eingeschränkt und in die konkrete Lebenswelt eingebunden. Diese kulturelle Leistung komme in der naturwissenschaftlich akzentuierten Lebenswelt durch Orientierung an Rationalität, Autonomie und Gerechtigkeit zu kurz. Für Carol Gilligan ist weibliche Fürsorge ein Musterfall geschlechtsdifferenter Kultur, die es zu wahren gelte.

Eine weitere Spielart war und ist der *esoterische Feminismus*. Seit den 1980er-Jahren wollen neue synkretistische Feminismen an die in der Kulturgeschichte angeblich verborgene „geheime Macht" der Frauen/ Mütter anknüpfen: in der Rekonstruktion von Matriarchaten, Mythologien, Hexenkult, Astrologie, Aktivierung des Unbewussten, entgrenzender Leiberfahrung (bis zu *wellness*), die die Analogie von Leib und Kosmos aufgrund esoterischer Weisheitslehren herstellen will, aber auch durch neue Frauenliturgien und -feste zu jahreszeitlichen Übergängen (Mittsommer). Frauen wird ein spezifisches Instinktwissen mit eigener „nichtrepressiver" Moral unterstellt, in größerer Einheit mit der „Mutter Natur" und allen Lebens- und Sterbensvorgängen, in Alternative zum „rational-spaltenden Verhalten" des Mannes; diese Irrationalismen bilden auch die Grundlage für eine stark gefühlsbesetzte „feministische Ökologie", auch spielerisch „Gynökologie" genannt.

Während also der Egalitätsfeminismus die weitgehende oder völlige Aufhebung der Geschlechtergrenzen thematisiert, sucht der Differenzfeminismus die eigenverantwortliche Entfaltung der Vorgaben, auch der Leiblichkeit und der kulturellen Leistungen, zu entwickeln. An die Stelle des gegensatzbetonten Geschlechterdenkens tritt für beide Richtungen eine vernunftbetonte, sich selbst Gestalt und Ziel gebende Subjektivität, die für Frau wie Mann gleichermaßen einzuholen ist. Der Differenzfeminismus geht dabei allerdings von vorhandenen natürlichen oder kulturell gewachsenen Strukturen aus, die das „Anderssein" der Frau zu einem „Eigensein" weiterdenken lassen, während der Egalitätsfeminismus das Frausein im Blick auf das Menschsein indifferent unterläuft.

Letztlich noch ein Hinweis auf feministische Einstellungen zur Abtreibung: Bezeichnenderweise wird die Leiblichkeit der Frau, die viel deutlicher als die des Mannes auf Kinder angelegt ist, von der „älteren" Frauenbewegung als die eigentliche Fessel der Verwirklichung empfunden. Die Folge ist eine weithin übliche, fraglose Neutralisierung der eigenen Leiblichkeit, die Einebnung des Biorhythmus durch Chemie, im schärfsten Fall die Abtreibung der eigenen Leibesfrucht – die „tödliche Emanzipation"[152]. Oder Kinder wurden der Gesellschaft zur Aufzucht übergeben, so das heute stark kritisierte Modell der Kinderhäuser in den frühen israelischen Kibbuzim, wo die Kinder selbst nachts nicht zu den Eltern heimkehrten. Oder erneut gegenteilig: Die eigene Leiblichkeit wird zur Erfahrung von Weiblichkeit überhaupt hochstilisiert. Geburt wird zum kosmischen Ereignis, zur Erweiterung des Bewusstseins; wer nicht geboren hat, ist gar kein ganzer Mensch und wird nie einer werden – so ein auch esoterisch vermarkteter Mutterkult der 1980er-Jahre in den USA. Treffend dafür steht eine Karikatur, in welcher die Hebamme, das Kind triumphierend hochgereckt, dem wartenden Vater zuruft: „Leider ist es nur ein Junge." Vater und Sohn bleiben für immer ausgeschlossen aus der Erfahrungstiefe weiblicher Weisheit. Das Erlebnis der Schwangerschaft sei der nie einzuholende Vorsprung der Frau. In diesem Zusammenhang gibt es die Forderung, den eigenen Mutterinstinkt ausleben zu können, notfalls mit medizinisch-technischer Assistenz. Dieser Typus einer narzisstischen Mütterlichkeit wurde von der amerikanischen Tennisspielerin Martina Navratilova in einem Interview repräsentiert, welche sich, in einer lesbischen Beziehung lebend, nach beendeter Karriere und an der Grenze des „technisch Machbaren" ein entsprechendes Kind wünschte.

Andererseits kam es 1996 zu einem Aufsehen erregenden Wandel in der Beurteilung der Abtreibung bei der bekannten amerikanischen Feministin Naomi Wolf. Als grundsätzliche Befürworterin von *pro choice* stimmt sie nach wie vor für die Abtreibung bei der jetzigen Frauengeneration, hält aber den gesamten Feminismus für gescheitert, falls die Töchtergeneration immer noch zu diesem „Mittel" zu greifen habe, das in Wolfs Augen alle Beteiligten zur Inhumanität zwinge.[153]

Christlicher Feminismus positioniert sich im Rahmen des breiten Fragespektrums entweder als feministische Theologie oder als interdisziplinäre Auseinandersetzung mit der konkreten Lebens- und Berufswelt von Frauen. Während die Theologie stärker auf die „Vermännlichung" des Gottesbildes und die kulturgeschichtliche Unterordnung der Frau auch im jüdisch-christlichen Kontext (Lev, 1 Kor, Eph 5; Amtsfrage) aufmerksam macht, versuchen neuere Impulse, gerade den Differenzfeminismus christlich zu begründen: in der Gottebenbildlichkeit beider Geschlechter, in der biblischen Personalisierung der Frau und in kirchengeschichtlich bedeutsamen weiblichen Biografien. Ziel ist die Rückgewinnung der männlichen und weiblichen Symbolik Gottes und die Sicherung einer als lebenswert und beziehungsreich erfahrenen Unterschiedenheit der Geschlechter (in Eros, Freundschaft und Elternschaft). Biblisch begründete Anthropologie sucht Gleichwertigkeit *und* Anderssein der Geschlechter religiös transparent zu halten, um sie nicht auf „Rollenkonstrukte" einzuengen.

Die religiöse Deutung des Frauseins sollte allerdings nicht in einen esoterischen Irrationalismus „heiliger Weiblichkeit" ausarten, sondern in eine sich ausdifferenzierende Anthropologie und Ethik eingehen. Insgesamt erscheint die Frage noch nicht beantwortet, ob und wie Gleichwertigkeit *und* Differenz der Geschlechter theoretisch und lebensmäßig zu gestalten sind, ohne dass ein Geschlecht durchgängig dominant wird. Von daher wäre der christliche Entwurf von Gleichwertigkeit und Differenz, der weder auf ein dominantes Frausein noch auf ein Androgyn noch auf ein Neutrum zielt, deutlicher ins Gespräch der Feminismen einzubeziehen; er gewänne dadurch seinerseits umgekehrt an Konkretion. Diesem Ziel widmen sich die folgenden Ausführungen.

IV. Fließende Identität?
Gender – eine Theorie auf dem Prüfstand

1. Krise des Leibes: Einerseits Überbetonung, andererseits Auflösung zum „virtuellen" Körper

„Angekommen im neuen Jahrtausend, geht es nicht mehr um den Dualismus des Geistes von der Natur, von seiner eigenen Leiblichkeit und körperlichen Bedingtheit, sondern dieses Gegensatzpaar ist aufgelöst, der Körper selbst steht zur Disposition. Der postmoderne Verlust der Grenzen zwischen innen und außen, belebt und unbelebt, männlich und weiblich, Geist und Körper kulminiert im Verlust der Grenze zwischen Körperrepräsentation und Körperwirklichkeit. Die Lust am Fragmentarischen, Heterogenen zerstörte zwar die Zwangsjacke der Moderne, aber öffnete zugleich das Tor zu einer nihilistischen Desintegration. Menschliche Körper fungieren als bloße Kunstobjekte (…), sie bilden lebendige Skulpturen, ein bewegliches Ereignisfeld oder sind überhaupt nur noch ‚undifferenziertes Fleisch'."[154] „Der Körper als kulturelles Artefakt verliert seine Starre wie Stabilität, die Idee eines sozialen Konstruktes wird wörtlich genommen und verwandelt sich in die Forderung, die eigene Existenz nicht mehr von der vorgefundenen Kontingenz des zugehörigen

Körpers abhängig zu machen, sondern im selbstbewussten Entwurf neu zu gestalten und immer wieder
neu zu inszenieren."[155]

Wie kommt es zu solchen erstaunlichen Thesen? Es
gibt unzweifelhaft, wenn man die Werbung aufmerksam prüft, einen neuen „Somatismus", der freilich zwischen Extrempolen schwankt: einer Leibverherrlichung
im „Ego-Genuss" und einer virtuellen Umgestaltung
bis Auflösung des Leibes im Cyberspace, in den zahllosen „Schönheits"-Operationen, in der Kunst und
Videowelt, in Transvestismus oder Transgendermoden
oder auch in leichenhaften „Körper-Welten". Schon die
Unterscheidung von Leib und Körper kann als sprach-
licher Leitfaden für das aufzuweisende Problem dienen.
Körper anstelle von Leib meint dabei nicht mehr den
immer schon belebten Leib (die Wortwurzel lb- steckt
gemeinsam in den deutschen Wörtern Leib, Leben und
Liebe). Stattdessen ist mit Körper bereits der Akzent
der *res extensa*, der quantitativ-mechanischen Hülle,
gesetzt; sie gilt als „kulturelles Artefakt", „soziales
Konstrukt", eine „Maske", die ein (nicht) vorhandenes
Ich verbirgt, ein Mittel der „Inszenierung", ein beliebig
dekonstruierbares Etwas.

Diese herausfordernde These zum „konstruierten
Körper" findet sich in der gegenwärtigen explosiven
Mischung von Postmoderne, Dekonstruktivismus und
philosophischem Feminismus. Unter ihnen besteht eine
gemeinsame Gegnerschaft gegen ein Denken des Abso-
luten als des „immer schon Feststehenden". Feministisch aufgegriffen wird vor allem der Dekonstruktivismus in der Aufhebung „wesenhafter" Bestimmungen,
wie etwa der Kategorie Geschlecht.

Die Frauenbewegung seit 1850 hatte ihre Kritik an
eine zu scharfe Abgrenzung der *Aufgabenfelder* zwischen den Geschlechtern gerichtet, deren biologische

Differenz aber nicht bestritten. Zugleich wurde Gleichheit im Recht und in der Chance gefordert, damit eine Aufgabenerweiterung vorgenommen für Bildung und Arbeitswelt. Letztlich führte dies im Zuge der Frauenbewegung zu einer Ausweitung der weiblichen und männlichen „Rollen": Sie wurden offen für beide Geschlechter, so etwa im neuen Berufsbild der Pilotin. Im Zuge des Dekonstruktivismus werden aber nicht nur die Geschlechterrollen aus ihrer bisherigen Asymmetrie gelöst und vereinheitlicht, sondern auch die Wandelbarkeit von *sex* behauptet. Dekonstruktion will heißen, dass „Rollen" und Kulturvorgaben auf ihre geschichtliche Kontingenz und grundsätzliche Wandelbarkeit hin durchleuchtet werden. Sofern dies seit Längerem auch die Geschlechter-„Rollen" angeht, war diese Diskussion um den weitgehenden Austausch bloßer Funktionen bekannt. Nach Simone de Beauvoir und Jacques Lacan wurden endgültig nur noch *strukturelle* Fragen zugelassen: Wie wird man eine Frau?, aber keine *Wesensfragen* mehr: Was ist eine Frau?

Doch ist seit den 1990er-Jahren im Rahmen feministischer Dekonstruktion neu, dass auch Sexualität nicht mehr gegeben, sondern konstruiert sei. Damit wird nunmehr nicht allein die bisherige Mann-Frau-Polarität im *Aufgabenbereich* als kulturell bedingt bestritten. Sex als biologische Komponente wird ebenfalls auf *gender*, die kulturell zugeschriebene Rolle, zurückgeführt, als soziales Bedürfnis entlarvt und zur Dekonstruktion freigegeben. Als Wortführerin dieser Behauptung kann Judith Butler, Professorin für Rhetorik in Berkeley, gelten.[156] Sie glaubt, einen Widerspruch in der bisherigen feministischen Argumentation zu erkennen: Auf der einen Seite sei das Geschlecht ein Ergebnis sozialer Determination (und somit auflöslich), auf der anderen Seite aber biologisch unhintergehbar determiniert (und somit unauflöslich). Der Widerspruch sei zu beheben: Es gebe überhaupt keinen „natürlichen" Körper als solchen, der „vor" der Sprache und Deutung der Kulturen liege. Körperliche Geschlechtsunterschiede seien allesamt sprachlich bearbeitet; radikalisiert bedeute es, dass der Unterschied zwischen *sex* (Biologie) und *gender* (kulturelle Zuschreibung) pure Interpretation sei. Schlicht ausgedrückt: Auch „Biologie" sei Kultur. Um emanzipatorisch weiterzukommen, sei daher ein subjektives und offen pluralistisches Geschlecht zu „inszenieren".

Bei Jane Flax liest sich dies konzentriert: „Die postmodernen Denker möchten alle essentialistischen Auffassungen des Menschen oder der Natur zerstören. (…) Tatsächlich ist der Mensch ein gesellschaftliches, geschichtliches oder sprachliches Artefakt und kein noumenales oder transzendentales Wesen. (…) Der Mensch ist für immer im Gewebe der fiktiven Bedeutung gefangen, in der Kette der Bezeichnungen, in der das Subjekt nur eine weitere Position in der Sprache darstellt."[157]

Zum ersten Mal in der feministischen Diskussion sind also auch biologische Vorgaben als nicht definitiv angesehen und dem Rollenspiel unterstellt. Ontologie, auf der die klassische Geschlechteranthropologie fußt, sei selbst nur ein Konstrukt versteckter „phallogozentrischer" Macht.[158]

Ähnlich arbeitete die Romanistin Barbara Vinken die Mode als Feld für „Travestie und Transvestie" heraus, indem Mode mit den Geschlechterrollen spielt, sie parodiert, durchkreuzt oder sich aneignet. Im allgegenwärtigen Tattoo wird Körper schlechthin zum Ort der Beschriftung.[159] Im selben Prozess, dessen Hauptwort „Konstruktion" lautet, gerät natürlich auch das männliche Geschlecht in Konstrukt-Zwänge oder Konstrukt-Freiheiten. So sind die Stereotypen der Männlichkeit bereits durch die Antitypen in Auflösung begriffen oder, um in der Begrifflichkeit zu bleiben, im Ideal der androgyn-multiplen Körperlichkeit der Techno-, Pop- und Cyber-Kultur bzw. in dekonstruktivistischen Gendertheorien erschüttert.[160] Der Schritt zu dem bereits um 1900 aufgetauchten Schlagwort vom „Dritten Geschlecht" liegt nahe.[161] Seit Herbst 1996 gibt es eine transsexuelle Schaufensterpuppe namens Zaldy mit hohen (männlichen) Wangenknochen und sinnlichem (weiblichem) Mund, die das Schönheitsideal *zwischen* männlich und weiblich prägen soll.

Die „neue Weiblichkeit" polarisiert sich nicht mehr gegenüber der „Männlichkeit", sondern unterläuft den Gegensatz „männlich" und „weiblich". Der eigene Leib ist nicht mehr „festgelegt" und legt nicht mehr fest. Konkret ist gemeint, dass ein Ausschöpfen aller sexuellen Möglichkeiten, insbesondere des Lesbentums, von den bisherigen Konstruktionen freisetzen könne. Die eigentliche Stütze der Geschlechter-Hierarchie sei die „Zwangsheterosexualität", die als bloßer Machtdiskurs entlarvt werden könne (Monique Wittig). Im Juni 1997 trug Butler in Berlin eine neue Auslegung des Antigone-Mythos vor, wobei sie den Inzest zwischen Bruder und Schwester als neue Variante sexueller Dekonstruktion bezeichnete. Auch Transvestismus sowie die Geschlechtsumwandlung, psychisch wie physisch, werden denkbar und sogar wünschbar. Tatsächlich werde Geschlechtsleben „inszeniert", das Ich trage nur die jeweilige geschlechtliche Maske – mit der Konsequenz, dass „diese Maske gar kein Ich verbirgt"[162].

Literarisch ist Ähnliches schon seit Längerem bearbeitet, freilich durchaus parodistisch-leicht: in Virginia Woolfs *Orlando* von 1927. Ein narzisstischer junger Adeliger gleitet in unaufhörlich wechselnden Amouren durch vier Jahrhunderte und verwandelt sich dazwischen auch in eine Frau. Dieser spielerische Exkurs über die Unbestimmtheit des Geschlechts trägt durchaus neurotische Züge. Der Zwitter hinterlässt aber gerade heute Eindruck, wenn man dem Erfolg des Theaterstücks und der Verfilmung traut.[163]

Körper wird Ort des Protestes gegen eine nicht autonom erstellte Identität. Solche Utopien der *fließenden Identität* im Sinne des totalen Selbstentwurfes setzen sich zunehmend durch. „Ich" und „mein Leib" werden zu angeblich virtuellen Größen.

Auch der Popstar Michael Jackson ließ sich mit Hilfe mehrerer Operationen ein solches transsexuell-synthetisches Gesicht komponieren. Berichte über berühmte Transsexuelle bestärken diese Tendenz. So schwelgte Roberta Klose, geboren in Brasilien als Luiz Roberto Gambine Moreira, über die Möglichkeiten der Medizin in der Schweiz: Mit einem Zürcher verheiratet, wollte sie/er ein Kind „mit eigenem Samen, der in einem Schweizer Laboratorium lagert. Vor der Geschlechtsumwandlung 1989 im Londoner Charing-Hospital hatte Roberta Klose vorgesorgt, eine gute Freundin wird die Leihmutter spielen."[164]

Chirurgie wird Kunst, und Kunst wird irritierendes Spiel mit dem eigenen Fleisch – Grenzen zwischen Fleisch und Plastik, Körper und Computer werden dabei verwischt. *gender nauting* ist angesagt: das Navigieren zwischen den Geschlechtern. Festzustellen sind mannigfaltige, auch künstlerische Ansätze zur Auflösung und Neuinstallation des Körpers im Sinne einer fortlaufend zu inszenierenden Identität, die sowohl die bisherige angebliche Starre des Körperbegriffs als auch seine Abgrenzung von der Maschine aufheben – zumindest fiktiv in spielerischer Virtualität, teils bereits real mit Hilfe operativer Veränderung.

Nicht weniger exotisch als diese „fließende Identität" wirkt die postmoderne Folgerung, den Begriff

Körper durch den Begriff „Cyborg" = „Cyber Organismus" abzulösen.¹⁶⁵ Die amerikanische Feministin Donna Haraway propagiert damit eine neue Denkweise, „in der die Begriffe von Körper und Subjekt einer neuen Terminologie weichen, bei der man von ständigen *Prozessen* ausgeht, in denen Informationsströme und Kodes sich kreuzen und immer neue, vorübergehende Bedeutungen entstehen. Körper *und* Geist werden nicht mehr als ontologisch begründete Entitäten aufgefasst. Im Gegenteil: Der Körper, der traditionellerweise als der materielle Aspekt des Menschen betrachtet wird, macht in paradoxer Weise einer semiotischen Materialität Platz, die weder eine biologische Gegebenheit noch eine rein kulturelle Schöpfung ist. (…) Das Objekt tritt immer in einer bestimmten Sprache, einer bestimmten Praxis, in einem bestimmten historischen Kontext zutage."¹⁶⁶ Insofern wird auch das Problem von Organtransplantationen neu angegangen: Haraway betrachtet jeden Organismus, der künstlich durch ein fremdes Organ am Leben erhalten wird, als Cyborg, was meinen will, als einen bereits nicht mehr mit sich identischen Organismus. Ein solcher Cyborg (nach der Transplantation) hat mit dem Spender nun eine segmenthafte Identität; die Beziehung zwischen den beiden hat eine fließende Identität hergestellt. Ähnlich lässt sich die symbiotische Beziehung mit einer Maschine (z.B. bei der Dialyse) als eine Cyborg-Beziehung bezeichnen. Für den Arzt bedeutet das nach Haraway, Entscheidungen für eine Transplantation nicht mehr nach den Kriterien der klassischen Medizin zu fällen, die von einem definierten Körperbegriff ausgeht, sondern nach Parteilichkeit zwischen Empfänger und Spender. Konkret: Ein Anencephalus wird nicht als Mensch oder Nichtmensch klassifiziert, sondern in der Beziehung auf einen Organempfänger erst in eine me-

169

dizinische „Nutzbarkeit" gebracht, wofür es letzten Endes nur eine parteiliche Entscheidung gibt, die keiner Definition bedarf.

Der Mensch als seine eigene Software mit der entsprechenden Pflicht zur (Dauer-)Veränderung – diese Vision kennzeichnet eine Zerstörung, zumindest die Vernachlässigung eines umfassenden Leibbegriffs. Die Gender-Forschung steht weithin im Bann der Leibferne und Körper-Dekonstruktion.

In Resonanz auf diese zunächst rein theoretisch klingende Idee erschien als neues Material der Kunst zum ersten Mal – anstelle von Stein, Holz, Ton, Bronze – das menschliche Fleisch selbst. Die Sprengwirkung solcher Vorstellungen ist beträchtlich. Der offene Körperbegriff oder auch die „fließende Identität" sind mittlerweile in der Bildenden Kunst bereits benutzt und beispielsweise spielerisch verarbeitet in einer „hypothetischen Sammlung" von Werken junger Schweizer Künstler im Kunsthaus Glarus 1996. In der Ankündigung war vom „irritierenden Spiel mit den vertrauten Geschlechterkategorien und Sexualitätsdispositiven" die Rede. „Der Körper wird inszeniert, um überhaupt definiert zu werden, und überschreitet damit die Grenze zum Artifiziellen."

„Schwerstarbeit an den Grenzen des guten Geschmacks"[167] führte schon seit den 1960er-Jahren zum Einsatz von eigenem Fleisch und dessen Säften: Gina Pane pflanzte sich Rosendornen ein, Chris Burden schoss sich in den Oberarm, Marina Abramovic ließ sich ohrfeigen, Orlan (Pseudonym) ließ ihr Gesicht mehrfach operieren – die OP-Videos wurden als Kunstwerk verkauft; Schweiß, Blut, Urin, Sperma dienten als Gestaltungsmittel. Marc Quinn stellte ein plastisches Selbstporträt her aus seinem eigenen gefrorenen Blut. Mittlerweile wird auch fremdes Fleisch benutzt: In der

Ausstellung „Dekalog" des Dresdner Hygienemuseums vom Herbst 2004 war die abgeschnittene Zunge eines Jungen aus Lateinamerika zu sehen, der umgekommen war und dessen Eltern die Zunge als Preis für seine Beerdigung an die Künstlerin verkauften. Im August 2005 zeigte das Kunstmuseum Bern eine geköpfte Möwe mit dem aufgepflanzten Kopf eines menschlichen Fötus – eine Arbeit des Chinesen Xiao Yu, der zuvor schon durch das operative Zusammennähen zweier Mäuse aufgefallen war, die in ihrer „plötzlichen Einleibigkeit" und entsprechend hilflosen Bewegungen wiederum als Kunstwerk auf Video verkauft wurden.

2. Gender auf dem Prüfstand

Dass die Gender-Theorie einige Sackgassen aufweist, vor allem im Blick auf ein fehlendes Verständnis von „Leib", lässt sich unschwer feststellen. Erfreulich ist aber, dass in jüngster Zeit eine anspruchsvolle innerfeministische Kritik der Gender-Problematik erfolgt, die in den Grundzügen auf jene Sackgassen verweist und ein Weiterdenken freiräumt.[168] Diese Kritik steht in der Regel im Rahmen philosophischer Denkansätze wie Phänomenologie und Hermeneutik und macht diese fruchtbar für ein Aufdecken der verborgenen, unbewussten oder auch nur unausgesprochenen Voraussetzungen der Gender-Theorie. Damit kann die relativ lähmende Debatte, ob Geschlecht Natur oder Kultur sei, wieder Fahrt aufnehmen und in andere Denkmöglichkeiten vorstoßen.

Der seit rund 25 Jahren im angloamerikanischen Raum entfachte Sex-Gender-Diskurs wirft zwischen biologischem Geschlecht (*sex*) und zugeschriebener (kultureller, sozialer, geschichtlicher) Geschlechtsidenti-

171

tät *(gender)* einen Dualismus auf.[169] Etwas anders formuliert lässt sich von Determinismus durch Natur versus Voluntarismus durch Selbst- und Fremdwahl sprechen: „Habe" ich ein Geschlecht oder mache ich mich mit einem Geschlecht meiner Wahl identisch – anders: Ist Frau immer schon Frau oder wer „macht" Frau zu Frau und Mann zu Mann? Im feministischen Kanon der Sex-Gender-Debatte können beide kontroverse Positionen beispielhaft einerseits an der Lacan-Schülerin Luce Irigaray (geb. 1932) und andererseits an Judith Butler (geb. 1956) entwickelt werden. Zwar widersprechen sich beide elementar, ihr Ziel ist jedoch dasselbe: den genannten Zwiespalt zu entschärfen, ja aufzuheben. Dennoch bleiben sie – so die auszuführende These – dem angeblich unterlaufenen Dualismus je auf ihre Weise verhaftet: Irigaray der „Natur", Butler der „Kultur" des Geschlechtes. Beide Einseitigkeiten werden gegenwärtig auch durch andere Disziplinen gestützt: aufseiten des Naturalismus durch die Genetik (Hinweis auf den Chromosomensatz xx und xy) und die Evolutionstheorie (Hinweis auf den genetischen Vorteil durch geschlechtliche Fortpflanzung); aufseiten der Kulturtheorie durch den Konstruktivismus und eine Radikal-Semiotik, nach der es keine „Sachen", nur noch Zeichen über Zeichen über Zeichen gibt, oder mit den Worten von Gertrude Stein: „Eine Rose ist eine Rose ist eine Rose ..." Denn was eine Rose „wirklich" sei, entgehe der Sprache.

a) Luce Irigaray: Geschlecht ist ontologisch vorgegeben

Irigaray besteht auf der sexuellen Differenz als einer *ontologischen* Differenz (in Anlehnung an Heidegger) oder als einem nicht weiter aufzulösenden Unterschied: Insofern ist für sie die Sex-Gender-Dualität zugunsten der sexuellen Vorgabe aufzuheben.

Aus ihrem umfangreichen Schrifttum lassen sich drei Hinsichten auf die Naturhaftigkeit von Geschlecht herausschälen[170]:

- Die Geschlechtsdifferenz ist insofern unter allen sonstigen Unterscheidungen zwischen Menschen (nach Alter, Ethnie, Kultur etc.) einzigartig, als sie nicht zu unterlaufen oder aufzuheben sei;
- in der Folge bedeutet dies eine grundsätzliche Unergründbarkeit oder Nichterkennbarkeit des anderen Geschlechts[171];
- Geschlechtsdifferenz ist nicht nur körperlich, sondern auch sprachlich bestimmt; Sprache und Geschlechtlichkeit formieren und verstärken sich gegenseitig, sind ausgeprägt und unhintergehbar symbolisch vermittelt.

Der letzte Überschritt in den symbolischen Bereich von Geschlecht lässt auch Welt und Dinge binär-geschlechtlich lesen: Ein Beispiel sind die weiblichen und männlichen Artikel vieler Sprachen für nicht-menschliche Gegenstände und Zusammenhänge. Andererseits könnte mit demselben Argument gleichfalls eine „konstruierte" oder „fließende Identität" verbunden werden: Weshalb ist „Sonne" im Deutschen weiblich, „sol" aber in den romanischen Sprachen männlich konnotiert? Irigaray beharrt jedenfalls auf dem unhintergehbaren, letztlich ontologischen Unterschied des Geschlechts, bei allen individuell und sozial möglichen Variablen, die ja nicht aus dem binären System heraustreten, auch wenn sie die Zuordnung männlich-weiblich umdrehen.

Mit der Ausweitung der Körperlichkeit auf das Symbolische ist Irigarays *politisches* Ziel bestimmbar: die Entlarvung und Zerstörung einer bisherigen westlichmaskulinen Deutungshoheit von Kultur, Geschichte, Ökonomie und das Aufbrechen einer neuen, durchgängig binären Kultur – allerdings eben um den Preis der Unergründbarkeit des anderen Geschlechts. Dieser Preis habe in Zukunft Bemächtigungsversuche des „Unbekannten" über das „Unbekannte" auszuschließen – so die „Ethik der Differenz". In einem weiten Sinn handelt es sich um die Ethik, ein unerreichbar Anderes einfachhin zuzulassen, ihm (politischen) Platz einzuräumen, in diesem Fall konkret: dem weiblichen Anderen einen gleichgewichtigen Blick auf Welt nicht mehr vorzuenthalten.

b) Judith Butler: Geschlecht ist semantisch konstruiert

Butlers Ansatz ist demgegenüber *erkenntnistheoretisch*: Alles Wirkliche muss durch Erkennen/Sprechen vermittelt sein, auch der (eigene) Körper. Normativität könne niemals aus der Natur, immer nur aus Kultur stammen; die Rede von Mann und Frau im Blick auf den Körper sei in ihrer verborgenen, durchwegs unbewussten Normativität aufzudecken. Erst der Imperativ der heterosexuellen Norm führe zu einer binären Geschlechtswahrnehmung: Allein diese sei erlaubt und sinnvoll – und werde daher als einzige eingeblendet. Andere geschlechtliche Möglichkeiten gerieten damit von vornherein aus dem Blick. Wenn diese Konstruktion – Geschlecht als Folge einer latenten, nicht begründeten Norm – durchschaut sei, verfalle damit auch die Auffassung von einem „anderen" Geschlecht.[172]

Konkret bedeutet „Durchschauen" eine neue Praxis und Gegennormierung: Homosexualität, möglicherweise sogar inzestuöse Verbindungen werden als *politisches*

Mittel vorgeschlagen, um als Ziel den Staat und die Gesetzgebung zu einer Abschaffung bisheriger Normierungen zu zwingen und die individuelle Wahl variabler Geschlechtsbetätigung außerhalb irgendwelcher Normen zu ermöglichen. Staat und Recht werden in Bezug auf Geschlecht unnötig; Staat wird in Individuen atomisiert, deren Geschlechtsbezeichnung als (vorläufige) Geschlechtsorientierung nicht mehr abgefragt werden darf.

Butlers Radikal-Konstruktivismus unterläuft der Absicht nach ebenfalls den Sex-Gender-Dualismus, indem Erkennen, Sprache und Symbolik einfach auf den Körper geschrieben werden, und zwar eher vom Individuum, weniger von einer gemeinsamen Kultur ausgehend (genauer: Kultur soll über Individuen verändert werden). Die Faktizität des Körpers gilt als leer, als *tabula rasa* je meines Entwurfes; insofern kann (soll?) er mehrfach und immer wieder überschrieben werden. Fließende Identität hat auch das (aufklärerische) Denken von Subjekt als oktroyierte Norm aufzudecken. Dieser Vorschlag geht folgerichtig an die Grenzen der Sprache, sofern sie unterschwellige Normen oder eben binäre geschlechtliche Zuweisungen tradiert. Tatsächlich ist die Umformung von Sprache ebenfalls ein politisches Ziel dieser Art von Konstruktivismus.[173] Auch Grammatik wird aufgebrochen: In englisch-sprachigen Ländern, vor allem in USA und Australien, wird anstelle von *he/she* oder *her/his* tendenziell das „genderneutrale" *they* oder *their* im Sinne eines Singulars (!) propagiert, auch wenn es grammatisch missverständlich wird. („*This person carries their bag under their arm.*") In Spanien ist es unter der sozialistischen Regierung bereits Gesetz, anstelle von Vater und Mutter in den Geburtsurkunden nur noch „Progenitor A" und „Progenitor B" einzutragen, um Geschlechtsangaben zu vermeiden.[174] Dass es damit sprachlich nur noch „Erzeuger", nicht aber mehr „Gebärende" gibt, ist offensichtlich gegen eine sperrige Sprache, die noch prämodernen Mustern verhaftet bleibt, in Kauf zu nehmen.[175]

3. Kritische Rückfragen

Vergleicht man Irigaray und Butler, so wollen beide den Sex-Gender-Dualismus auflösen; dennoch sind ihre Theorien unvereinbar. Eben diese Sackgasse verrät „einen Mangel an Reflexion hinsichtlich der Beziehung zwischen Ontologie und Epistemologie"[176].

Irigaray setzt zwar nicht naiv auf eine unvermittelte „Erfahrung", weist aber letztlich ihre These von der „Nichtverstehbarkeit" des anderen Geschlechts nicht aus. Begründen kann sie dies nur auf den *faktisch* unterschiedlichen männlichen oder weiblichen Körper, diese Faktizität müsste aber erkenntnistheoretisch tiefer durchdacht, nämlich symbolisch überstiegen werden. Denn in der Folge würde die ontologische Differenz auch ein schwerwiegendes Problem aufwerfen: Sofern Welt (nur) über den eigenen Körper erschlossen wird, würde es letztlich zur Erschließung zweier nicht oder schwer aufeinander beziehbarer Welten kommen – die ontologische Differenz würde sich zu einer Doppelwelt des männlichen oder weiblichen Blicks erweitern. Um diese These zu stützen, müsste noch eine je eigene geschlechtsdifferente Sprache, Kultur, Sozialität aufgewiesen werden (wo gab und gibt es sie in der Geschichte – oder müsste man von einer kruden durchgängigen Ausschaltung dieser zweiten weiblichen Welt ausgehen?); zumindest muss eine weiblich gelesene Welt nach Irigaray in Zukunft politisch eingefordert werden. Kommunikationshemmungen sind damit vorgezeichnet, und zwar auf Dauer – sogar umso mehr, je mehr sich die als dominant betrachtete männliche Kultur auf nur *ein* mögliches Modell von Welterschließung zurückzunehmen hat. So angenehm vieles bei Irigaray berührt, zumal sie auf dem Boden der Differenz und des Staunens am anderen bleibt[177], so gelingt die Brücke zum anderen Geschlecht nur in der Weise von Beschwörungen. Erkenntnistheoretisch bleibt unklar, wieso der „andere" Körper nicht zugleich zur Selbsterfahrung führt – bleibt er tatsächlich im Bereich des „ganz Anderen"?

Insofern ist Irigarays vermeintliche „Naivität" zwar nicht einfach ihrem ontologischen Ausgang als solchem verdankt, sie speist sich aber rückwirkend aus dem gewünschten Ziel: eine „andere Welt" von und für Frauen zu legitimieren. Um diesen Preis werden aber einheitliche, vermittelbare Weltsichten oder doch wenigstens „Segmente" von Übereinstimmung nicht wirklich thematisiert: Wo grenzt sich Unterschied von Spaltung ab? Wo unterläuft bleibende Differenz das Denken und die gemeinsame Aufgabe einer gemeinsamen Welt? Ist Geschlecht durch nichts „aufzuheben"? Ist Weltsicht tatsächlich durchgehend sexuell konnotiert – also vom Leib anfangend über die Seele bis zum Geist? Spitz gefragt: Gibt es doch die „weibliche Mathematik"? Selbstverständlich würde Irigaray dies verneinen, aber theoretisch erhellt sie nicht den Selbstüberstieg des Geschlechts durch (gemeinsame) Sprache und Symbolik. Erkenntnis bleibt tendenziell rückgebunden an Leib und Geschlecht.

Butler andererseits lässt eine entgegengesetzte, tief problematische Ausblendung, fast überscharf, erkennen. Ihr „Linguizismus"[178] verstärkt sogar den Sex-Gender-Dualismus, den er aufzulösen beabsichtigt: Sie versteht den Körper als un-wirkliches, un-soziales, passives Objekt, nicht mehr als Subjekt des Diskurses: Er spricht nicht mehr mit, macht selbst keine Aussage mehr über sich. Dieses Verstummen oder Sich-willen-los-überschreiben-Lassen weist auf ein entschieden dominantes Verhalten zum Körper hin: Keinesfalls ist er mehr „Leib" mit eigener „Sprachlichkeit", zum Beispiel in seiner unterschiedlichen Generativität von Zeugen und Empfangen/Gebären oder in seiner unterschiedlichen leibhaften Erotik von Eindringen und Annehmen/Sich-nehmen-Lassen. Zum „Ding" reduziert, bleibt er gleichgültig gegenüber dem willentlich Verfügten. Aus Leib mit der Wortwurzel lb- (wie in „Leben" und „Liebe") wird endgültig Körper (corpus in der Nähe von corpse). Seine Symbolik wird nicht fruchtbar, die phänomenale Selbstaussage kastriert.[179]

Die radikal dekonstruktivistische Gender-Theorie steht dem Gedanken einer Gegebenheit des Geschlechts deswegen abweisend gegenüber, weil darin ein rascher Schritt vom Sein zum Sollen vermutet wird. Dieses Tabu wäre aber mittlerweile umgekehrt zu befragen: Statt des „biologistischen Fehlschlusses" herrscht hier ein „normativistischer Fehlschluss": Normen werden einfach – je nach Situation, je nach Individuum – als willkürlich gesetzt verstanden und daher aufgehoben, ohne je einen sachlichen Bezug vorauszusetzen. Das Ich kennt keine Fleischwerdung; der Körper ist „Platzhalter des ‚Nichts' und Hüter der ‚tabula rasa' seiner scheinbar völlig ausgeräumten Ankunftsstätte"[180]. So gesehen liefert Butler eine erneute Variante der extremen Bewusstseinsphilosophie mit ihrer hartnäckigen Körper-Geist-Spaltung (die eigentlich als „phallogozentrisch" angegriffen wird). Der Vorwurf maskulinistischer Subjektzentriertheit mit Fixierung des Objekts ist solcherart geradewegs umzudrehen. Butlers Epistemologie schaltet Ontologie einfachhin aus. Von woher der Wunsch zur Überschreibung (genauer: Beschriftung) des Körpers genommen wird, bleibt unklar – gibt es nicht wenigstens vage reale Vorgaben für diesen Wunsch? Wenn schon Text: Ist der Leib nicht wenigstens ein „Palimpsest", will sagen ein Dokument, dessen Erst-Beschriftung, obwohl ausradiert, hie und da wieder durchschimmert? Ist er nicht sogar ein „Kryptogramm", ein „Intext", der im (beliebig?) dekonstruierbaren Text hartnäckig aufscheint?[181] Die Dekonstruktion des Leibes gerinnt zur Geste des Imperators, der in fremdes, unkultiviertes Gebiet eindringt und es besetzt – obwohl er dies doch selbst „ist". Widerstandslos, ja nichtig, bietet sich der Leib als „vorgeschlechtlicher Körper" an.

Zu Haraways These ist überdies zu bemerken, dass zum Aufnehmen einer Beziehung zwei sich Beziehende gehören. Auch ein Cyborg setzt einen oder zwei unterschiedene Organismen voraus, so sehr sie danach auch in ein offenes Verhältnis treten mögen. Entscheidungen ohne Definitionen vorzulegen heißt, Parteilichkeit ohne Kriterien zu üben; bekanntlich sind damit die Kriterien aber keineswegs umgangen, sondern nur verschleiert. Immer wird eine Entscheidung jemanden bevorzugen und jemanden benachteiligen: Dessen Identität ist damit gerade anerkannt. Sofern auch der Körper nur ein semiotisches System wechselnder Bedeutungen sein soll, bedürfte es jeweils erst der Verhandlungen, in welchem Sprachspiel „der Körper" zu analysieren und zu behandeln sei. Auch wechselnde Eigenschaften bedürfen eines Trägers und einer Metasprache.

In der Behauptung „fließender Identität" gibt es zwei blinde Flecken: zum einen den übergangenen Leib, zum anderen die übergangene Generativität. Was die Anerkennung einer leiblichen Vorgabe betrifft, so ist der Satz von Judith Butler keineswegs zutreffend,

das biologische Geschlecht sei ein „ideales Konstrukt",
das erst im Laufe der Entwicklung „zwangsweise ma-
terialisiert" werde.[182] Vielmehr ist es umgekehrt: Die
Sprache und im engeren Sinne das Symbol beziehen
sich auf *etwas*, das versprachlicht wird. Selbst wenn es
keinen vorsprachlichen Zugang zu den Fakten gibt, bezieht sich doch jede Interpretation notwendig nicht auf
sich selbst, sondern auf ein solches vorausgesetztes und
intersubjektives Faktum. Nicht das „Ideal" wird biolo-
gisiert, sondern die Biologie wird „idealisiert", oder
einfacher ausgedrückt: Eine Tatsache ist immer eine
Tatsache mit Interpretation.

Der zweite blinde Fleck ist die Fortpflanzung, die
evidentermaßen zwei Geschlechter voraussetzt, also
auch deren Unterscheidung. „Selbst wenn es in Zukunft nicht mehr Körper sein sollten, aus denen unsere
Nachfahren hervorkommen, sondern Retorten, so wird
es doch auch dann noch eine Unterscheidung der unterschiedlichen ‚Beiträgersubstanzen' geben, auf die
dieser Laborprozess angewiesen bleibt, zumindest solange wie wir uns noch nicht als geklonte Exemplare
Unsterblichkeit verschafft haben."[183]

Gegenüber dem variablen „Rollenspiel" und der
Auflösung des Subjekts in ein „Produkt männlicher
Aufklärung" ist der Begriff der Person neu und vertieft
ins Auge zu fassen. Dieser Begriff der Person entstand
ursprünglich durch Boethius im 6. Jahrhundert in Ver-
arbeitung christlicher Impulse. Er unterfängt die Ge-
schlechtsdifferenzen, ohne sie aufzuheben: durch die
gemeinsame Personalität. Grundlegend dazu ist eine
neue kompetente Darstellung des Personbegriffs durch
Robert Spaemann und, auf die Leiblichkeit hin gelesen,
durch Anne Reichold.[184]

4. Vorgabe und Anverwandlung

Der Gedanke der Selbstgestaltung des Menschen – im Blick auf Butler – ist an sich gesehen weder sachlich falsch noch moralisch böse. Er gründet in der merkwürdigen – auszeichnenden wie gefährlichen – Tatsache, dass der Mensch unter den anderen Lebewesen tatsächlich eine Sonderstellung einnimmt, auch im Blick auf sein Geschlecht, schon rein naturwissenschaftlich betrachtet. Die Sonderstellung beruht – wie nach Jahrzehnten der vergleichenden Verhaltensforschung bekannt – auf der Instinktarmut, der erstaunlichen „Unbehaustheit" des Menschen in der Welt. Positiv: Er hat zwar keine Reiz-Reaktions-Sicherheit wie ein Tier, dafür aber Freiheit vom Instinkt und Freiheit zur Welt und zu sich. Freiheit *von* bietet volles Risiko der Fremd- und Selbstgefährdung. Freiheit *zu* bildet zugleich die schöpferische Flanke: zur Gestaltung von Welt und Mensch – als *homo faber*. Anthropologie kommt daher nicht umhin, den Menschen als spannungsreiche Wirklichkeit zu beschreiben, das heißt als zwischen Polen „ausgespannt": dem Pol einer gegebenen Ausstattung der „Natur" und dem Gegenpol der Veränderung: einem Werden, einem Futur, der „Kultur". „Werde, der du bist", formuliert der orphische Spruch, aber was so einfach klingt, ist das Abenteuer eines ganzen Lebens. Abenteuer, weil es weder eine „gusseiserne" Natur noch eine beliebige „Kultur" gibt, sondern *datum* und *factum* in lebendiger Beziehung stehen: zwischen Grenze der Gestalt (positiv: dem „Glück der Gestalt") und Freiheit (positiv: „dem Glück des Neuwerdens").

In Anwendung auf die vorliegende Frage heißt das: Ein Tier *hat* seine Geschlechtlichkeit und muss sie nicht gestalten; daher ist seine naturhaft gesicherte

Sexualität frei von Scham und funktional eindeutig auf Nachkommenschaft gerichtet. Ein Mensch *ist* und *hat* seine Geschlechtlichkeit *und* muss sie gestalten: Sie ist nicht einfach naturhaft gesichert, vielmehr kulturell bestimmt und schambesetzt wegen des möglichen Misslingens; außerdem ist sie funktional nicht notwendig an Nachkommenschaft gebunden. Wir sind nicht distanzlos eins mit der Geschlechtlichkeit, sondern von ihr distanziert: In ihr tut sich ein Freiraum für Glücken und Misslingen auf, auf dem Boden der unausweichlichen Spannung von Trieb (naturhafter Notwendigkeit) und Selbst (dem Freimut der Selbstbildung). Fleischwerdung im eigenen Körper, Anverwandlung der körperlichen Vorgabe in den eigenen Leib, „Gastfreundschaft" („*hospitalité*" bei Levinas) gegenüber dem anderen Geschlecht sind die Metaphern, die den Vorgang der Annahme, nicht der Rebellion oder Neutralisierung, Nivellierung und „Verachtung" der Vorgabe kennzeichnen.

Zugleich gilt es im Blick auf Irigaray, aus dem Geschlecht keine Barriere zu bauen, sich nicht ins Anderssein zu verbarrikadieren, der möglichen Verliebtheit ins Doppel-Rätsel des Eigenseins und Andersseins nicht nachzugeben. Auch die Mythen wissen von der Versuchung, in der „Brünne" Brunhildes, im Schlaf Dornröschens, im Namen-Rätsel der Turandot eigen-sinnig zu verharren, den Löser nicht zuzulassen, ihm unübersteigliche Hindernisse zu bauen, die er möglicherweise mit dem eigenen Tod bezahlt.[185] Gerade die älteren Mythen lassen den Geschlechterkampf zu Ungunsten beider enden – im tödlichen Missverstehen, in der Hassliebe des Unerreichbaren; erst das spätere Märchen lässt die Beziehung glücken.

Daher ist das zwiefache Geschlecht einer kulturellen Bearbeitung nicht nur zugänglich, sondern sogar darauf angewiesen. Nur – im Unterschied zu Butler –: Selbst-gestaltung ist in eine komplexe Ausgangslage gestellt. Geschlechtlichkeit ist zu kultivieren, aber *als* naturhafte Vorgabe (was könnte sonst gestaltet werden?). Kultivieren meint: weder sich ihr zu unterwerfen noch sie auszuschalten. Beides, Natur und „Überschreibung", lässt sich an den zwei unterschiedlichen Zielen der Geschlechtlichkeit zeigen: der erotischen Erfüllung im anderen und der generativen Erfüllung im Kind, wozu allemal zwei verschiedene Geschlechter vorauszusetzen sind. „Zur erotischen Rechtfertigung des Menschen gehört das Kind" – solche Sätze können neuerdings wieder philosophisch geschrieben werden.[186] Und auch das Kind selbst ist wiederum kein Neutrum, sondern tritt als „Erfüllung" des Liebesaktes selbst in das zweiheit-liche Dasein.

Zur kulturellen Bearbeitung gehört andererseits, aus der Zweiheit in eine *gemeinsame* Welt zu blicken. Fruchtlos wird die Geschlechtsdifferenz dann, wenn sie aus der Zweiheit einen Antagonismus des Herrschens und Sich-Unterwerfens (beides auch noch gegenseitig) ableitet. Diese Verstörung der Geschlechter ist hinlänglich bekannt und kulturgeschichtlich wirksam (gewesen). Zu diesem Geschlechterkampf, zum Messen aneinander kann die zunächst „unschuldige" Vorstufe des Sich-nicht-Verstehens durchaus verleiten. „Frauenspra-che"/„Männersprache" ist immer noch nicht die Sprache zweier gegenseitig Taubstummer oder weniger dramatisch ausgedrückt: ist immer noch nicht Schicksal. Denn: Gerade auch das Geschlecht will noch einmal überstiegen, transzendiert werden – eben auf den Anderen hin; in diesem Übersteigen liegt die Beglückung, eben im Finden des „Anderen". Wo das Geschlecht im leeren Suchen zerschellt, was zu den tragischen Möglichkeiten gehört, ist damit nicht schon sein Kern des

„Über-sich-Hinaus" trügerisch. Religiöse Kulturen wissen von der Möglichkeit eines Alleinseins, das sich auf ein göttliches Gegenüber bezieht – das Geschlecht übersteigend.

5. Welche Lösungen wahrt das Christentum?

Es macht die Not unserer Existenz aus, dass sie alle Lebensvollzüge degradieren kann. Es gibt die Zweckgemeinschaft Ehe, den Selbstgenuss im Sex, das frustrierte, leer gewordene Zölibat, das erzwungene, lähmende Alleinsein. Die biblischen Texte, die an dieser Stelle selten befragt werden, geben jedoch eine bedenkenswerte Analyse der geschlechtlichen Phänomene. Wenn am Ende eines philosophischen Artikels das Christentum als Erkenntnisquelle eingeführt wird, scheint dies ein unzulässiger Ebenenwechsel zu sein. Es geht dabei aber gerade nicht um theologische Setzungen, sondern um jenen intellektuellen Thesaurus, der aus den narrativen biblischen Sätzen und aus den Theologien der Jahrhunderte phänomenal erschlossen werden will. Es ist aller Energie des Denkens wert, den biblischen Aussagen über den Ur-Sprung des Geschlechts nachzudenken. Was wird darin sachlich „verwahrt"?

Zunächst eine Einsicht in Fehlentwicklungen, an zweiter Stelle eine Formulierung von „Fleischwerdung", auch im Geschlecht.

Tatsächlich gibt es vor dem Maßstab der Bibel drei große (Fehl)entwicklungen schon antiker Art, die bis zum heutigen Tage wirksam sind. Zum einen: Die Vergötterung des Geschlechts wird wie alle welthaften Götzendienste abgewiesen (Ex 20,4f.). In einer magischen Kultur sind alle ekstatisch-rauschhaften Zustände, auch der Sexualgenuss, als unmittelbare Anwe-

senheit eines geheimnisvoll Göttlichen *(Numinosen)* gesehen, gefeiert, ja angebetet worden, z.B. in der Form
von Fruchtbarkeitsriten. In der heutigen Form hat sich
dies als das verantwortungslose Überwältigen-Lassen
durch den Trieb, dem man sich wie einer fremden
Macht ausliefert, erhalten. Mit dieser Potenz wird auch
in den Medien gespielt: mit dem Feuer einer tiefen,
noch ungeordneten Faszination, die „wie von außen"
anspringt.

Zum Zweiten verwirft die Bibel den egozentrischen
Ich-Genuss, der das Gegenüber nur werkzeuglich
(sklavisch) nimmt – hier fällt das Wort „Unzucht"
(Mk 7,22; Röm 13,13; Gal 5,19; 1 Petr 4,3). Aus seiner
scheinbaren Antiquiertheit übersetzt: Man kann den
Leib zum (animalischen) Körper degradieren, die Personalität ausklammern und den Trieb zum mechani-
schen Ablauf herabsetzen. Solche „Abspaltungen" bringen den Sex hervor, der im Grunde die Beziehung zu
einer Ware erniedrigt und, noch deutlicher ausgedrückt,
gerade die Frau, neuerdings auch der Mann, als Ware
verkauft. Noch im 19. Jahrhundert betrachtete übrigens
eine atheistisch eingefärbte Medizin – im Soge der Aufklärung – alle Leibvorgänge als bloße Maschinenreaktionen (1748 erschien das berühmte Buch *L'Homme
machine / Die Menschmaschine* von La Mettrie). Auch
seelische Empfindungen, die Liebe eingeschlossen, wurden als steuerbare Abläufe gedeutet, als unfrei-mecha-
nisch. In diesem Sinne konnte man auch von „Ge-
schlechtsteilen" an der Körpermaschine sprechen.
Solche „Teile" können verkauft oder hergegeben werden, aber „das Ganze" behält man für sich, auch in der
Geschlechtsbeziehung.

Drittens widerspricht die Bibel aber auch einer nicht
minder gefährlichen Einschätzung eines übersteigerten
Idealismus: Der Leib wird vom Geist getrennt gesehen

und diesem untergeordnet. Wieder wird hier die Person in ihre „Teile" zerschnitten, nur dass diesmal das Geistige als Maßstab empfunden wird. Hier kommt es zur Scham, überhaupt einen Leib zu haben (wie in der Spätantike häufig formuliert), ja der Bereich der Sexualität wird als tierisch empfunden. Das orphische Wortspiel „Körper-Gefängnis" *(soma sema)* wirkt durch die abendländische Geistesgeschichte in mannigfaltigen (auch christlichen) Umsetzungen. Diese Wirkung ist umso stärker, als ja tatsächlich Leib, Sexualität und Geist nicht einfach einander zugeordnet sind; nicht zuletzt ist die Scham eine Antwort auf das Empfinden, in seinen Anlagen uneinheitlich zu sein. Auch außerhalb des Christentums gibt es, wie die Kulturgeschichte breit belegt, eine Fülle von unterschiedlichen Überformungen des Geschlechts durch Tabu, Askese, Triebverzicht.

Diesen Überformungen des Geschlechts stehen Entwürfe gegenüber, die den Leib – im Alten wie im Neuen Testament – als Träger der Personalität (subjektiv) sehen und (intersubjektiv) weitergehend als Träger aller Beziehungen, zu Welt, den Menschen, zu Gott. Im Alten Testament ist die innere Nähe von Geschlechtsliebe und Gottesbeziehung mit großer Unbefangenheit ausgesprochen, am strahlendsten im *Hohenlied,* wo die leibliche Liebe der beiden Menschen zueinander auch auf die Liebe des Schöpfers zu seinem Geschöpf gelesen werden kann (und in der mystischen Tradition lange gelesen wurde). Nicht zuletzt: Gerade die *Fleisch*-werdung Gottes ist ein Neueinsatz und eine Herausforderung: Wie kann Gott überhaupt einen Leib und ein Geschlecht annehmen? Dies ist entgegen allen Idealisierungen leibloser Göttlichkeit die eigentliche Unterscheidung von allen anderen religiösen Traditionen, sogar vom Judentum. *caro cardo* – das Fleisch ist der Angelpunkt. Die Inkarnation Gottes setzt das gesamte

Leibphänomen in ein neues, unerschöpfliches Licht[187] –
nicht minder die leibliche Auferstehung zu todlosem
Leben. Auch Kirche wird als Leib gesehen, das Verhältnis Christi zur Kirche als bräutliches (Eph 5,25), und
die Ehe wird zum Sakrament: zum Zeichen realer Gegenwart Gottes in den Liebenden. Es ist dieses Rück-
binden des Geschlechts in seinen zentrifugalen Möglichkeiten an den ganzen Menschen, das die Bibel
vorstellig macht: damit der ganze Mensch sich übersteigt und nicht nur seine Biologie oder sein Geist ins
Leere, ins Du-Lose wegstreben.[188] Stattdessen spricht
die Sprache, wieder einmal überraschend, vom Gegen-
Über: worin der Anteil des „Über" gerade am Du zu
erfahren ist. Auch dahin muss Geschlecht bearbeitet,
kultiviert werden, aber nicht um seiner Zähmung oder
sogar Brechung willen, sondern seiner wirklichen und
wirksamen Ekstase wegen. Ekstase meint: „Liebe. Man
verlegt den Mittelpunkt aus sich selbst heraus."[189]

Allerdings: „Aber wiederum in eine endliche Sache."[190] Das Glücken der Geschlechtlichkeit kann daher
weder durch das Sakrament noch durch anderen Segen
garantiert werden, aber christlich angeben lassen sich
die Elemente, unter denen die schwierige Balance gelingen kann: den Leib in seinem Geschlecht *und* in der
Anlage für das Kind als Vorgabe anzuerkennen. Anders:
Im Endlichen zu verbleiben – im Geschlecht sich nicht
selbst genug sein können, im Kind zu „sterben". Das ist
kein naiver Naturbegriff mehr, sondern die schöpferische Überführung von Natur in kultivierte Natur.

Gerade deswegen steht sie im Raum der Übersteig-
gung und nicht in einem flachen Materialismus. Auch
der Eros wird in den Bereich des Heiligen gestellt: im
Sakrament.[191] Zeugung und Geburt stehen im selben
Bereich des Heiligen: sind sie doch paradiesisch verlie-
hene Gaben (Gen 1,28). „Leiblichkeit ist das Ende der

Werke Gottes", formulierte der Pietist Friedrich Christoph Oetinger. „Fruchtbarkeit ist das Ende der Werke Gottes", könnte man der Sache nach weiterformulieren, leiblich und geistig verstanden. Nie wird nur primitive Natur durch Christentum (und Judentum) verherrlicht: Sie ist vielmehr selbst in den Raum der Erlösung zu heben, muss heilend bearbeitet werden.

Geschlecht ist Selbstgewinn und Selbstverlust im anderen, es ist fleischgewordene Grammatik der Liebe. Leib ist schon Gabe, Geschlecht ist schon Gabe – aber nicht im Festhalten als „meine", „dir" unzugängliche Habe, sondern im Weitergeben, sogar im Entäußern, im Armwerden am anderen, zugunsten des anderen. Aber auch nicht im Verwerfen der Gabe und in ihrem Umschreiben zur Selbstbemächtigung, in der Sterilität der Verweigerung: Ich will mir in meinem Geschlecht nicht gegeben sein.

Geschlechtlichkeit ist Grund und Ur-Sprung des nicht Machbaren, der Passion des Menschseins. „Liebe, Schmerz der getrennten Existenz. Zwei Wesen sollen eines sein, doch wenn sie eines wären, würde sich dieses Wesen selber lieben, und welchen schlimmeren Albtraum könnte man sich vorstellen? (…) Narziss verlangt von sich selbst, ein anderer zu werden, um ihn lieben zu können. Der Liebende verlangt von der Geliebten, dass sie er wird."[192] Reich an dieser Zweiheit und arm durch sie – mit ihr begabt, uns selbst aber nicht genügend, wie Platon im Symposion zeigte, abhängig von der Zuwendung des anderen, hoffend auf die Lösung durch den anderen, die aus dem Raum des Göttlichen kommt und in ihrer höchsten, fruchtbaren Form dorthin zurückleitet (Gen 1,27 f.). Was also im griechischen Denken ein „Fehl" ist: die mangelnde Einheit, wird im biblischen Denken zum Glück der Zweiheit, die vom *einen* Ursprung unterfangen wird.

Schöpferisches, erlaubtes, leibhaftes Anderssein auf dem Boden gemeinsamer göttlicher Grundausstattung – mit dem Antlitz von Frau oder Mann: Das ist der Vorschlag des Christentums an alle Einebnungen, Dekonstruktionen, Neutralisierungen.

Im Blick auf die programmatische Bedeutung des Geschlechts sieht Maximus Confessor (um 580–662) ein einigendes Ziel dieser glücklichen Zweiheit. Darin ist ihr jetzt noch mögliches Unglück, die Verstörung „nach dem Fall", der fruchtlose Kampf gegenseitiger Unterjochung, gegenseitigen Nicht-Verstehens aufgehoben. Geschlecht kann ja auch von seinem Wortsinn, dem „Geschlachtetsein" oder Hälftigsein, her gelesen werden. Die Brutalität des Nur-Geschlechts nennt Rilke den „Fluss-Gott des Bluts", „ach, von welchem Unkenntlichen triefend"[193] – es muss daher nach Maximus endgültig vermenschlicht werden: „Zuerst einigte Gott in sich uns mit uns selbst, indem er die Scheidung in Mann und Weib aufhob und uns aus Männern und Weibern, an denen diese Unterschiedenheit des Geschlechtes das Hervorstechendste ist, einfach und schlechthin zu Menschen machte, im wahren Sinne des Wortes, da wir ganz nach ihm geformt wurden, sein unentstelltes Ebenbild heil und unversehrt an uns tragend, an dem kein Zug von Vergänglichkeit und Verderbnis mehr sein kann; dann einigte er mit uns um unsertwillen die ganze Schöpfung, indem er durch das, was die Mitte einnimmt, die Extreme des Alls zusammenfasste, wie die Glieder eines Ganzen, das Er selbst ist, um sich herum Paradieseswelt und Menschenwelt miteinander untrennbar verwebend: so verband er Paradies und Erde, Erde und Himmel, Sichtbarkeit und Geisterwelt miteinander, da er Leib, Sinnlichkeit, Seele und Geist in sich vereinigte, ganz wie wir sie haben."[194] Das Bewusstsein einer in Gott überwundenen Spaltung ist auch bei Edith Stein noch gegenwärtig: „Je höher man aufsteigt zur Verähnlichung mit Christus, desto mehr werden Mann und Frau gleich (…). Damit ist die Beherrschung durch das Geschlecht vom Geistigen her aufgehoben."[195]

Solche Konzepte meinen nicht neue Leibferne, sie meinen den nach-denklichen Horizont verwirklichter Leiblichkeit, wie er ohne ein ursprüngliches Bezogensein schwerlich zu denken ist und in der biblischen Anthropologie im Überstieg zum gemeinsamen göttlichen Ursprung auch gedacht wird.

6. Nachklang aus Brüssel: Gender-Mainstreaming

Besteht überhaupt eine Verbindung von der dargestellten radikalen Theorie des konstruierten Geschlechts zu dem heute – auch in Deutschland – politisch geforderten Gender-Mainstreaming?

Befragen wir die eher unklare Definition des Europarates von 1998: „Gender-Mainstreaming besteht in der (Re-)Organisation, Verbesserung, Entwicklung und Evaluierung politischer Prozesse mit dem Ziel, eine geschlechterbezogene Sichtweise in alle politischen Konzepte auf allen Ebenen und in allen Phasen durch alle an politischen Entscheidungen beteiligten Akteure und Akteurinnen einzubeziehen." Im Übrigen gibt es kaum einen überzeugenden Versuch, dieses Ungetüm von Begriff (Nicht-Begriff) in andere Sprachen zu übersetzen.

Offenbar ist mit der vagen Formel kein radikal dekonstruktivistischer Ansatz verbunden. Im Gegenteil scheint damit eine Art Zauberformel gefunden, um allzu begrifflich spröde Überlegungen fernzuhalten und eher pragmatisch vorzugehen. In diesem vagen Sinn haben neuerdings muslimische Frauen aus Pakistan, Iran, Libanon, Marokko, Tunesien bis in die USA sogar den Gender-Jihad ausgerufen.[196]

Trotz dieses „weichen" pragmatischen Verständnisses ist zurückzufragen:

- Als gleichstellungspolitisches Instrument ist Gender-Mainstreaming in dieser Definition global, daher diffus und wenig justitiabel formuliert. Wieweit kann es unter welchen Kriterien überprüft/evaluiert werden? Eine Veröffentlichung von 2004 versammelt dazu mehrheitlich kritische Beiträge.[197] Und auf welche Konzeption von Frau hin soll verändert werden? Weder zu den Kriterien der Evaluation noch zu den Kriterien einer „geschlechterbezogenen Sichtweise" ist etwas ausgesagt. Es gibt aber keine subjektlosen Prozesse. Wer befördert oder verhindert die neue Sichtweise? Wo beginnt eine neue Ideologie?[198]

- Ist Gender-Mainstreaming ein stumpfes, nur modisches Instrument, das reale Fraueninteressen außer Acht lässt? Geschlechterforschung ist zweifellos deswegen notwendig, weil Ungleichheit und nachteilige Ungleichbehandlung – trotz aller Rechtsgleichheit – ein politisch weltweites und empörendes Faktum sind. In diese Forschung gehören aber auch nicht nur modische Begriffe wie Alterität, sondern die konkreten Gebiete, worin sich Ungleichheit manifestiert: Arbeit/Hausarbeit, Ehe, Kindererziehung (nicht: -betreuung), Alter. Zu diesen Stichworten verzeichnet das neue *Lexikon Gender Studies*[199] auffallend wenig. Wird mit Gender-Mainstreaming nur die weiße akademische Frauenschicht bedient?

- Seit etwa zehn Jahren werden Diskussionen unter dem Titel *gender scepticism* geführt, die der Frage nachgehen, ob es überhaupt sinnvoll ist, bei allem und jedem vorrangig nach weiblichen oder männlichen Gesichtspunkten, Handlungsoptionen, Lesarten der Welt zu suchen. Wird damit nicht ein universaler Dualismus in die Welt gesetzt, der viele Dinge semantisch überschreibt, die Welt in eine weibliche und in eine männliche aufteilt? Falls dies sinnvoll sein sollte: Wie wird dieser Dualismus lebenspraktisch überbrückt? Wird der Ausbau „zweier Welten" zwingend?

– Kritisches Weiterdenken ist jedenfalls gefragt, um die beiden „blinden Flecken" der Gender-Theorie aufzudecken: den übergangenen Leib und die übergangene Generativität. Leben und Leben-Geben ist Folge biologischer Geschlechtlichkeit und nicht sozialen Geschlechtes. Zwei vernetzte Vorgänge bedrohen die europäische Gesellschaft zutiefst und bereits nachhaltig: die demografische Entwicklung und die (weiter steigenden) Abtreibungszahlen. Frauenpolitik kann daher nicht nur Gender-Politik sein; sie hat Leiblichkeit und Generativität als zwei mehr als semantische Faktoren gezielt zu behandeln, zu stützen, aus dem bloß individuell „interpretierten" Bereich zu einer vorrangigen Aufgabe staatlicher Förderung zu machen. In diesem Sinne wäre deutlich ein neues „Kinder-Mainstreaming" anzumelden.

– Ist die Kategorie *gender* nicht zu einlinig und monokausal, um Wirklichkeit sinnvoll und human zu verändern? Daher sind in der Diskussion über Gender-Mainstreaming ja weitere Kategorien der Ungleichheit benannt worden, die mit Gender wenig zu tun haben, nämlich Klasse und Rasse/Ethnie. Angesichts eines religiös fundierten (und bejahten) Unterschieds der Geschlechter, wie etwa im Islam, Hinduismus, Shintoismus etc., müsste dazu sogar noch die Religion treten. Nachhaltige Veränderung bedürfte also weit komplexerer Denkmuster als nur des Gender-Begriffs. Bedeutet seine Durchsetzung eher eine „furchtbare Vereinfachung", die gerade unter globaler Rücksicht allenfalls in der „Ersten Welt" greift?

– Ist die „Schwesternschaft" aller Frauen eine problemfreie Selbstverständlichkeit? Ist die Universalität dieses Anspruchs nicht eine genehme Selbsttäuschung? Der Riss im Selbstverständnis von Frauen wird – gerade in globaler Wahrnehmung – immer größer. Kulturell und religiös begründete Sichtweisen von Frau lassen sich kaum vereinen; konkret gehört z.B. dazu ein „haariges" Thema wie Mädchenbeschneidung (in Europa!), die durchwegs von Frauen ausgeführt wird.

– *Gender* könnte als ein spätes Ergebnis von Aufklärung angesehen werden; diese unterliegt bekanntlich aber einer immanenten Dialektik. In diesem Fall kann befürchtet werden, dass *gender* bisherige Maßstäbe des Weltverhaltens nicht nur positiv, sondern auch negativ verdrängt oder vereinseitigt, z.B. die qualitative Beurteilung von Ethik: Ist Abtreibung frauenfreundlich oder frauenfeindlich? Ist der Schleier frauenfreundlich oder frauenfeindlich? Erlaubt die *Gender*-Optik überhaupt noch gender-freie Wertmaßstäbe? Oder ist gender-freies Denken bereits maskulin oder politisch unkorrekt oder voraufklärerisch?

Es wäre der Umfassendheit des Nachdenkens angemessen, die Aussagen des Evangeliums als mögliches Korrektiv ins Spiel zu bringen. Auch für den neuen „Hauptstrom" des Denkens gilt: Weder „Natur" (Biologie) noch „Kultur" (zugeschriebene Rolle) sind von sich aus „heil" oder können durch soziale Maßnahmen zu einer überzeugenden Integrität und Identität ausgestaltet werden. Die grundsätzliche „Versehrtheit" der menschlichen Existenz bedarf selbstverständlich menschlicher Anstrengung zur Heilung oder wenigstens Linderung. Doch ist es entscheidend, den Horizont der Lösung nicht nur innergesellschaftlich anzusetzen.

Die biblische Genesis weiß von der „Verstörung der Geschlechter" und durch das Geschlecht; sie weiß auch von einem (Er-)Löser. Eine solche Sicht belastet nicht, sie entzerrt die übertriebene All-Veränderung, das Unterlegenheitssyndrom, die eingebaute Frustration des Nichtändernkönnens. Und hier beginnt ein wichtiger Beitrag zur Problemlösung. Christentum lehrt nämlich einen Vorbehalt: Darin erscheint hiesiges politisches Tun und Verändern als notwendig, aber als vorläufig und kontingent. Säkulare Heilsideologien müssen christlich immer erneut auf ihren totalitären Kern hin kritisiert werden. Solche Gesellschaftspolitik erlaubt Optionen, verhindert aber Fundamentalismen, auch solche der „Befreiung".

V. Personsein in Mann und Frau: Eine Annäherung

1. Doppel-Bestimmung von Person: Selbstbesitz und Selbstdistanz

Sieht man den Menschen unter „Gestalt", so ist damit seine spezifische, auch geschlechtliche Geformtheit gemeint; unter „Individualität" ist gemeint das Einzelwesen gegenüber einer Gattung und anderen Einzelwesen; unter „Persönlichkeit" das ausgebildete, allseitig entfaltete Ganze eines konkret-lebendigen Menschen. Was aber, gebildet aus diesen Bauelementen und als Ganzes mehr als die Teile, ist Person?

In Zusammenfassung einer Denktradition lässt sich sagen: Person meint ein Doppeltes – Selbstbesitz und Selbstdistanz. Mit Romano Guardinis Worten: Person ist „das gestalthafte, innerliche, geistig-schöpferische Wesen, sofern es (...) in sich selbst steht und über sich selbst verfügt. ‚Person' bedeutet, dass ich in meinem Selbstsein letztlich von keiner anderen Instanz besessen werden kann, sondern mir gehöre (...), Selbstzweck bin."[200]

In-sich-Stehen und zugleich Über-sich-Verfügen: Selbstgehörigkeit wird in der Doppelform von „in sich" und „über sich" vollzogen. Selbstzweck (der Terminus Kants!) betont die Ursprünglichkeit und Unableitbarkeit dieses Sich-Gehörens – was in vorbiblischen

Gesellschaften nicht konzipiert, sondern erst in der gedanklichen Entwicklung des Judentums angelegt, im Christentum ausformuliert wurde. Solange das Leben nämlich in mythischen Zusammenhängen, also im Nexus von Verhängnis, Schicksal, *ananke,* erfahren wird, ist weder der Gedanke von Selbstbesitz noch von Selbstdistanz, kurz von Selbstverfügung, nicht zu denken. Erst im Sinne der „Aufklärung" durch biblisches Denken, prototypisch schon im Alten Testament[201], wird Freisein von „Mächten" erfahrene Wirklichkeit.

Doch ist Personsein nicht stumpfer Selbstbesitz: Es erwacht in Begegnung mit anderer Selbstgehörigkeit, mit anderem Ich. Erst in der Begegnung kommt es zu einer Bewährung des Eigenen, zur Aktualisierung des Ich, insbesondere in der Liebe. „Wer liebt, geht immerfort in die Freiheit hinüber; in die Freiheit von seiner eigentlichen Fessel, nämlich von sich selbst. (...) Jeder, der um die Liebe weiß, weiß um dieses Gesetz: dass erst im Weggehen von sich selbst die Offenheit entsteht, worin das Eigene wirklich (...) wird."[202] Zugleich ist das Sich-Ausrichten eine Selbstbeschränkung im Habenwollen: „Die personale Liebe beginnt entscheidenderweise nicht mit einer Bewegung zum anderen hin, sondern von ihm zurück. (... so) gehe ich meinerseits aus der Haltung des gebrauchenden oder kämpfenden Subjekts in die des Ichs über."[203]

Daher kommt in die Selbstgehörigkeit nicht nur durch die Stellung zu sich selbst (in sich stehen und über sich verfügen), sondern ebenso durch die Bewährung am anderen eine entscheidende, ja schicksalhafte Dynamik. Sie ergibt sich aus der konstitutiven Spannung vom Ich zum Du, begleitet von anderen Selbst-Transzendierungen. Transzendierung ist kein religiöser, sondern ein phänomenologischer Begriff. Er meint ein Sich-selbst-Übersteigen, das spezifisch menschlich ist und dem Tier nur ansatzweise zukommt: ein Übersteigen im Sinn von Sich-Mitteilen in der Medialität der Sprache, aber auch bereits in der Leiblichkeit, letztlich auch in der Spannung zu Gott, der – biblisch gesehen – selbst Mitteilung (und Selbstmitteilung) ist. In solcher Dynamik entfällt eine abwehrende Selbstbewahrung, die das neutrale Subjekt-Objekt-Verhältnis schirmt, und es beginnt ein Sich-Aussetzen oder Ausgesetztsein: Person wird auf Person resonant und von ihr her ins Antwortlose preisgegeben oder auch ins Unerschöpfliche geöffnet.

2. Transzendenz zum anderen Geschlecht

Die Entwicklung solcher Gedanken erfolgt vorwiegend anhand eines 2600 Jahre alten Textes, der damals revolutionäre Sinnkriterien des Daseins darstellt; sie lassen sich aus ihrem narrativen Hintergrund argumentativ offenlegen. Die Rede ist von jenem Grundtext der europäischen Anthropologie, mit dem die hebräische Bibel einsetzt: mit der Erschaffung des Menschen „nach seinem Bild und Gleichnis, als Mann und Frau" (Gen 1,27). Mit diesem wohlbekannten, aber nicht immer zu Ende durchdachten Satz öffnet sich ein unerhörtes Beziehungsgeflecht: Menschen sind theomorph, Gott fraulich oder männlich nachgestaltet – dies die bekannte Seite des Vergleichs. Tatsächlich lässt sich aber mit derselben Kühnheit der Sinn des Satzes dahin lesen: Gott ist anthropomorph. Freilich nicht, wie die Religionskritik es liest: dass Gott nichts anderes als der selbst geschaffene Spiegel des Menschen sei, unwahre Vergrößerung menschlicher Kleinheit. Sondern so, und darin besteht der Reiz dieser Aussage, dass die unscharfen Züge des Menschen in Gott, dem Urbild, besser erkannt werden können als im Blick auf das eigene Gesicht. Also: Das Geheimnis des Menschen bleibt in Gott gewahrt, wirksam, klar, wo es im Menschsein selbst entgleist, unwirksam, verworren erscheint.

Beginnen wir mit der merkwürdigen Tatsache, dass sich jeder Mensch als geschlechtliches Wesen erfährt. Das bedeutet sofort, dass er sich selbst nicht genügt, einen Mangel empfindet, nach dem Fehlenden unterwegs ist. Und dieser Mangel ist so stark, der Drang zur Ganzheit so zwingend, dass er außerhalb des jüdisch-christlichen Denkens von einem Gott verkörpert und nur von einem Gott geheilt werden kann: von Eros. Platon hat im *Symposion* diesen Zwitter aus Armut und Überfülle in seiner merkwürdigen Entstehung gezeigt. Warum sind wir nicht ganz? Warum gibt es den ganzen Menschen nur im mythischen Traum, in einem vor der Geschichte liegenden „Einst" – den Kugelmenschen bei Platon, der sich „früher" selbst genügte, Adam, der Eva noch in sich trug – wäre das nicht eigentlich das eine Abbild des einen Gottes gewesen? Die Trennung der Kugel aber, die die Griechen als *Unglück* empfinden, wird in der Genesis als *Glück* gezeichnet, womit ein bedeutender Unterschied zwischen griechischem und jüdischem Denken geöffnet ist. Denn *zwei* Menschen erhalten das Ebenbild des Einen aufgeprägt, *zwei* sollen fruchtbar sein, *zwei* sollen herrschen – Gaben, die aus ihrer Ebenbildlichkeit folgen. Mit diesem Überschritt in das „Glück der Zwei" trennt sich das Judentum entscheidend vom griechischen Denken, das die Zwei nur als Abfall von der Eins lesen konnte – ein Überschritt, der bedeutende gedankliche Folgen für die europäische Anthropologie und Theologie zeitigte. Denn genau gelesen ist damit der Mensch gerade in seiner Doppelheit, ja in seiner Geschlechtlichkeit das Abbild des Einen. Anders ausgedrückt: Die Genesis zeichnet Mann und Frau, gerade weil sie zwei sind, als von Gott kommend, mit seiner Verwandtschaft geschmückt – freilich verbirgt sie sich „nach dem Fall" in einer verstörten, weithin unkenntlichen Form.

Bedenkt man diese biblische Vorgabe, so findet sich darin sowohl über den Menschen wie über Gott (die Umkehrung ist ja gerade möglich!) etwas Eigenartiges und nicht leicht Darstellbares. Offenbar deuten die zwei sich nacheinander sehnenden, miteinander zu Leben, Zeugung und Herrschaft eingesetzten Menschen auf die Tatsache hin, dass kein einzelnes Individuum, sei es männlich oder weiblich, für sich allein zur Vollkommenheit gelangen kann. Erst aneinander werden sie ganz, und Ganzheit meint hier Geist, Seele, Leib – ja die leibliche Vereinigung ist das Siegel dieser Ganzheit, wie die Genesis fortfährt: „… und sie werden ein Fleisch." (Gen 2,24) Und wiederum: Diese leibhafte Gemeinschaft, die Jesus mit denselben Worten betont (Mt 19,3), dient ausdrücklich als Gleichnis der Gemeinschaft des Menschen mit Gott. Paulus lässt die Glaubenden mit Christi Auferstehungsherrlichkeit einen Leib werden – wie Mann und Frau (1 Kor 6,16 f.); desgleichen geben sie die Einheit von Christus und seiner Kirche vor als „großes Geheimnis" (Eph 5,31). Der hebräische Ausdruck „Erkennen" kennzeichnet bekanntlich das leibhafte Einswerden von Mann und Frau, wie er ebenso das Liebesverhältnis von Mensch und Gott vorstellen kann: „Das aber ist das ewige Leben: dass sie Dich erkennen, den allein wahren Gott, und den, den Du gesandt hast." (Joh 17,3) Damit ist nicht Theorie oder gar Bescheidwissen über Gott gemeint, sondern ein eheliches Anvertrauen, ineinander Eindringen. Dass dies nicht zu hoch gegriffen ist, erweisen die Stellen des Neuen Testaments, wo kraft der Erlösung der Mensch in die innerste Nähe Gottes Zutritt gewinnt, mit ihm wieder ursprünglich verwandt wird. Paulus zi-

tiert auf dem Areopag in Athen den griechischen Satz:
„Wir sind göttlichen Geschlechts." (Apg 17,28)

Der tiefste theologische wie anthropologische Gedanke, immer noch dem Schöpfungsbericht verdankt, ist wohl jener, dass die menschliche Liebesgemeinschaft von Mann und Frau eine Ahnung von der Liebesgemeinschaft zwischen Vater und Sohn verleiht – ja, dass sich gerade an der Zweiheit des Menschen, so geheimnisvoll sie für sich selbst schon ist, das eigentliche Geheimnis, nämlich das unerhörte, unvorstellbare schöpferische Füreinander und Ineinander des göttlichen Lebens ausdrückt. Dieser Gedanke ist in der Enzyklika *Mulieris dignitatem* von 1988 vorrangig betont worden: „Diese ‚Einheit der zwei‘, ein Zeichen der Gemeinschaft von Personen, weist darauf hin, dass zur Erschaffung des Menschen auch eine gewisse Ähnlichkeit mit der göttlichen Gemeinschaft (‚*communio*‘) gehört." Anders: Die Zweiheit des Menschen in Mann und Frau lässt bereits die Wahrheit anschaulich werden, dass Gott in sich selbst Liebe ist (1 Joh 4,16). Schon von der Betrachtung des Menschen her wäre klar, dass Gott kein monolithischer Block, selbstgenügsam, schweigsam, verschlossen ist, vielmehr Hingabe, Gespräch, Beziehung – eben Liebe. Es gibt durchaus die monotheistische Versuchung, Gott als unmitteilsam, rätselhaft, dem menschlichen Zugang schlechthin entzogen zu sehen, so fast durchgängig im Koran und in jüdischen wie christlichen Häresien. Biblisch ist das Konzept umgekehrt. Menschliche Gemeinschaft als Abglanz der göttlichen Gemeinschaft – gerade damit wäre der griechischen Trauer über die Zweiheit des Menschen eine unglaubliche Antwort gegeben. Statt Trauer nämlich gilt die Seligkeit, kraft der eigenen notwendigen Hinwendung zum anderen bereits Gottes innere Dynamik abzubilden.

Und wie die Zweiheit des Geschlechts auf Gottes personales Leben zurückweist, auf sein inneres „Spiel" von Geben und Empfangen, Reichtum und Armut, Bedürfen und Stillen, Lieben und Sich-lieben-Lassen, so gilt im vielfältigen Netz der Bezüge wiederum umgekehrt, dass Gottes Einssein auch die geschlechtliche Zweiheit zu Einem fügt. Hildegard von Bingen (1098 – 1179) nennt Mann und Frau *„opus alterum per alterum"*, „ein Werk durch den anderen", das in Wirklichkeit ein einziges gemeinsames Werk vorstelle: *„in uno opere unum operantur"*[204]. Ob man sich also dem Menschen oder Gott von der Vielfalt oder der Einheit her annähert: Immer wird die lebendige Spannung in dem Einen oder die Einheit, alle Spannung unterfangend, sichtbar. Und dies nicht als Schreibtisch-Gedanke, sondern als höchste Anstrengung jüdisch-christlicher Fassung einer nur mit Mühe aufzunehmenden Offenbarung.

In dieser Fassung ist Vorrang oder Minderwert von einer der beiden Seiten des Menschen nicht denkbar, ebenso wenig wie Gottes urbildliches Leben und Austauschen mit sich selbst ein Höher oder Nieder, nicht einmal ein Früher oder Später kennt (auch der Vater ist nicht früher als der Sohn, wie die Theologie in immer erneutem Anlauf deutlich zu machen sucht). Dass die Liebe die unterschiedenen Personen als Einheit erweist (nicht eins macht, sondern zeigt, dass sie eins sind) – dies ist der erregende Boden, auf dem gemeinsam Theologie und Anthropologie gründen. Dieser Boden ist umso kostbarer, als er in der langen Geschichte christlichen Denkens nicht immer, vielleicht sogar eher selten mit Klarheit gesehen wurde und das alltägliche Leben der Geschlechter trug. Dass sich heute eine solche Aufmerksamkeit, sogar Empfindlichkeit, für die Frau-Mann-Frage herausbildet, ist zweifellos ein Merkmal dafür, dass der anthropologische und theologische Schatz des Genesisberichtes und nicht minder des Neuen Testaments im Acker der Geschichte vergraben war. Statt/trotz Ebenbürtigkeit der beiden göttlichen Abbilder hatte sich weithin eine Unter- und Oberordnung, die nicht nur – was sinnvoll wäre – notwendige geschlechtsgebundene Aufgaben verteilt, sondern damit Wert und Unwert verbindet – ein Vorgang, der redlicherweise nicht zu leugnen ist.

3. Eine Lücke in der Rezeptionsgeschichte

Um nicht allgemein von Vergessensgeschichte zu sprechen, sei ein berühmter anthropologischer Entwurf angeführt, der den Anfang der Genesis aufgreift und ebenso naiv wie tief greifend umdeutet. Am gedanklichen Beginn der Neuzeit steht ein schmaler Text, 1486 zur Einleitung eines Philosophenkongresses geschrieben, worin die damaligen zeitgenössischen Konzeptionen des Menschen auf wenigen Seiten blitzlichtartig verdichtet wurden. Urheber des Textes ist der christliche Neuplatoniker Giovanni Pico della Mirandola (1463–1494), sein Thema die „Würde des Menschen": Gott selbst gibt Adam im Garten Eden die Freiheit gänzlicher Selbstbestimmung. Während alle Geschöpfe ein göttliches Gesetz in sich tragen, dem nachzufolgen die eigene Wirklichkeit ausmacht, ist der Mensch als Einziger ohne Gesetz geschaffen. Als designierte Mitte der Welt hat Adam zugleich die unbedingte Macht über alles andere Mitgeschaffene. Noch unerschrocken formuliert Pico die Grundgebärde des Machens, Habens, Unterwerfens der gesamten Schöpfung unter die Ordnung des einen Hauptgeschöpfes, das zu seinem eigenen Schöpfer avanciert. Denn nun folgen die beiden hier wesentlichen Fragen: Eva taucht in dem Gespräch überhaupt nicht auf, und Gott tritt in „einsame Dunkelheit" zurück.[205] Aus der kostbaren Zwei-Einheit von Mann und Frau, welche die lebendige personale Liebesgemeinschaft Gottes selbst sichtbar abbilden, welche aus diesem tragenden Ursprung heraus in Balance die Welt gestalten sollen, wird hier ein monologer Adam. Der herrscherliche Mensch ist geboren, der auftragsgemäß als „zweiter Gott" die Allmacht übernimmt. Gerade weil dem *uomo universale* keine besonderen Aufgaben zukommen, kommen ihm alle zu: Er ist die Vollendung der Welt im genauen Sinn. Dieser „Gott, mit menschlichem Fleische umkleidet", kennt kein frauliches Gegenüber, ebenso wenig ein göttlich-gegenwärtiges Antlitz. Anders: Er braucht die Frau nicht, weil er auch Gott nicht braucht. Hier erweist sich, diesmal in der Umkehrung, die Stringenz des Genesisberichts: Sind Mann und Frau als Zweiheit Ebenbild des Schöpfers, dann schwindet er mit diesem zwei-einen Ebenbild in das genannte Dunkel. Es bleibt jener Adam, der die Frau und Gott in sich zurückgenommen hat und in seiner eigenen reinen Übermacht schwillt. Pico ist zu Recht als Wegbereiter neuzeitlicher Anthropologie und Freiheitslehre bezeichnet worden – freilich ist hier zu ergänzen, dass seine Konzeption menschlicher = männlicher Freiheit die Rückseite solcher Potenzhäufung nicht (und durchaus naiv nicht) im Auge hat. Mit der biblischen Eva wird auch Gott verloren.

4. Selbstbesitz in der Versuchung zur bloßen Omnipotenz: Einseitigkeit der Emanzipation

Um diese Entwicklung nicht einfach lamentierend zu beklagen (als Kriminalgeschichte der Frauenunterdrückung etwa) oder die Über- und Unterordnung umgekehrt zu verteidigen (als Realgeschichte der „natürlichen" oder „gottgewollten" Aufgabenteilung zwischen Mann und Frau), sei in einigen Thesen der heutige „Anstoß" des Schöpfungsberichts weitergedacht.

Zu welcher Anthropologie und zu welcher Theologie sind wir heute auf dem Wege? Kann der alte Genesis-Text noch etwas Neues freisetzen? Die Frage ist besonders dringlich, da die Ebenbildlichkeit mit Gott nicht nur als Mut zum Frausein, als Grundlage gegenseitiger Liebe, als Weltverantwortung gelesen wurde, sondern sich auch ein Zerrbild herauslesen ließ: Adam als das besondere, wenn nicht eigentliche Ebenbild, Gott (entsprechend) als Urbild des Mannes, die Schöpfung als gesichtsloser Hohlraum, in dem sich die angehäufte Potenz des Schöpfungshauptes entladen, austoben konnte. Oder als letzte Verzeichnung: der Mensch nicht mehr im Gleichnis, sondern in der Gleichheit mit Gott konzipiert, Adam, der den „alten Gott" getötet hat, wie Nietzsche sagte, weil er ihn in sich selbst entdeckte und das betrügerische „Oben" und „Über" abschaffte. Und greift am Ende Eva nach derselben Macht und maskulinen Selbstüberschätzung = Gottgleichheit? Womit die alte Geschichte von der verbotenen Frucht, die gottgleich machen sollte, sich heute in anderer Reihenfolge abspielte – Adam, welcher der Frau die von ihm erprobte Frucht weitergibt?

Das Bild ist verführerisch, aber seine Einordnung ist schwierig. Und zwar, weil heute eine Fülle gegensätzlicher Anstöße gleichzeitig wirken. Um mit dem Zerstörerischen zu beginnen: Zweifellos gab und gibt es die starke Neigung, den Menschen keineswegs als Ebenbild eines unbegreiflich souveränen Ursprungs zu betrachten, sondern als selbstgeschaffen, selbstverdankt, autonom (bis in die konkrete Nachschaffung *in vitro* hinein). Diese Sicht ist keineswegs neu, aber was in der frühen Neuzeit noch aufbruchsfreudig und nicht notwendig atheistisch formuliert war, ist mittlerweile seit dem 19. Jahrhundert in den schärfsten Formen der Religionskritik zur Alternative geraten: der Mensch oder Gott – Selbstbestimmung oder (vermeintliche) Fremdbestimmung.

Zu dieser doppelgesichtigen Freiheit gehört auch die Abstoßung der Frau von der Einengung auf biologische Funktion (als Mutter), auf seelische Ergänzung des (stärkeren) Partners (Trost, Hilfe, Empfangen, Dulden – wie die Komplementärtugenden lauten), angeblich ihrer Natur eigentümliche und ausschließliche Gaben. Gleichwertigkeit im Unterschied, Freiheit in der Wahl der Aufgabe sind dagegen in ihrer Gegenspannung festzuhalten. Unterschied und Aufgabe (nicht Rolle![206]) sind aber nur dann nicht demütigend, wenn sie nicht aus männlichem Interesse stammen (gegen das sich die Frauenbewegung verwahrt), aus historischer Gewohnheit für ewig und vor allem ewig unterordnend erklärt werden. Aber das Aussparen von Leiblichkeit, das sich mittlerweile ins Extrem entwickelt hat, spricht die deutliche Sprache eines Versagens vor der Komplexität geschlechtlicher Wirklichkeit. Gleichheit kann sinnvoll nur als Rechts- und Chancengleichheit gedacht werden; jede andere Konzeption zerstört das Lebendig-Andere.

Eindrucksvoll zeigt eine kurze Dialogszene bei C. S. Lewis das Missverständnis egalisierender Liebe: „‚Ich dachte, Liebe bedeute Gleichheit und zwanglose Kameradschaft.‘ ‚Ach, Gleichheit!‘, versetzte der Meister. ‚Reden wir ein andermal davon! Ja, weil wir schwach sind, sollen wir durch gleiches Recht vor der Begierde des andern geschützt werden – genau aus demselben Grund müssen wir Kleider tragen. (...) Gleichheit des Rechts, Gleichheit des Einkommens – alles schön und gut. Gleichheit schützt das Leben, bringt aber keines hervor. Sie ist Arznei, nicht Nahrung. Mit ihr können Sie sich ebenso gut wärmen wie mit einem Blau-Buch.' ‚Sicherlich aber in der Ehe ...' ‚Immer schlimmer', sagte der Meister. ‚Weder Begehren noch Genuss kennen Gleichheit. Was hat zwanglose Kameradschaft mit ihr zu tun? Jene, die ihre Freuden und Leiden miteinander teilen, sind Kameraden. Jene, die einander genießen oder ertragen, sind es nicht.'"[207]

5. Vertiefung des Begriffs von Person: Selbststand und Hingabe an die Andersheit des anderen

Christlich inspiriert verliert die Selbstgehörigkeit nicht ihre erstrangige Stelle, vielmehr lässt sie sich überzeugender begründen, gerade weil das Dialogische zum Konstituens der Person und wesentliches Merkmal ihrer Selbstgehörigkeit wird. „Hinübergehen" über sich, sich öffnen kann die Person nämlich, weil sie sich immer schon gehört. Vor dieser These muss personale Selbstgehörigkeit vertieft definiert werden, ist damit doch ein entscheidendes Kennzeichen der Moderne, die Autonomie, herausgefordert.

Personsein ist, christlich gesehen, die Zuspitzung eines bereits anthropologisch gegebenen, aber häufig unterschätzten oder sogar geleugneten „Existentials": der *Relation* als Aktuierung der Selbstgehörigkeit. „Der Mensch (ist) kein Wesen, das geschlossen in sich stünde. Er existiert vielmehr so, dass er über sich hinausgeht. Dieser Hinausgang geschieht schon immerfort innerhalb der Welt, in den verschiedenen Beziehungen zu Dingen, Ideen und Menschen (...); eigentlicherweise geschieht er über die Welt hinaus auf Gott zu."[208] Wes-

halb aber, nochmals gefragt, wird damit Selbstgehörigkeit nicht außer Kraft gesetzt? Weil auch das Gegenüber selbst Person ist, also unter derselben Kategorie
des Selbststandes und des Hinausgehens über sich
selbst zu denken ist. Dazu sind aber wesentlich zwei
Geschlechter vonnöten – als gegenseitige unergründliche Fremdheit, unergründliche Entzogenheit, manifest
bis ins Leibliche hinein; gerade in der Geschlechtsliebe,
die den Leib des anderen einschließt, geschieht das
Transzendieren in die Andersheit (des anderen Geschlechtes) und nicht nur ein narzisstisches Sich-selbst-
Begegnen.

Eine narzisstische Entwicklung der Gegenwart ist an
der Dialektik von Selbstbesitz und Transzendieren zu
messen. Nicht neu, aber heute zu modischer Breite an-
gewachsen, gibt es ein ideologisch unterfüttertes Ausweichen vor dem anderen Geschlecht, seiner Zumutung
durch Anderssein. Männer flüchten sich zu Männern,
Frauen zu Frauen. Homoerotik vermeidet jeweils die
Zwei-Einheit aus Gegensatz, sie wünscht Zwei-Einheit
aus Gleichem (allerdings nur quasi, weil ein Partner
doch die „andere" Rolle übernimmt). Könnte über alle
Morallehren hinweg, die doch nicht greifen, die alte
Genesis-Vision heute erneuert werden, dass in der Zumutung und Unzulänglichkeit der beiden Geschlechter
sich doch am Grund der Begegnung die göttliche Dynamik abspielt, das unerhörte Leben Gottes selber das
Spiel der Geschlechter hervorruft, es als Bild für das
alle Bilder Sprengende geschaffen hat? Und dass von
daher das Sich-Einlassen auf das fremde Geschlecht die
göttliche Spannung ausdrückt? Erst im *anderen* Geschlecht ist wirkliche Andersheit, von mir nicht zu ver-
einnahmende, nicht mich selbst zurückspiegelnde Pa-
rallelität wahrzunehmen: Frau ist bleibendes Geheimnis
für den Mann.[209] Und nochmals umgekehrt: Wer die-

sem zutiefst und abgründig Anderen des Geschlechtes ausweicht, von dem die Mythen als der größten Herausforderung überhaupt wissen, weicht dem abgründigen Leben aus.

Das Zweite Vatikanische Konzil hat dankenswert die verschiedentlichen Ehe-„Zwecke" umgestellt und die gegenseitige Liebe in die erste Bedeutung gehoben. Nach wie vor freilich ermangeln Alltag wie Lehre einer christlichen Erotik, die auf der Genesis und der erwähnten paulinischen und johanneischen Theologie gründet, nicht modisch erfunden werden will, sondern als Schatz aus dem Acker gehoben gehört. Und wenn sich die christliche Erotik, die ja sogar in ein Sakrament – die Anwesenheit Gottes im leibhaften, geschlechtlichen Zeichen – gebunden ist, auf Gott selbst beruft, was würde dies nicht auch für ein unlebendig gewordenes Gottesbild bedeuten? Gerade der trinitarische Monotheismus hat an Gott erfasst, dass er ebenso Souveränität wie sich verschwendende Liebe ist (trockener: Selbststand und Selbstgabe).

Damit ist die Vertiefung der Doppelbestimmung von Person erreicht: Selbstdistanz als wichtiges Vermögen der Transzendierung des eigenen Selbst wäre zunächst nur ein Abstandnehmen, im Sinne des Sich-Beurteilens. Gesteigert und damit erst in Beziehung zu anderen tretend, ist Selbstdistanz aber Selbstgabe. Souveränität und Hingabe schließen sich gerade nicht aus – weder für das Begreifen der trinitarischen Beziehung noch für das Begreifen des unerschöpflichen Vorgangs der menschlichen Liebe. Liebe ist Selbstverlust und Selbstgewinn in einem; in ihr gewinnt Person ihre lebendige, leibhafte Wirklichkeit, und zwar bis ins Leibliche hinein. Nicht ist der Mann Selbststand und die Frau Hingabe, wie die Geschlechterbestimmung kulturell sehr lange bestimmt hat – wo so getrennt wird, kommen nur zwei

„Hälften" eines einzigen Bezuges in Sicht. Aber im Menschlichen geben nicht zwei Hälften ein Ganzes, sondern zwei Ganze ein Ganzes. Jedes Geschlecht ist mehr als nur Geschlecht, es ist erstrangig von der Personalität getragen und von ihr ein Leben lang zu durchformen. Diese Durchformung ist die Aufgabe heutiger Kultur, die tendenziell Selbststand zur Autonomie und Selbstgabe zur Preisgabe abfälscht. Preisgabe wird sie, wo sie den anderen, die andere nur als Träger von *sexus*, nicht aber als Person, leibhaftig, sieht. Nicht zufällig gehören im Deutschen die Wörter Leib, Leben, Liebe zum selben Wortstamm. Wer den Leib verkleinert zu einer „Zuschreibung", zur Spiegelung des eigenen Geschlechts und zum Selbstgenuss im anderen macht – und was der Verkürzungen mehr sind –, unterbestimmt das Leben. Personsein gelingt menschlich nur in Fleischwerdung. Sie lässt den Menschen in sich gründen, treibt ihn aber zugleich immer über sich hinaus: dem anderen Geschlecht zu. Sie schließt den Tod ein, geht aber auch durch ihn hindurch – in eine neue Leiblichkeit (dies die äußerste Provokation des biblischen Denkens). Leib in seiner Gestaltetheit als Mann und Frau bleibt Träger der Person.

VI. Fragen an die feministische Göttin: Zurück zu Hypotheken der Vergangenheit?

„Herr, unter den Göttern ist keiner wie du."
Ps 86

1. Ein neu-alter Dreiweg

Seit den 1970er-Jahren beschäftigt die Suche nach der verloren geglaubten Göttin die theologische Aufmerksamkeit.[210] Die amerikanische Frauenforschung hatte die Frage ursprünglich aus einem anderen, nämlich gesellschaftskritischen Motiv angestoßen: Im Wunsch, das (feministisch unterstellte) Patriarchat zu verändern, wollte man seine kulturellen Bedingungen aus erkannten Ursachen heraus beschreiben. Bei dieser Klärung war auch der Monotheismus der verschwisterten Religionen Judentum und Christentum rasch ins Visier geraten, da nicht nur der Plural der Göttinnen ausfiel, sondern der Eine Gott überwiegend in männlichen Bildern verehrt wurde. Damit ließ sich religionskritisch mit Mary Daly folgern: „Wenn ,Gott' männlich ist, ist das Männliche Gott."[211]

Mit der offenen oder unterschwelligen Sakralisierung des Männlichen habe – so die Suchthese – in der jüdisch-christlichen Kultur entsprechend die Entheiligung des Weiblichen begonnen. Wer Gesellschaft frauenfreundlich verändern wolle, müsse daher in den Kampf um die Gottesbilder eintreten: dekonstruktiv und rekonstruktiv.

Feministische Forschungen zogen in diesem Konzept unmittelbar nach. Dabei ergaben sich mehrere Möglichkeiten einer „Wiederbelebung der Göttinnen"[212], ein dreifacher Scheideweg:

- die Neuentdeckung der weiblichen Bilder von Gott in der Bibel selbst,
- die grundsätzliche Verabschiedung von der Bibel und die Fortschreibung der sonstigen religionsgeschichtlichen Göttinnenüberlieferung,
- die Suche nach der Überschreitung von geschlechtsspezifischen Aussagen und die Schaffung *transpersonaler* Bilder des *Göttlichen*.[213]

Die zweite Position bedeutete offen, die dritte eher versteckt in der Regel die Ablehnung des jüdisch-christlichen Gottesglaubens. Im Folgenden seien die drei Varianten beispielhaft dargestellt und ihrerseits umgekehrt mit dem jüdisch-christlichen Impuls selbst konfrontiert: in einer „Kritik der kritischen Kritik".

2. Weibliche Bilder für Gott in der Bibel

Die geradezu schlagartig zündende Suchthese nach dem Weiblichen in Gott findet ihre augenfällige Anwendung in einer seit Jahren publizistisch explodierenden feministischen Bibelexegese. Seit Langem hat wohl keine exegetische Richtung eine derart rasche und ins Bewusstsein der Öffentlichkeit eindringende Wirkung gezeitigt, und das nicht nur bei Frauen.[214]

Die anthropomorphe Bildrede von Gott hat in der Tat ihren Ursprung in der Bibel selbst: in der Bildrede von Gott als Mutter wie Vater. Allerdings waren die mütterlichen Selbstbezeugungen Gottes in der Bibel lange Zeit überlesen oder unscharf übersetzt worden; nunmehr werden sie im Zuge einer neuen, sich aus vielen Quellen speisenden Aufmerksamkeit auf das Problemfeld des Weiblichen neu entdeckt und akribisch übersetzt.[215] Damit wird das bislang selbstverständliche Gottesbild der jüdisch-christlichen Überlieferung aus dem Selbstverständlichen herausgenommen und nun als unzulänglich erkannt. Die bisherige Lektüre der biblischen Texte zeigte Gott überwiegend, im religiösen und künstlerischen Bewusstsein sogar fast ausschließlich, in männlichem Bild und männlicher Symbolik. Die Fragwürdigkeit dieses einseitigen Blickes wird heute bewusst; umso heftiger leitet sich die neue Wahrnehmung ein. In Folgendem werden einige wichtige Neuerkenntnisse, fußend auf einer genaueren Relecture der Bibel, wiedergegeben.[216]

In beiden Testamenten sagt Gott sich selbst gerade auch in weiblichen Bildern aus. Nicht nur erscheint schon im Schöpfungsbericht (Gen 1,27) die Frau ausdrücklich als Gottes Ebenbild, ja Gott selbst als Urbild der Frau, ihr seine Göttlichkeit aufprägend. Diese urbildliche Mutterschaft Gottes, die er mit dem Mehrungssegen überträgt, bleibt dem Volk Israel etwas Nahes, Tröstendes, Zärtliches. Wo immer in den Psalmen von der „Barmherzigkeit" Gottes die Rede ist, hat dies im Deutschen mit dem „Herzen" zu tun, im Hebräischen aber mit *rachem*, dem Mutterschoß, von dem das Wort *rachamim*, Erbarmen, abgeleitet ist. Und wenn Gott bei seinem „Mutterschoß" angerufen wird, kann er nicht widerstehen – so die Erwartung.

Auch Jesaja hat unbeschreibliche Visionen von Gottes Mütterlichkeit als von etwas, das nie erlahmt, nie aufgibt: „Zion sagt: Der Herr hat mich verlassen, Gott hat mich vergessen. – Kann denn eine Frau ihr Kindlein vergessen, eine Mutter ihren leiblichen Sohn?" (Jes 49,14 f.) – „Wie eine Mutter ihren Sohn tröstet, so tröste ich euch." (Jes 66,13) – In der Ankündigung des Gottesknechtes ruft Jahwe aus: „Ich habe lange geschwiegen, bin still gewesen, habe an mich gehalten – jetzt will ich schreien wie die Gebärende, will schnauben und schnappen." (Jes 42,14) Ein bewegendes Bild entfaltet der Prophet Hosea: „Ich war es, der Efraim gehen lehrte, ich nahm sie auf meine Arme. (...) Ich war für sie wie die, die einen Säugling an ihre Wangen heben, neigte mich zu ihm und stillte ihn. (...) Wie soll ich dich dahingeben, Israel? (...) Denn Gott bin ich und nicht ein Mann, in deiner Mitte ein Heiliger, nicht gerate ich in Wut." (Hos 11,1–9) Viele andere Stellen müssen hier unerwähnt bleiben, doch stehe für sie alle der wunderbare Segen des sterbenden Jakob, in dem sich solche Vater- und Mutterschaft Gottes in schöner Freiheit verdichtet: „Der Gott deines Vaters – er helfe dir! – Gott, der Allmächtige – er segne dich! –, mit Segnungen vom Himmel droben, mit Segnungen aus der Wassertiefe, die drunten lagert, mit Segnungen aus Brüsten und Mutterschoß." (Gen 49,25)

Das neue Sehenlernen dieser „vergessenen" Züge wird in anderer Weise schwierig und großartig zugleich, in jedem Fall unerschöpflich im Neuen Testament.[217] Hier sind Aussage und Erkenntnis der dreifachen Einheit Gottes gewonnen; dabei sind Vater und Sohn zunächst eindeutig männliche Festlegungen, beim Geist bleibt es „offen". Prüft man jedoch diese Überlieferung und ihre Bildlichkeit, so gewinnt auch sie einen unvermuteten Reichtum. Dies beginnt schon, von der Gewöhnung überhört, im *Credo*, das seinerseits auf den Johannes-Prolog zurückgreift: Der Sohn ist sowohl „einziggezeugt" *(unigenitus)* wie „aus dem Vater geboren vor aller Zeit" *(et ex patre natum ante omnia saecula)*. Zeugung und Geburt sind also untrennbar im Vater; eben darauf zielt bereits die Rede, absichtlich paradox und in Bildworten gehalten – vom „Mutterschoß des Vaters", *uterus patris*, im Konzil von Toledo (675). Immer ist die Mutter im Vater gleichsam mitgedacht, mitempfunden.

Oder die Gleichnisse Jesu selbst bei Lukas 15 vom dreimaligen Verlieren und Finden: Der Vater verliert den Sohn, der Hirte das Schaf – und die Frau die Drachme. In den drei Bildreden stehen Vater, Hirte und Frau für Schmerz und Freude Gottes selbst. Auch aus dem Munde Jesu selbst stammt also ein wesentliches Zeugnis – das schon Hildegard von Bingen liebte – für das reiche, in allen menschlichen Bildern zu fassende Antlitz Gottes.

Was den Sohn angeht, so ist es ebenfalls eine Leistung der letzten Jahrzehnte, die Jahrhunderte lang fromm verehrte, erst in der Aufklärung versunkene ganzheitliche Menschlichkeit Jesu wiederaufzudecken. Dazu zählen auch Eigenschaften, die seine „Mütterlichkeit" erweisen: seine ausdrückliche Liebe zu Kindern, sein eigener Vergleich mit einer Henne, die ihre Küklein sammelt, seine mehrmalige tiefe Bewegtheit, die sich im Weinen äußert, sei es über des Lazarus Tod, sei es über Jerusalems Härte. Wesentlich dazu gehört sein unbefangenes Verhalten zu Frauen, seine lösende Hilfe für sie, was bekanntlich voraussetzt, dass – menschlich gesehen – das andere Geschlecht innerlich angenommen und bejaht sein muss. Hinzu gehören die wundervollen Parabeln mit dem Beginn: „Das Reich Gottes ist wie eine Frau ..."[218]

Neu zu bedenken ist auch die Stelle in den Abschiedsreden (Joh 16,21–17 ff.), wo Jesus die verzagten Jünger mit der gebärenden Frau tröstet, die „Angst vor ihrer Stunde" hat. Gleich darauf übernimmt Jesus das

Bild für sich selbst: „Vater, die Stunde ist gekommen (…), damit er allen, die Du ihm gegeben, ewiges Leben gebe." So verhüllt die Stelle auch ist, so wendet doch Jesus die Todesangst einer Gebärenden auf sich selbst an (die Kirchenväter wiesen schon darauf hin!), um die Wehen der kommenden Stunden und den Geburtsschmerz von etwas unsagbar Neuem in einem äußersten Vergleich zu fassen.

Wieder erinnert wird auch die Zuordnung Jesu zur alttestamentlichen Weisheit[219] sowie die mystische Erfahrung von „Christus als Mutter", die für einige Zweige der mittelalterlichen Frömmigkeit Bedeutung gewann.[220]

Schließlich steht gerade der Heilige Geist in seiner verschlüsselten Bildlichkeit in einer besonderen Beziehung zur Frau – schon seit den großen *ruach*-Stellen des Alten Testaments.[221] Beschränken wir uns hier auf das Johannesevangelium, wo der Geist mehrfach mit Geburt und Wasser, also mit einem tief mütterlichen Vollzug zu tun hat (Joh 3,4–5; Joh 7; 1 Joh 1,5,7 f.: „der Geist und das Wasser und das Blut"). Lukas nennt die Geisttaube bei der Taufe Jesu auf Griechisch *peristera*, wörtlich „Vogel der Istar", der ganzen Antike bekannt als Symbol der Göttin der Schönheit und Liebe – Eigenschaften, die sich gerade im Geist verdichten.[222]

Schwierig wurden solche Neuerkenntnisse oder Relektüren dort, wo sie im Zuge des Nachholens gedankliche und sprachliche Missklänge herausforderten. So etwa, wenn – hypothetisch – von einer „Jesa Christa"[223] oder von der „Heiligen Geistin"[224] gesprochen wurde. Ebenso erscheint es als fraglich, wenn mit Berufung auf die Inkulturation auch ein Mädchen in der Weihnachtskrippe oder eine gekreuzigte Frau auf Golgota für die künstlerische Abbildung gefordert wurden, wie dies Teresa Berger tat.[225]

216

Auf solche Innovationen lässt sich zweifach antworten. Zum einen gibt es die eben angeführten bewegenden mütterlichen Selbstaussagen Gottes im Alten wie im Neuen Testament und die lange Kette der Auslegung solcher Bilder in der Frauenmystik des Mittelalters und der Neuzeit, aber beileibe nicht nur dort. Zum anderen aber ist entscheidend, dass in der Offenbarung noch eine ganz andere Klärung des Gottesbildes vorgeht. Gerade beim Geist, der ja biblisch nicht in menschlicher Gestalt aufscheint, werden weibliche und männliche Symbole aufgerufen: *ruach* – Wind und Sturm des Geistes, das Wasser der Wiedergeburt aus dem Geist, die Taube als seine *weiblichen*, aber auch Feuer und Flamme als seine *männlichen* Archetypen. Der Pfingsthymnus springt in seiner spannungsreichen Abfolge von Vergleichen mit großer bewusster Bewegung von männlichen auf weibliche Bilder: von der lebendigen Quelle zum Feuer und zum Finger der „väterlichen Rechten" – ein Zeugnis freien Spiels mit vielfältigen Hinsichten. Hieran wird ein Letztes deutlich: wie unfassend alle Einzelaussagen über Gott noch einmal eingeholt werden müssen in ein Ganzes. Alle Bilder, auch die geschlechtlichen, sind *Bilder* oder anders: eine Leiter, die erstiegen wird und dann umfallen darf. „Gott ist weder Mann noch Frau", sagt Gregor von Nazianz streng[226]; er ist auch nicht ein Komplement aus beidem. Unsere doppelte Ebenbildlichkeit darf nicht einfach naiv in ihn zurückgezeichnet werden, sie ist auf ihn *durchsichtig*. So fixieren die vorgenannten Bezeugungen der Mütterlichkeit (und der Väterlichkeit) Gottes hier nicht nur auf ein natürliches, am Ende gar sentimentales Bild, sondern die Bilder von „Mutter" und „Vater" sind als eine „Leiter" zu nehmen, bis man bei dem tiefen Trost angelangt ist, der sich finden lassen will.

Vielmehr ist der eigentliche Gottesname, den Mose am brennenden Dornbusch erfährt, überhaupt nicht geschlechtlich gefärbt: „Ich bin da, wie ich da sein werde" – dies formuliert nur dichte Gegenwart, Nähe, Zuspruch, Tragen des Daseins. So hütet sich die Bibel durchwegs, Gott zu sexualisieren. Der Gott Israels enthüllt ja gerade die geschlechtlich gedachten Götter Kanaans als „Projektionen", seien sie baalisch-zeugend oder mütterlich-gebärend. Gott ist von all diesen Einordnungen menschlicherseits befreit. Er ist Licht, er ist Klarheit, wird der erste Johannesbrief formulieren (ebenso wie Menschen umgekehrt mehr sind als ihr Geschlecht, mehr als biologische Frau und biologischer Mann). So gilt auch nicht Männliches und Weibliches in Gott oder der Göttin, es gilt seine reine Gegenwart und seine reine Verborgenheit. Geistliturgie, die ihre eigenen Zeichen übersteigt – dahin sind die Aussagen zu lesen. Trotzdem wird auch sie Zeichen und Bilder gebrauchen, um zu ihm in Erkenntnis und Verehrung „aufzusteigen" – eben auf jener Leiter, die umfallen darf, wenn man oben angekommen ist. Selten genug gelangt man freilich in der langen Mühe der Gottsuche oben an, im Bereich des Bildfreien, des wirklich lebendigen Lebens, das sich nicht mehr übersetzen muss. Und so greift die „Übersetzung" zu den erregendsten Wahrheiten menschlichen Daseins, zur Geschlechterspannung und zu Vater- und Mutterschaft, um den Unsagbaren doch zu sagen. Aber dies muss als *Bild* eingesehen und offengehalten werden, nicht als letztmögliche, ins Biologische umschlagende Festlegung. Wenn heute die lange verschollene Mütterlichkeit Gottes biblisch wiederentdeckt wird, so hat das weder mit einem Rückfall in Magisch-Unbewusstes zu tun noch mit einer Kampfansage an das Väterliche in Gott noch mit einer gefühlsmäßigen oder rationalen Betonung seiner „anderen" Seite. Sollte dies so sein, dann geht die Entdeckung über einen psychischen Nachholbedarf nicht hinaus. Vielmehr stehen die Bezeugungen der Mütterlichkeit Gottes unter dem Anspruch und dem Ernst, den die Offenbarung immer hat. Läuft sie doch – wie immer und wie auch im Vaterbild – quer zu den natürlichen, biografischen Erfahrungen, psychischen Spiegelungen, Selbstbestätigungen.

Gott, die Mutter, fällt dem Glauben nicht leichter als Gott, der Vater. Gott, die Mutter, ist noch einmal meilenweit, um die ganze Tiefe der Offenbarung, entfernt von der Muttergöttin.

3. Die Installation der Göttin in einer Thealogie

Im Zuge des erwachten Interesses regt sich weit mehr. Von einem Teil der feministischen Theologie, auch von der Matriarchatsforschung, wird mit Leidenschaft die These aufgestellt, die Frau bedürfe nicht als Abstraktum „Mensch", sondern als Geschlechtswesen, das sie durchgängig sei, der göttlichen Vertreterin des eigenen Geschlechts und seiner Kraft; mit der Entmachtung der alten Göttinnen seien die Frauen von Grund auf ihrer Identität beraubt worden.[227] So werden nun in bewusster Thealogie[228] die alten Mutter-Göttinnen als „Ausweg" aus dem „Vatergott" reanimiert, als (angeblich einziges) Mittel weiblicher Identifikation mit dem Göttlichen nacherschaffen.[229] Bis zu dem Maße, dass der Gott der Offenbarung als „hoffnungslos" männlich abgelehnt wird, Jesus als Erlöser für Frauen nicht in Frage kommt.[230] Die weibliche Seele findet – angeblich – sich selbst nur im „großen heiligen Weiblichen", „braucht" die Göttin als Spiegel eigener Kraft, so unscharf diese dann auch bleibt. Diese Göttin muss dann auch keineswegs personifiziert werden; häufig genügt einfach der Archetyp der „Mutter Natur" in der Wiederbelebung aller möglichen Ausfaltungen, so als „Mondin", „Bäumin", als Erdmutter, Schlangen- oder Wassergöttin. Diese ursprünglich mit Fruchtbarkeit besetzte Göttin, Personifikation des mütterlichen Uterus, wird dabei häufig, dem heutigen Akzent entsprechend, zum Sexualsymbol umgeschrieben.

Der Wiederbelebung der „großen weiblichen Kraft" entspricht die Wiederbelebung des Hexenwesens und der Naturkulte zu bestimmten Zeiten und an bestimmten Orten.[231] Vom Sex-Appeal zum Hex-Appeal[232]: Seit Längerem hat sich bereits eine Hierarchie von Hexenpriesterinnen bis zur Hohenpriesterin ausgebildet.[233] Die Nähe zu Schamanentum und grundsätzlich zu Positionen des New Age ist gewollt.

Kommentierend ist zu sagen: Wo der mütterliche Gott auf die heilige Kuh Ägyptens, die Schlangengöttin und die Mondfrau Mesopotamiens zurückgeschrieben wird, erhält er die Facetten der anonym-gesichtslosen Vervielfältigung, des Naturtriebs, der numinosen Gattung, auch der blind verehrten Sexualität. All dies ist der biblische Gott gemäß der Erfahrung des alten und neuen Israel nicht, weil das Mütterliche und Väterliche in der Offenbarung nicht mehr den animalischen Trieb des Lebens, sondern das verantwortliche, personale Leben bezeugen, das Liebe, Treue, Halten meint. Im Mütterlichen und im Geschlechtlichen wird vielmehr ein geistiges Gesicht aufgezeigt. Stattdessen sind die unpersonalen Göttinnen der Heiden „dem dumpfen Vegetations- und Fruchtbarkeitszauber entsprungen und im bewusstlosen, völlig unpersönlichen, entpersönlichten Untertauchen im Orgiastischen *nur* den Rückanschluss an das unbegrenzte Fruchtbarkeitsweben der Natur suchend"[234]. In solchen ambivalenten, helldunklen Göttinnen, wie sie wieder modisch wurden, liegen Blockierungen. Sie melden sich dann, wenn die bereits gewonnenen Konturen Gottes mit Absicht beschnitten, eine Qualität gegen eine andere ausgespielt wird, ein Bild das andere zweckhaft ersetzt, die „Mutter" gegen den „Vater" antritt. Überhaupt liegt die Blockade da vor, wo zweckhaft, verkleinernd, ideologisch argumentiert wird. Das Gottesbild lässt sich nicht zum Kampf nutzen; in der Nutzung liegt immer schon Teilung, Blickwinkel, Interesse. Dann wird Theologie Druckmittel, Selbstzweck, im wörtlichen Sinn Projektion: Selbstbespiegelung. Gerade die frei und vielfältig aufsteigenden biblischen Bilder sind in ihrer Gänze und in allen angelegten Einfaltungen ausgefaltet zuzulassen, nicht nur unter dem Gesichtspunkt des gegenwärtig Dienlichen. Sonst wären die Bilder unter das Maß der Brauchbarkeit für den Menschen gerückt: klein wie er selbst und Götzen im alten Sinn, nach menschlichem Bild und Gleichnis geschnitzt. Feuerbachs große Projektionsthese liest sich in der Charakterisierung Guardinis so: „Wer ehrlich in sich selbst, in die Menschen um ihn her und in die Geschichte blickt, nimmt wahr, dass der Eigenwille des Menschen, die beirrenden und niederziehenden Kräfte seines Innern, Unwahrhaftigkeit und Gewaltsamkeit nirgends so verhängnisvoll am Werke sind wie in jenem Zusammenhang, den man gemeinhin ‚religiöse Erfahrung' und ‚religiöses Leben' nennt. Gewiss geht es darum letztlich um Gott; Sein Bild und Seine Forderung werden aber vom Menschen in den Dienst seines Eigenwillens gestellt. Was Kundwerdung des Göttlichen scheint, ist im Letzten oft nur eine Weise, wie der Mensch sich selbst bestätigt; was Gestalt des Göttlichen zu sein beansprucht, oft nur die Übersetzung des eigenen Wesens ins Absolute."[235]

4. Transpersonale Gottheit?

Weniger leicht zu kommentieren sind die Versuche, jenseits geschlechtsspezifischer Bilder zu einer nicht personal gedachten Gottheit vorzustoßen. Weniger leicht deshalb, weil sich diese Versuche *nolens volens* tatsächlich auf eine große jüdisch-christliche Tradition berufen können: auf die *negative Theologie* und auf deren bedeutende mystische Spur, die durch die Mystiken vieler Religionen führt. „*Das Unberührbare wird unberührbar berührt. Inattingibile inattingibiliter attingitur*", so Nikolaus von Kues.

Also scheint sich der Ausweg anzubieten, in Zukunft die Personalität Gottes überhaupt *ad acta* zu legen, schon im Zeichen einer Ökumene der Weltreligionen, und weder Frau noch Mann als Gleichnisbilder für das Sprechen von ihm zu nutzen. Vielmehr wird *das* Göttliche oder *die* Gottheit als „dynamische Wirklichkeit", als Urenergie und Werdegrund, oder auch symbolhaft mit Wasser, Licht, überhaupt in den Elementen oder als deren Quintessenz bezeichnet. Damit wäre auch Gottes Transzendenz zur Immanenz umgeschmolzen; Kosmos und Weltgeschehen stellen das Göttliche selbst vor oder zumindest dessen Ausfaltung.[236] Dabei schließt das Weltgeschehen die je individuelle Selbstwerdung des Menschen ein; das Selbst und das Göttliche verschmelzen. „Der bisher dominierende Personalismus erhält ein Widerlager in einer kosmogonischen und eschatologisch-kosmologischen Naturalisierung, der eine noch unexplizierte, evolutive Ontologie zugrunde liegt, ähnlich wie in der Prozesstheologie."[237] Diese Prozesstheologie hebt die Einmaligkeit des Personalen und des personalen Gottes auf in die Wiederkehr der mythischen Gottheiten. Das klassische Christentum habe sich entsprechend mit seinem „Totalanspruch von einmaliger Vernichtung und Erneuerung überfordert"[238].

Aber auch damit wären Altes und Neues Testament unterlaufen. Denn es wäre von Grund auf verfehlt, im biblischen Text eine plumpe Personalisierung Gottes zu vermuten, welche eine „reife" Religiosität überwinden müsste. Alles vordergründig Vermenschlichende oder Versachlichende ist ja gerade ausdrücklich abgewiesen. Israel hat – altbekannt – mehrfach in strenger Form Kultbilder und damit die Verdinglichung von Jahwe verboten. Weit weniger bekannt ist, dass diese Verneinung aber nicht einfach in sich selbst ruht, sondern auf die *Bejahung eines Bildes* zielt, dessen Gegenstand und Charakter unmittelbar mit dem *Personalen* zusammenhängen.

Um diesen Doppelsinn einer großen religiösen Erkenntnis zu konturieren, sei die eigentliche Begründung des Bildverbotes nachgezeichnet.[239] Der älteste Text eines vollständigen Bilderverbotes stammt aus Dtn 27,11–26 und wurde als Folge von Flüchen „wahrscheinlich auf dem Höhepunkt eines Pilgerfestes vor der Gemeinde verkündet"[240] – Ziel war die Bildlosigkeit des gemeinsamen Heiligtums. Ein späterer Text, das Zweite Gebot des Mose, verbietet die Idole (Ex 20,4), also fremde oder schon besetzte Götterbilder, selbst wenn sie nun Jahwe zugeordnet werden sollten. Die Frage nach dem Grund dieser strengen Lehre findet zwei Antworten: Die flachere Antwort wäre, dass Jahwe nicht mit den Göttern anderer Kulte, etwa Ägyptens und seiner Tierformen, vermischt werden sollte; die tiefer gehende und entscheidende Antwort wäre, dass Jahwe in einem Bild nicht aufging, keineswegs auch einfach magisch von seinem Volk „gehandhabt" werden durfte, sich ihm vielmehr unsichtbar offenbarte und entzog, beides aufgrund derselben

Machtfülle. „Der Herr sprach zu euch mitten aus dem Feuer. Ihr hörtet den Donner der Worte. Eine Gestalt habt ihr nicht gesehen. Ihr habt nur den Donner gehört" (Dtn 4,12) – so begründet Israel die Unmöglichkeit, diesen einzigen Herrn abzubilden, da doch sogar seine Erscheinung auf dem Sinai gestaltlos blieb. Immer neue Worte finden die Schreiber, Priester oder Propheten, für die Erkenntnis, dass Gott nicht in den Naturabläufen – sei es Frühlingsregen oder Herbsternte –, aber auch nicht in den ihm gebauten Tempeln „festzumachen" ist, sondern dass er komme und gehe, ja, dass der Vorübergang, *pessach*, sein Kommen sei – und auch hierin bleibe sein Antlitz zu groß für die Fassungskraft. „Mein Angesicht kannst du nicht sehen; denn kein Mensch wird leben, der mich sieht." (Ex 33,20) „Der Himmel ist mein Stuhl und die Erde meiner Füße Schemel. Was wollt ihr mir denn für ein Haus bauen?, spricht der Herr, oder welches ist die Stätte meiner Ruhe? Hat nicht meine Hand das alles gemacht?" (Jes 66,1 f.) „Fürwahr, du bist ein verborgener Gott, du Gott Israels, der Heiland." (Jes 45,16) „Bin ich nur ein Gott, der nahe ist, spricht der Herr, und nicht auch ein Gott von ferne her?" (Jer 23,23) Der Exodus-Erzähler spricht nach den Zehn Geboten des Mose von Gott, der „in dichter Finsternis" wohnt (Ex 20,21). Gerade darin erscheint die reine Huld, dass der Unzugängliche von sich aus und immer wieder zu Israel geht.

Wenn aber das alte Bundesvolk die Souveränität seines Gottes ehrt, so tut es dies in einem Umfeld gänzlich anderen religiösen Brauchtums. Es gibt eine hervorragende Stelle im Alten Testament, wo dieses heidnische Brauchtum aufgegriffen, herausgefordert und umgeschrieben wird – in einem beispiellosen religiösen Erkenntnissprung. Diese hervorragende Stelle ist der programmatische erste Schöpfungsbericht, fast am

Anfang der Bibel (Gen 1,26–28) und auf den sechsten Tag bezogen: „Lasst uns den Menschen machen als unser Bild und Gleichnis." Es lässt sich zeigen[241], dass der hier gebrauchte hebräische Ausdruck für Bild, *salmu*, in sumerischen und babylonischen Texten für das kultische Abbild des Gottes stand. Eine solche Kultstatue thronte in einer abgegrenzten Nische der sumerischen Tempel: Dieser Gott *wohnte* nun wirklich dort, die Statue war mit seiner magischen Gegenwart aufgeladen, war eins mit ihm. Dieser Innenraum war unzugänglich, doch konnte man wohl durch eine Reihe von Türöffnungen das *numen* aus der Ferne sehen. Nun gab es eine Ausnahme: das jährliche Fest von Akitu, bei dem der König Babylons den Gott – der je länger, je mehr nur noch den Namen Marduk trug – „bei der Hand ergriff", ihn durch Babylon führte und ihn in einem anderen Haus dem liturgischen Zweikampf mit Tiamat aussetzte – Marduk, das Leben, kämpfte mit Chaos und Tod. Sein ritueller Sieg brachte dem neuen Jahr Segen und Fruchtbarkeit. Dieser eindrucksvolle und Heil versprechende Kult fand natürlich auch statt, als Israel im babylonischen Exil weilte, zur Zeit seiner größten Hoffnungslosigkeit und einer voraussehbaren Auflösung in der umgebenden Hochkultur. Eben zu dieser Zeit verfasste eine Priestergruppe den Schöpfungstext, und sie verfasste ihn als Antwort und Provokation auf den Marduk-Kult, als liturgische *„pièce de résistance"*[242] also! Diese Theologengruppe verwendet das eindeutig besetzte Wort *salmu* und schreibt es nun dem Menschen zu. Er ist das Bild des Gottes! Dieser religiöse Quantensprung geschieht noch dazu vor dem Hintergrund des Bilderverbots. Man nutzt also die Verneinung des Kultbildes zu einer Bejahung: keine Bilder Jahwes außer dem von ihm selbst geschaffenen – dem Menschen. Israels religiöser Sprung, begrifflicher ausgedrückt, lautet: Es gibt keine anthropomorphe Theologie, es gibt eine theomorphe Anthropologie.[243] Über diese Umwertung eines Götzenkultes lässt sich lange nachdenken; sie enthält in einer Nussschale die ganze Größe der Offenbarung, die ganze Größe auch jenes Volkes und seiner Theologen, die die Offenbarung zu fassen suchten. Es sei angemerkt, dass in dieser kühnen und einzigartigen Durchsicht des Menschen auf Gott selbst (in Mann *und* Frau) auch die Gestalt Jesu, als die Sichtbarkeit Gottes, schon denkbar wird und das Alte und Neue Testament hierin keineswegs gegenläufig sind. Das Bildverbot des Unzugänglichen ist also nur die eine Seite des Alten Testaments, seine andere Seite – weit weniger bewusst – ist die offenbar gewordene Bildfreude Gottes, der Mensch.

Augustinus hat in diese Richtung gedacht: „In jener Sendung Seines Knechtes Mose sagte Er: ‚Ich bin, der Ich bin‘, und: ‚Sage den Söhnen Israels: Der *ist*, sendet mich zu euch‘. Weil eben dieses eigentliche Sein für den menschlichen Geist schwer zu fassen ist und er (Mose) als Mensch zu Menschen gesandt wurde, wenngleich nicht von einem Menschen, (…) fügte er gleich hinzu: ‚Sag den Söhnen Israels: Der Gott Abrahams, der Gott Isaaks und der Gott Jakobs hat mich gesandt zu euch: das ist mein Name in Ewigkeit. (…) Was ich sprach: Ich bin, der Ich bin, das ist wahr, aber du fassest es nicht. Was ich aber sprach: Ich bin der Gott Abrahams und der Gott Isaaks und der Gott Jakobs, dies ist sowohl wahr als auch für dich fasslich. (…) Dies nämlich: Ich bin, der Ich bin, das gehört zu mir; dies aber: Gott Abrahams und Gott Jakobs, das gehört zu dir.‘"[244]

Über alle Unsagbarkeit und Unbildlichkeit hinaus ist festzuhalten das *Antlitz* Gottes: Er ist nicht unpersönliche Macht, bloße Energie, ein Es, ein Göttliches, er ist *Person*, und damit wünscht, provoziert er *Begegnung*. Insofern kann es eine Ausflucht sein oder eine hochmütige Demut, Gottes Personalität – bildlich oder nicht – in ein Jenseits alles Persönlichen zu verflüchtigen. In dieser Frage geben weder Denken noch Imagination den Ausschlag, sondern tatsächlich die Offenbarung, unausdenklich wie immer. John Henry Newman (1801–1890) fasste es in einer Predigt *Über das Geheimnis der göttlichen Herablassung* zusammen: „Wie sehr hatte der alte Heide recht, der mit der Antwort zögerte, als sein königlicher Herr ihn fragte, was Gott sei. Er erbat sich einen Tag Bedenkzeit für die Antwort, danach wieder zwei Tage und schließlich nochmals vier Tage; denn er fand, dass das Nachdenken ihn der Lösung des Problems nichts näherbrachte, sondern immer mehr davon entfernte. Je mehr er forschte, desto mehr wuchs seine Aufgabe in die Breite und Tiefe, und wo er einen Schluss zog, da erhoben sich hundert andere Schwierigkeiten, die seine Vernunft verwirrten. Denn Dasein und Eigenschaften Gottes sind in der Tat nicht so sehr Gegenstand für die Vernunft wie für den Glauben; und wir müssen gläubig annehmen, was Er über sich selbst geoffenbart hat."[245]

5. Die nie endende Aventure des Glaubens

Die mittelalterliche Aventure, die Urform der Wegsuche, wusste von Broceliande, dem Zauberwald, in welchem der morgenfrische Ausritt in die Schwüle gerät, Einbildungen *(imaginationes)* lebendige Gefahr werden – und die gefährlichste Gefahr jene, welche zum verfrühten Bleiben lockt. Das Ziel, das herrlich anziehend jenseits des Waldes wartet, bietet sich unverhofft mitten darin, in voller Schöne, runder Vollkommenheit – es sei denn, dass etwas Winziges fehlt: der Name nicht erfragt werden darf, kein Schatten der Gestalt folgt, das holde Wesen wenige Stunden am Tag oder in der Nacht nicht zur Verfügung steht. Aber wen das nicht stört – der ist dem Zauberbild verfallen, der Weg ist zu Ende, hat sich in sich selbst verschlungen und den Wanderer mit. Solche Trugbilder, auch des Heiligen und gerade des Heiligen, gibt es: Hinderung, Verwechslung und Betörung, was auf dasselbe hinausläuft. Wie aber die wirklichen Zeichen des Geistes von den Nachahmungen unterscheiden? „Mich, die lebendige Quelle, verlassen sie und machen sich hier und da ausgehauene Brunnen, die doch löchrig sind und kein Wasser geben." (Jer 2,13)

Kriterien für „die lebendige Quelle" gibt es wohl nur im Gesamt der Überlieferung der 2000 Jahre christlicher Tradition, die mit ihrer jüdischen Wurzel nochmals um weitere 1800 Jahre zurückreicht. Viele andere religiöse Anregungen wurden im Laufe der knapp vier Jahrtausende aufgegriffen, viele auch verworfen. Diese lange Kette von Zeugen einer gleichermaßen richtenden wie aufrichtenden Offenbarung wird von der Kirche gewahrt. Wer sich an solche in langen Kämpfen und Klärungen erworbenen Einsichten hält, der kann nach dem schönen alttestamentlichen Bild, das John Henry Newman aufgreift, „die Milch der Heiden saugen an der Brust der Könige. (...) Wir stellen uns vor, dass die Kirche gleich dem Stab Aarons die Schlangen der Magier verschlingt."[246] Nicht anders und souverän hatte Augustinus behauptet, was immer in den Religionen der Welt geglaubt worden sei, sei „unser"[247]. Aber eben wenn dies zutrifft – in „Zuversicht", *parrhesia*, des Denkens –, dann ist das Christentum, zusammen mit seiner jüdischen Wurzel, zur Anverwandlung des Heidnischen aufgerufen, nicht zur Rückverwandlung ins Heidnische.

Gilbert Keith Chesterton spricht drastisch von den „ungeheuerlichen Kriegen im Zusammenhang mit kleinen Fragen der Theologie, den Erdbeben der Erregung wegen einer Gebärde oder eines Wortes. Es handelt sich nur um Fingerbreite, aber die Breite eines Fingers ist alles, wenn das Ganze in der Waagschale liegt. Wenn man eine Idee abschwächt, wird gleich die andere machtvoll. Es war ja nicht ein Trüpplein Schafe, die der christliche Hirte zu leiten hatte, sondern eine Herde von Stieren und Tigern, von schrecklichen Idealen und gefährlichen Lehren – jede Einzelne von ihnen stark genug, in eine falsche Religion umzuschlagen und die Welt zu verwüsten. Man erinnert sich, dass die Kirche besonders für gefährliche Ideen eintrat; sie war ein Löwenbändiger. Die Ideen von der Empfängnis durch den Heiligen Geist, vom Tod eines göttlichen Wesens, von der Sündenvergebung, der Erfüllung der Prophetien sind Ideen, die, wie leicht ersichtlich, im Nu in etwas Blasphemisches oder Verrücktes ausarten können. Ein Fehlgriff in der Definition, und der Reigen wäre abgebrochen, alle Christbäume wären verdorrt, alle Ostereier zerschlagen …

In den ersten Zeiten warf sich die Kirche wild und feurig wie ein Schlachtross in jeden Kampf; doch es ist äußerst unhistorisch zu behaupten, sie sei wegen jeder Idee aus dem Häuschen geraten wie ein gewöhnlicher Fanatiker. Sie bog nach rechts und nach links, um gewaltige Hindernisse knapp zu umgehen. Sie ließ auf der einen Seite den mächtigen Klotz des Arianismus liegen, der unterstützt war von allen weltlichen Mächten, die das Christentum zu weltlich machen wollten. Im nächsten Augenblick schwenkte sie ab, um einen Orientalismus zu vermeiden, der es zu weltfern machen wollte. Es ist leicht, verrückt zu sein; leicht, ein Häretiker zu sein. Es ist immer leicht, die Welt überhandnehmen zu lassen: Schwierig ist, selbst die Vorhand zu behalten. Es ist immer leicht, Modernist zu sein, wie es leicht ist, ein Snob zu sein. In irgendeine dieser offenen Fallen des Irrtums und der Übertretung zu geraten, die eine Modeströmung und Sekte nach der andern dem Christentum auf seinen geschichtlichen Weg gelegt hatten – das wäre in der Tat leicht gewesen. Auf irgendeine Liebhaberei vom Gnostizismus bis zur Christian Science hereinzufallen, wäre naheliegend und zahm gewesen. Sie alle vermieden zu haben, ist ein wirbelndes Abenteuer; und in meiner Vision fliegt der himmlische Wagen donnernd durch die Jahrhunderte – die langweiligen Häresien straucheln und fallen der Länge nach zu Boden, die wilde Wahrheit aber hält sich schwankend aufrecht."[248]

VII. Nachdenkliches zu Ordination oder Nichtordination der Frau

Eine Vorbemerkung: Von Anlage und Ausbildung her bin ich der Philosophie zugehörig. Ich habe selbst über längere Zeit hinweg die Argumente für eine Ordination der Frau so rationalisiert, dass ich dazu Ja hätte sagen können. Auch empfinde ich nicht alle, die dagegen sprechen, als Schützenhilfe.

Doch geht es jetzt darum, die vielerorts vorgetragenen Argumente auf ein Nein hin zu überprüfen, und das ist möglich. Ein Nein kann sachlich vertreten werden, und zwar mit zwei theologischen Argumenten. Zuvor wird noch einmal die Ausgangslage angeleuchtet. Und von vornherein sollte die alte Erfahrung ins Bewusstsein gerufen werden, dass ein Streitgespräch wohl keine Meinungen ändert, allenfalls vertieft.

1. Biblische Freilegung der Personalität

Das Neue Testament auf dem Boden des Alten hat weltgeschichtlich den eigentlichen Durchbruch geleistet, Frau wie Mann als einander ebenbürtig zu sehen. Selbst der dreifache Schöpfungsauftrag im Paradies (also noch vor dem Sündenfall!) unterscheidet beide nicht nach Aufgaben, Sonderleistungen, Extrafähigkeiten. Und wenn Erlösung irgendetwas bedeutet und nicht nur ein rätselhaftes Wort vorstellt, so ist doch wohl dieses Konzept des ursprünglichen Menschen in Mann und Frau gerade durch den Tod Jesu wiederhergestellt, ja „noch wunderbarer erneuert", wie es im Kanon der Messe heißt. Müsste dann nicht das Volk Gottes unter diesem wunderbaren Horizont sich selbst verstehen – trotz und über allen bis heute spürbaren Sündenfall hinweg? Hat nicht Paulus nach dem Beispiel Jesu selbst die Personalität der Frau wie des Mannes kraft ihres Glaubens, ihrer Sehnsucht nach dem Reich Gottes, ihrer Taufe in dem einen Wasser der Wiedergeburt theologisch einzigartig herausgearbeitet? Sätze wie diese finden sich in der gesamten Spätantike, die wahrhaftig in Griechenland und Rom hoch entwickelt war, an keiner Stelle: „Es gilt nicht Jude noch Grieche, nicht Sklave noch Freier, nicht Mann noch Weib: alle seid ihr Einer in Christus." (Gal 3,28) In der Frühzeit der Kirche musste dieser Satz vor der Erwachsenentaufe gesagt werden, laut, wenigstens einmal im Leben – gerade er betraf ja das Unerhörte am Christentum, herausragend aus allen maskulinen Philosophien und Männerbünden. Aus diesem Grund wandten sich dem Christentum gerade in den ersten Jahrhunderten viele Frauen zu: aus Freude an der Freiheit in Christus. Und das Christentum tat ebenso den ersten Schritt zur unabhängigen, unmittelbar für Gott lebenden Frau: Es löste sie aus den spätantiken Unterordnungen, den mancherlei Demütigungen, die Geschlecht auf Verführung und die Geburt der nächsten Generation hin lasen.

Aus all dem hat Christus Mann wie Frau befreit, zu dem, was Person heißt: Selbststand, Freiheit in Bezug auf Gott und von daher Eigenwert über alle Funktionen, Aufgaben hinaus. *Vor* den unleugbaren Unterschieden von Mann und Frau, die einer (sinnvollen) Aufgabenstellung, Sonder-Berufung entsprechen, muss gerade christlich die *Einheit* und *Gleichheit* beider im Personalen, im ebenbildlichen Geschaffensein anerkannt werden. Und diese Anerkennung ist lange Jahrhunderte nur im innersten, religiösen Sinn vollzogen worden: Nie hat das Christentum die Seele, die mögliche Heiligkeit, die besondere Gottnähe der Frau abgestritten, wie dies in anderen Religionen durchaus der Fall war und ist. Aber in der Kulturgeschichte, in den öffentlichen politischen Ämtern, vor allem aber im Recht, auch im Kirchenrecht, sind die Christinnen dennoch nicht konkret-sichtbar in die gleiche Stellung wie der Mann einbezogen worden. Dies mag viele Gründe haben, auch berechtigte Gründe, solange eine Gesellschaft vor allem wegen der hohen Sterblichkeit und der harten Lebensumstände bitter nötig auf die Mütterlichkeit der Frauen, auf ihr Betreuen des häuslichen Bereiches angewiesen ist – einfach um zu überleben.

Aber wiederum aus vielen Gründen sind im 20. Jahrhundert auch Frauen in eine Erweiterung der Lebensmöglichkeiten aufgrund persönlicher Befähigung eingetreten.

Ein Großteil davon wird nach wie vor zur Mutterschaft stehen, wenn auch nicht mehr ausschließlich; ebenso wird ein anderer Teil der persönlichen Anlage künstlerischer, wissenschaftlicher, politischer Art folgen. Nicht wenige Frauen verbinden beides, nicht bloß gezwungen, sondern gerne. Das 20. Jahrhundert hat die geistige Dimension der Frau nicht entdeckt, aber vielleicht erstmals in der Geschichte in Breite ein solches Verständnis in Leben, in Wirklichkeit umgesetzt.

Damit kommen neue Fragen auch an die Kirche heran. Nochmals: Die Grundlagen für die personale Einschätzung der Frau stammen aus der eigenen Schatztruhe der Kirche. Und nun wird sie, eher von außen und von der Gesellschaft her, von der wirklichen Umsetzung dieser Wahrheit verblüfft: dass die bisherige klassische Aufgaben*teilung* von Mann und Frau in vielem zu einer *gemeinsamen* Aufgabenbewältigung verändert ist. Vor allem: dass sich das Klima der Beziehungen von Mann und Frau verändert, dass die Frauen selbst eine andere, umfassendere Selbsteinschätzung erwerben. Und das kann nicht bloß als Machthunger, Krampf, Überanstrengung denunziert werden, sondern ist schon (fast) selbstverständlich.

Würde sich nicht der Kirche ein neues Kraftfeld öffnen, wenn sie die Frauen anders als bisher, gespeist von den neuen Erfahrungen, in Mitsprache, Mitverantwortung, Mittdenken zulässt? Wenn das Amt nicht nur in männlichen Händen bleibt?

Mit dem Gesagten ist die *Berechtigung* der Frage nach dem Priestertum der Frau anerkannt. Nur ist damit noch nicht klar, ob die Frage, so aufbereitet, schon ihre eigene Antwort enthält. Dazu die angekündigten zwei theologischen Argumente, wovon das erste vorrangig ist, das zweite nachgeordnet folgt.

2. Gründe für die Nichtordination der Frau

a) Das theologische Gewicht der konkreten Gestalt Jesu und ihrer Geschichtlichkeit

Mir scheint das wesentlich tragende Fundament einer Nichtordination der Frau nur aus dem biblischen Text zu beziehen sein: aus der Gestalt Jesu und ihrem bindenden Beispiel. Daraus folgen dann allerdings mehrere Verbindlichkeiten, wie gleich gezeigt.

Angelpunkt der Überlegung ist die *Geschichtlichkeit* Jesu. Damit sind wir im Kern des theologischen Problems. Ist das Verhalten Jesu im Abendmahlssaal nur kontingent, d.h. zufällig, zeitbedingt, „spätantik"? Ist dieses Verhalten grundsätzlich durch spätere Entwicklung abzulösen? Das bedeutet ein Nachdenken über Geschichte, und zwar über ein in der Neuzeit aufgeworfenes und einseitig beantwortetes Verständnis von Geschichte. Das vorherrschende Verständnis betrifft Geschichte als immer überholbare, die in einer jeweils neuen Zeit ins Gewesene zurücksinkt und dort einem musealen Erinnern überantwortet wird. Es wäre Geschichte grundsätzlich unter dem Gesichtspunkt der Vergangenheit.

Das zweite Verständnis betrifft eine weit weniger entwickelte Einsicht in den Präsenzcharakter des Geschehenen, wonach Geschichte nicht einfach im Rücken, „hinter uns" liegt, sondern „in uns". In diesem Sinn ist das Geschehene nicht vergangen, sondern für die Gegenwart wirklich, d.h. wirksam.

Diese scheinbar akademische Frage spitzt sich zu im Blick auf die Heilsgeschichte, d.h. im Blick auf eine Innenperspektive des Glaubens. Noch mehr spitzt sich die Frage konkret zu im Blick auf die geschichtliche Gestalt Jesu, in der wie in einem Brennpunkt alttestamentlicher Beginn und Ausfaltung der Heilsgeschichte münden (das Ende steht nach dem Credo noch aus). Ist Jesus nur eine geschichtliche Gestalt im vordergründigen Sinn, sodass er unter den Beschränkungen seiner Zeit, als spätantiker Jude, bestimmte Festlegungen nicht aufgehoben hat? Dies betrifft die Tatsache, dass Jesus am Gründonnerstag beim Pessach-Mahl nur die zwölf Jünger und nicht den sonst häufig vertretenen Frauenkreis (Lk 8) zugezogen und ihnen die *memoria*-Feier anvertraut hat. Ohne Zweifel wiegt diese Beobachtung umso stärker, als sonst bei vielen anderen Gelegenheiten Frauen zwanglos und durchaus den Gepflogenheiten der Zeit widersprechend von Jesus ausgezeichnet, in theologische Gespräche einbezogen und seinem engeren Freundeskreis zugerechnet werden, wie etwa die Schwestern von Bethanien. Eine Zeit lang wurde exegetisch versucht, das Fehlen der Frauen im Abendmahlssaal als ein späteres Verschweigen durch die Evangelisten auszulegen. Aber die Nicht-Erwähnung kann ja keineswegs nun umgekehrt als ein Beweis für ihre Anwesenheit genommen werden; das *argumentum e silentio* trägt nicht in einer so schwerwiegenden Frage. Offenbar, dem übereinstimmenden Grundzug der Evangelien entsprechend, wollte Jesus an diesem Abend entschieden die „Zwölf", als Vollzahl der Stämme Israels, um sich versammelt wissen. Über diesen Befund der Evangelien hinaus gerät die Argumentation in den Bereich leerer oder modischer Vermutungen.

Erst wenn dieser Befund ohne Deuteln angenommen ist, kann ernsthaft weitergefragt werden. Ist diese Entscheidung nun als vordergründig (kontingent) oder als bindend und gültig anzusehen? Eine solche Frage kann nicht an diesem einzigen Fallbeispiel beantwortet werden. Zur Sprache kommen muss vielmehr die Gesamteinschätzung eben der Gestalt Jesu. Die Glaubensgeschichte, d.h. die Innenperspektive des Glaubens, hat in Jesu Leben keine zufälligen, sondern durchaus willentlich getroffenen Entscheidungen angenommen. Dies gilt insbesondere für die Daten, die seinen Tod und seine Auferstehung sowie die letzten vierzig Tage seines auferstandenen Lebens begleiten. An diesem Abend vor dem Tod übergibt er in einer wie ein Testament anmutenden Form den Anwesenden eine Verpflichtung, die in ihrer Tragweite nicht rasch arrangiert sein kann, sondern bei ernsthafter Wahrnehmung eigentlich als eine Zumutung empfunden werden müsste: die Vergegenwärtigung seines Leidens in diesem durch den jüdischen Brauch schon entwickelten Mahl, dessen Inhalt bisher

236

das Opfertier, das geschlachtete einjährige Lamm, war. Die Glaubenseinstellung kann darin wohl nicht eine Zufallsentscheidung, die Umstände nicht als beliebige sehen. Nimmt man die Gestalt Jesu als in der Tat gottmenschliche Gestalt ernst, so ergeben sich aus dieser Sicht keine Variablen. Die Theologie wie die kirchliche Praxis haben sich – gerade in der Frage nach dem Priestertum der Frau – mit der geschichtlichen Faktizität des Willens Jesu auseinanderzusetzen: entweder indem sie sie für zweitrangig erklären oder indem sie sie zum eigentlichen Bezugspunkt christlichen Verständnisses von Heilsgeschichte nehmen.

An diesem Verständnis der Geschichte entscheidet sich die Frage tatsächlich, und zwar nicht reflexiv (wie gesagt, kann die Entscheidung für oder gegen in beiden Richtungen rationalisiert werden), sondern in der Übernahme und Anlehnung an die herausfordernd geschichtlich-konkrete Gestalt eines Gottes, der in die Geschichte so und nicht anders eingreift. Das würde übrigens eine Aufwertung des Geschichtsverständnisses auch in Richtung auf die Anthropologie bedeuten. Gibt es nur eine Art historische Variable Mensch, auf die in den wechselnden Geschichtszeiten bestimmte flüchtige historische Veränderungen eingetragen werden, oder lebt jeder Mensch in seiner Geschichte, seiner Einmaligkeit als „Ereignis"? Das Christentum wäre in der Auffassung der Geschichtlichkeit Jesu gerade nicht im schlechten Sinne historisierend. „Die Wahrheit ist konkret" – dieser Satz von Augustinus, meist in der Fassung von Bert Brecht bekannt, enthält die Quintessenz der christlichen Innovation.

b) Die Wahrung der Gestalt Jesu durch das Lehramt

Diesem vorrangigen Argument ist ein zweites, wenn auch nicht unbedeutendes nachgeordnet: Die Wahrung dieses geschichtlichen Gewichtes der Gestalt Jesu ist einer selber geschichtlichen Größe anvertraut, der Kirche. Sie hat in ihr Selbstverständnis (wieder nicht in der Außenperspektive, für die dies gleichgültig bleibt) die Botschaft aufgenommen, sie sei in wesentlichen Aussagen untäuschbar/*infallibilis*. Das bezieht sich keineswegs, wie häufig einseitig zugespitzt behauptet wird, auf einen einzelnen Mann, den Papst als Träger dieser Qualität, sondern auf ihn als Sprecher und Garant eines *consensus omnium*. Dass dieser Konsens dabei nicht zahlenmäßig „alle" umfasst, unter Umständen sogar nur eine Minderheit versammelt, ändert nichts an der Auffassung, dass bei den vielen rationalisierbaren Möglichkeiten, bei den vielen guten Gründen für differente Entscheidungen, der Kirche eine Qualität zukommt, im Plural der Meinungen den Singular des ursprünglich Gemeinten festzuhalten. Insofern ist diese Argumentation zwar zweitrangig, aber nicht abzukoppeln von der Gestalt des Stifters, der seinen Jüngern eben diese Gewissheit der Bewahrung in seiner Wahrheit zugesichert hatte. Das Lehramt hat in einer hochrangigen Entscheidung, genau aus der Geschichte Jesu heraus argumentierend, die Ordination der Frau ausgeschlossen.

3. Ein Ja zu weiteren Einlösungen des biblischen Befundes

Wenn es zutrifft, dass die gelebte Wirklichkeit Jesu der eigentliche Maßstab christlicher und kirchlicher Nachfolge ist, so ergeben sich aus dieser Beziehung allerdings weiterreichende Folgen, die noch nicht ausgeschöpft sind.

Hier ist die Stelle, am Ende auch ein Ja auszuführen, und zwar aus der Begründung heraus, dann die Entscheidungen Jesu *alle* ernst zu nehmen. So scheint mir für die Zukunft wichtig, auf einige nicht eingelöste Beispiele und Vorkommnisse im Umkreis von Tod und Auferstehung Jesu hinzuweisen, die einer Konturierung harren. Dazu gehört die Tatsache, dass bei der Himmelfahrt Jesu ein ausdrücklicher Sendungsauftrag an die Umstehenden erging, dass im Abendmahlssaal an Pfingsten alle Anwesenden mit dem Feuer und der Redegabe des Heiligen Geistes erfüllt wurden – Männer und Frauen gleichermaßen. Das bedeutet, dass der Sendung und Verkündigung des Evangeliums ohne Einschränkung nach dem Geschlecht eine Ausgestaltung für die Zukunft offensteht. Ferner ist in Röm 16, in der Auslegung der Gestalt Jesu durch Paulus, ein „Dienst" durch Frauen angesprochen, der heute nur von Männern ausgeübt wird: das Diakonat. Hier steht die Kirche vor einer ernsthaften Selbstprüfung: ob sie in diesen Beispielen nicht die Verpflichtung erkennt, die bei der ersten Nennung des Abendmahlssaales am Gründonnerstag zu fehlen scheint, Frauen in diese biblischen Perspektiven einzubeziehen. Damit ist die Antwort, die *gegen* das Priestertum der Frau spricht, zugleich eine Antwort *für* das weibliche Diakonat, *für* die weibliche Sendungs- und Verkündigungsaufgabe und *für* eine konziliare oder synodale Versammlung, in welcher der Jünger- und der Frauenkreis gleichermaßen Verantwortung übernehmen.

VIII. Ja und Nein zusammen: Keuschheit und Geschlecht

1. Konturen eines Gegensatzes

Die dem Evangelium entnommenen Ratschläge zu Armut, Keuschheit und Gehorsam stellen ein „Kürzel" des religiösen Lebens dar, das vorrangig mit der Lebensweise des Mönchtums und des Priesterstandes verknüpft wird. Aus eben diesem Stand steigen heute jedoch Selbstzweifel auf, die bei besonderem rhetorischen Geschick bis zur Larmoyanz über die ideal gewählte, real misslingende Lebensweise gehen. Der Vorwurf religiöser Lebensverweigerung ist zwar nicht neu *post* Nietzsche, neu war jedoch, dass der *Kleriker* selbst seine Pathologie bestsellernd ausbreitet.[249] Jedenfalls scheinen in seinen Augen die „normalen" Christen besser bedient, die sich notwendig auf Besitz, Liebe/Ehe und relative Macht ausrichten, wobei Macht hier zumindest Gewinn von Eigenstand, Reife und Mündigkeit heißt.

Diese knappe Gegenüberstellung der zwei Lebensformen zeigt bereits das Problem: Die „evangelischen Räte" lassen sich nur unter bestimmten Vorgaben leben, nämlich vom *Einzelnen* (in einer Gemeinschaft von ähnlich entschlossenen Einzelnen) und in der Haltung des *Unbedingten*, des religiösen *plus ultra*. Und daraus folgen fast notwendig die bekannten und vorschnellen Einordnungen: Es handle sich dabei um die religiöse Bestleistung, um die Elite neben dem Fußvolk, um die Vollmilchchristen neben den teilentrahmten Frischchristen (wie ein protestantischer Prediger sagte), in jedem Fall: um ein sichtbares Gefälle des religiösen Eros von diesen „Einzelkämpfern" zu den Mitläufern. Und hier liegt zweifellos eine (Selbst-)Überforderung bedrohlich nahe. Da sie in vielen Fällen offensichtlich den groß gezeichneten Entwurf nicht erreicht, scheint es dann umso schöner, wenn dieser Elite-Stand nicht steht, sondern fällt – wie heute darüber mancherlei teils gnadenlos von den „normalen Beobachtern", teils voller Selbstmitleid der Betroffenen, jedenfalls zur Gaudi des Publikums, veröffentlicht wird.

Ist der groß gezeichnete Entwurf damit erledigt? Ziehen wir seine Konturen noch einmal nach: Am Anfang einer solchen Entscheidung, schon in diesem Leben unmittelbar alles auf Gott zu werfen und das am eigenen Leibe auszutragen, steht der bewundernswerte Wunsch nach dem anziehenden und harten Weg, der Christus selber ist. Im Blick darauf können das Besitzen, die Selbstverfügung, die Geschlechtlichkeit und das Leben in leiblicher Gemeinschaft nur abgrenzend neben seine drei Räte gestellt werden: Denn ich teile ja Leib, Leben, Liebe, Reichtum, Selbststand nicht mit Gott, sondern mit einem Menschen. Alle Sehnsucht nach Geliebtwerden und die Notwendigkeit zu lieben haben ein näheres Ziel, eine hiesige Erfüllung (wenigstens manchmal). Damit wird die Verfügbarkeit verschoben, wie Paulus schon bemerkte, übrigens ohne großen Scharfsinn und Theologenressentiment, schlicht durchs Hinsehen belehrt: Man dient dem Gatten mehr als Gott. Des Sichfügens und der Hingabe bedarf es in dieser Bindung nach wie vor – doch jetzt übersetzt sich die ganz große Geste in die ganz kleinen Szenen einer

Ehe. Nicht selten übersetzt sich auch die Hingabe in Preisgabe, noch schlimmer: in Preisgegebenwerden. Damit reduziert sich auch das Ziel – Gott – als Horizont des ganzen Lebens. Der Pfeil der Seele fliegt kürzer, senkt sich auf Eigenziele im Vordergrund. Es beginnt die Rotation weniger um das Selbst als um das erweiterte Selbst, die Familie. „Und es listet die Seele Tag für Tag der Gebrauch uns ab", so Hölderlin. Es sei denn, dass sie durch nicht ausbleibende Erfahrungen – Glück oder Schmerz – damit „aufzuhören" genötigt wird.

Mit der Blickrichtung auf Gott scheint doch der Rat des Evangeliums sinnvoll, geschlechtsfrei oder geschlechtsfern zu leben, wenn dieser Ausdruck statthaft ist, fern auch von den sonstigen Ich-Bestätigungen durch Haben und Befehlen. Tatsächlich ist auch die Mehrheit der Heiligen in einem solchen Lebensgang zu ihrer Ganzheit (*whole* = heilig) fortgeschritten, auch in jüngster Zeit, in den Konzentrationslagern des 20. Jahrhunderts. Neigen nicht die Familienmütter und -väter in äußersten Bedrohungen eher zum Ausweichen vor letzter Geradlinigkeit? Sind sie nicht leichter erpressbar durch das andere, geliebte, anvertraute Leben? Die geschlechtliche Beziehung mit ihrer inneliegenden Vervielfältigung zwingt ja zum Bleiben, zu Besitz, Versorgung, zu Strukturen des Befehlens und Kämpfens – da ich für andere, Schwächere geradestehe und nicht allein meine Option in Entsagung leben darf. (Hier steht immer wieder das trotz allem Überdruss nicht beantwortete Problem, ob man beispielsweise Frau, Mann, Eltern oder Kinder einem Gewalttäter überlassen darf, wenn man persönlich zur Gewaltlosigkeit entschlossen ist. Offensichtlich darf man es nicht. Ebenso, ob man seine ganze Familie in strenger Armut halten darf, wenn man sie für sich persönlich wählt.) Diese Einsicht von den „strukturellen Folgen" der geschlechtlichen Bindung für die gesamte Lebensweise muss klar gewonnen sein – hier greifen die evangelischen Räte zunächst ins Leere. Darin liegt wohl der Grund, weswegen „das gläubige Volk" bei den Unverheirateten ein selbst nicht gelebtes Ideal erblickt, sie mit seiner Verehrung bedrängt – neben dem Sündenbock braucht es auch den Tugendbock (der tut, was eigentlich alle tun sollten). Freilich ihn bei Versagen dann auch nachhaltiger bestraft. Stellvertretung wird also wörtlich gefordert: die Armen, Ehelosen, Gehorsamen führen, nach der Auffassung der anderen, das wesentlich christliche Leben für diese anderen mit.

Und trotzdem: Das Ganze ist von der Sache her noch nicht auf eine wirkliche und wirksame Wahrheit durchsichtig. Aus zwei Gründen: Das große Anerbieten, sich ein für allemal auf Gott zu werfen, ist selbst noch unrein, hat sein spezifisches Misslingen, dem die zeitgenössischen Enthüllungen gewidmet sind. So nähern sich die beiden Stände allein schon über die verworrene *conditio humana* einander an. Verschiedene Halbheiten, aber eben Halbheiten. Freilich könnte man sich einfach traurig oder schadenfroh damit begnügen, dass noch der Heilige ein Heuchler ist. Ein anderer, sinnvollerer Versuch müsste der Frage tiefer auf den Grund gehen und die Menschen betrachten, die weder arm noch ehelos noch gehorsam das Leben antreten, d. h. einem menschlichen Du nachfolgen und damit den Eros zum Reich Gottes umleiten. Ist das Reich Gottes damit hintangesetzt? Was geht hier, auf die Dauer einer Bindung, wirklich vor sich?

2. Die Zähmung des Geschlechtes: der klassisch-religiöse Ansatz

Um in die Tiefe des Problems zu gelangen, eine Eingangsfrage: Hindert die Geschlechtlichkeit, kraft ihrer Struktur und ihrer Folgen, notwendig den Flug der Seele? Die erste Antwort lautet redlicherweise: Ja. Dieses Ja kommt nicht aus Theologie und Intellekt, sondern aus ältester, interkulturell und interreligiös abgestützter Erfahrung und hat eine Teilbeschreibung in der Psychologie erfahren. Jede Kultur, auch die sogenannte primitive, erzieht zum Triebverzicht. Aus sozialen Gründen: Denn nur die Bändigung der Triebe lässt auf Dauer Gemeinschaft entstehen. Gemeinschaft wird sogar definiert durch dieselbe die Lebensform regelnden Gebote und Verbote, durch die gemeinsame Ordnung von Gut und Böse – und diese Ordnungen enthalten ausnahmslos auch Sexualregelungen. Weiterhin aber wirken religiöse Gründe: Die überwundene Triebhaftigkeit macht frei für das Heilige. Die Psychologie hat dies unter der produktiven Spannung von Triebverzicht und Steigerung (Sublimation) beschrieben. Solche Zähmung der Triebe schneidet tief ins eigene Fleisch und dabei tief ins eigene Geschlecht, das mehr als Fleisch ist, auch die Fantasie besetzt hält. Längst vor Judentum und Christentum gehört es zur Selbstverständlichkeit, gerade die aufsässige Sexualität zu unterwerfen, durch Einräumung ins Verbotene und Erlaubte, in Ort und Zeit, durch Bindung an ein bestimmtes Gegenüber, auch durch wörtliches Aushungern: Fastenzeit im mehrfachen Sinn vor einer Begegnung mit dem Göttlichen, phasenhaft-jahreszeitlich wiederholt, oder auch das lebenslange geschlechtliche Fasten der dem Göttlichen geweihten Personen. Soll das Lebendige, Lebenspendende der Sexualität bewahrt werden, so muss ihr

Todesaspekt gebändigt sein. An diesen Todesaspekt „alles Fleisches" erinnert der Buddhismus seine Mönche durch eine dreimal am Tag angeschlagene Glocke, „diese Glocke, die so bitterlich Nein! sagt"[250].

Hinter dieser traurigen Abwehr steht die Erfahrung des Urchaos, der Wiederkehr „uralter Verwirrung", die sich vorrangig in der geschlechtlichen Ekstase ausprägt. Es gibt auch die bewusste religiöse Rückkehr ins Chaotische, etwa im Dionysoskult der Griechen, aber nur unter Aufsicht der Kultgemeinschaft, die das Zurückfinden ins „Haus" der normalen Beschränkung garantiert. Auch diese Ausnahme ruht übrigens auf Fastenzeiten des Geschlechts auf – die Dauerekstase ist eine vergebliche Selbsttäuschung. Offenbar muss die alte, abgestanden scheinende Erfahrung immer neu angeeignet werden, dass die Spaltung von Trieb und Selbst nicht durch ein Sich-Ausleben, die Schwabinger Maxime um 1900, wirksam verklammert wird. Vielleicht tut man den Manichäismus zu rasch als manichäisch ab? Wieso könnte er sich übrigens so lange halten, wenn er nur falsch wäre? Wie, wenn ihm vielmehr ein anthropologisches Grundbedürfnis entspricht, das Auseinanderstrebende durch Struktur, Grenze, Maß, auch mit Gewalt gegen sich selbst zusammenzuhalten – und dies in besonderer Härte gegen die Geschlechtlichkeit, die sich rasch aus dem Zentrum der Person lösen, zentrifugal werden kann? „In die freie Höhe willst du, nach Sternen dürstet deine Seele? Aber auch deine schlimmen Triebe dürsten nach Freiheit. Deine wilden Hunde wollen in die Freiheit, sie bellen vor Lust in ihrem Keller, wenn dein Geist alle Gefängnisse zu lösen trachtet."[251]

Daraus die eine große Anstrengung der Kulturen und Religionen, den Menschen zum Herrn im eigenen Hause und eigenen Keller zu machen, genauer: zum Herrn, zur

Herrin im eigenen Leibe und seiner ungeheuren ge-schlechtlichen Motorik. Und wenn es sein muss, den Schlüssel zum Keller lieber zu verlegen, als ihn stecken zu lassen – die Variante Manis und des philosophischen Neuplatonismus. *Soma sema* – „der Leib ein Kerker", wie es die orphische Weisheitslehre knapp hinsetzt. Die heutige Erhabenheit über diese Konzeption ist vielleicht dem Phänomen noch nicht hinreichend begegnet oder ist auch weniger ehrlich als die spätantiken Philosophen-schulen, welche die fessellose Promiskuität in allen Va-rianten kannten und in allen Varianten verachteten.[252]

Judentum und Christentum verdanken sich diesem Boden, unterscheiden sich aber von ihm in der Begrün-dung. Wieder gibt es ein Trotzdem. Denn die Selbstbän-digung stellt sich biblisch keineswegs erstmalig, eher als klassische Regel dar. Von welcher Grundeinstellung aber ist der Bereich des Geschlechtes getragen? Wie lässt sich die Spannung zwischen Trieb und Selbst halten, das Wegstrebende binden, Gröbstes – auch in der Warnung an die nächste Generation – vermeiden? Sind z.B. Selbstmord oder Kastration die Lösung, was ja religiös begründet werden kann? Ist (Gruppen-)Orgiastik oder *Laisser-faire* die Lösung? Wie sieht der Wert aus, um dessentwillen das eigene Fleisch beschnitten wird? Und wieweit wird es beschnitten? Nicht der Heroismus sel-ber ist schon sein eigenes Ziel, aber wohin entwirft sich der Held, die Heldin? Wer genau darf mich mir selbst abfordern? Hier geben die religiösen Kulturen unter-schiedliche Antworten unterschiedlicher Dignität.

3. Die Freude am Geschlecht: Biblischer Boden

An dieser Stelle die Skizze der Antwort, die Judentum und Christentum formuliert haben, worin die ganze

Wahrheit und die Wahrheit des Ganzen noch einmal anders zugänglich werden. Hier formuliert sich ein neues *Wie*: Wie die allen Religionen bewusste Spannung, die aus der Geschlechtlichkeit selbst aufsteigt, biblisch einzuordnen ist. Die zweite Antwort – die obige ergänzend – lautet, dass die Geschlechtlichkeit, kraft ihrer Struktur und ihrer Folgen, den Flug der Seele zu Gott *nicht* hindert.

Diese gegen den bisherigen Strich laufende Behauptung stützt sich auf den explosiven Beginn der Genesis (1,27): „Und Gott schuf den Menschen nach seinem Bild und Gleichnis. Als Mann und Frau schuf er sie." In der Zweigeschlechtlichkeit lässt sich *El*, der sonst Bildlose, sehen. Und dieser religiös ungewohnte Schritt unterstreicht das Götzenbilderverbot: keine Bilder Jahwes außer dem von ihm selbst gewollten – dem Menschen. Mann und Frau sind die Bildfreude Gottes.

Damit eröffnet sich ein unerhörtes Beziehungsgeflecht: Wir selber sind theomorph, Gott fraulich oder männlich nachgestaltet. In dieser merkwürdigen Erkenntnis hat besonders die Tatsache Raum, dass sich jeder Mensch als geschlechtliches Wesen erfährt. Und das bedeutet sofort, dass er sich selbst nicht genügt, nach dem Fehlenden unterwegs ist. Dieser Mangel ist so stark, der Drang zur Ganzheit so zwingend, dass er außerhalb des jüdisch-christlichen Denkens von einem Gott verkörpert und nur von einem Gott geheilt werden kann: von Eros. Aber biblisch wird der griechischen Trauer über die Zweiheit des Menschen eine unglaubliche Antwort gegeben: statt Trauer die Seligkeit, kraft der Trennung in Geschlechter Gottes innere Dynamik abzubilden. „Die eigenartige, anscheinend in bestimmten Entwicklungen zwangsläufige Vermischung von Religion und Sexualität hat vermutlich etwas zu tun mit der *wirklichen* Symbolhaftigkeit des

Geschlechtes in Bezug auf das Göttliche. Weil echter Symbolcharakter da ist, echte Analogie, ist eben auch verkehrte, unreine Verwechslung und Vermischung möglich."[253]

Diese Wahrheit ist noch wenig lebensbestimmend: Wie tief in Ihm der Ursprung *alles* Lebendigen, *alles* Menschlichen, des Eros zwischen den Geschlechtern, ja der unbeschreiblichen Freude der Mutterschaft und Vaterschaft zu verehren ist. Deswegen ja auch die Fassung der Ehe als Sakrament: Gott als Weg von mir zu dir; Geschlechtlichkeit als Fenster und Durchsicht auf seine Gegenwart.

4. Die Nicht-Identität des Geschlechtes

Aber warum ist die einleuchtende Wahrheit von dem Einen in den Zweien vernachlässigt worden? Warum doch die evangelischen Räte? Hier rührt man an den *nervus rerum*. Und der wird zur eigentlichen Entzweiung in der Theorie über Mensch und Welt führen. Zunächst sei ein Bild aufgerufen: Unmittelbar nach der paradiesischen Grundausstattung setzt die Genesis einen Fluch. Er verändert, trübt die Ausstattung; genauer: Er bestätigt die Veränderung, welche die beiden ersten Menschen vorgenommen hatten. Durch die Existenz von Mann wie Frau laufen somit Riss und Fragezeichen, übrigens auch geschlechtsspezifisch. Denn der Fluch unterscheidet die beiden bezeichnend in Lasten und Schmerzen, während der Segen nicht unterschieden hatte. So sind nicht nur das gemeinsame Ergehen in einem Garten, nicht nur Fenster und Durchsicht auf Ihn verschwunden, auch das gegenseitige Verhältnis der beiden ist verstört – verstört bis zur Möglichkeit des Tierischen. Der wunderbar bildlich denkende Ephräm

der Syrer (306–373) meinte, das Paradies als Wohnort
Adams habe anderswo gelegen als der Wohnort der
Tiere, in einer weiter entfernten Gegend *(regio longin-
qua)*, ja es sei geheiligt durch den Abstand. Der Sündenfall jedoch stieß Adam „von seiner königlichen
Wohnung fort zum Wohnort der Tiere. Weil er sich
durch ein Tier verführen ließ, machte (Gott) ihn den
Tieren gleich."[254] Weniger bildlich gesagt: Die uns gewohnte Welt ist höchst fragwürdig dem Animalischen
nahe. Das sogenannte Natürliche ist brüchig, unedel,
von einem eigenartigen Makel durchsetzt – Makulatur.
Das immer neue Ärgernis, jedem Menschen ärgerlich
neu zum Anstoß, lautet: dass das Ganze unseres Daseins tief irritiert ist. „Nichts ist unnatürlicher als die
Natur", um noch einmal Nietzsche zu zitieren, der die
Wahrheiten des Christentums jagte und dabei verschiedentlich einholte. Von dieser Irritation ist auch das Geschlecht betroffen, verstört, gerade sofern der Leib dieses zweideutige Leben trägt. Statt Ehe erfolgt Paarung,
statt der Ewigkeit des fraglosen Gehörens kommt die
bange Frage: Noch oder schon nicht mehr oder noch
nie: mein? Und wo der Andere nicht mein ist, es nicht
sein will, bin ich dann mein – oder auf meinen Unter-
leib verkürzt, vielleicht noch auf meine seelischen
Halte- und Tragekräfte, auf „Brauchbares", das sich
aber auch an anderen findet? Du und kein anderer
sollst mein Du sein – darin liegt Seligkeit; … und viele
andere sind auch noch mein Du – darin liegt die Bit-
terkeit des Geschlechts. Neben der Lust der Engel wartet die Lust der Tiere, wie Thomas von Aquin formulierte.

5. Noch einmal: Haben Geschlechtlichkeit und evangelische Räte miteinander zu tun?

„Ja und Nein zusammen ist eine schlechte Theologie", räsoniert König Lear bei Shakespeare. Und tatsächlich ist Gott nicht Ja und Nein, vielmehr das pure Ja, wie Paulus betont (2 Kor 1,19f.). Aber: Ja und Nein zusammen ist eine gute Anthropologie. Beide zusammen geben die stimmige, spannungsvolle Sicht auf den Menschen, die nicht ein harmonisches, sondern ein ausgerenktes Wesen zum Gegenstand hat, ein exzentrisches und ekstatisches, das mehr möchte, als es kann. Heilmittel dafür wäre, eine Mitte für das Ausgerenkte zu finden. Die Mitte liegt aber nicht in uns. Wir sind nicht als Autisten, sondern als Liebende geschaffen: Unsere Mitte liegt in einem Du und kehrt von dort zum Ich zurück. So sind wir dem Du auch überantwortet, im Heilen wie im Verwunden. „Gleichwie im Wasser sich das Antlitz spiegelt, so auch ein Menschenherz in dem des andern."[255] „Du bist mein, und nun ist das Meine meiner als jemals."[256] Noch einmal: Die Bindung der zwei ist das schönste Symbol für das Göttliche und wird – natürlich – am scheußlichsten missbraucht. *Corruptio optimi pessima.* Vielleicht laufen in jeder geschlechtlichen Bindung das Göttliche und sein Missbrauch mit: ein Spiegelbild und seine Umkehrung. Das Paradies ist nicht dasselbe wie das Paradies der Lüste von Hieronymus Bosch; und doch reizt das Zweite nur als Folie des Ersten: Die Unzucht reizt nur als Abglanz der Liebe.

Auch dem, der in geschlechtlicher Bindung lebt, wird auf die Länge des Lebens ein Sich-Verlassen abgefordert. Sich verlassen heißt trauen und von sich weggehen. Was tun, wenn das nahe Du schuldhaft wird, wenn man dadurch von sich weggerissen wird, umgestülpt wie ein Handschuh? Aber nicht nur in der Schuld kommt man sich abhanden, in anderer Weise auch grundsätzlich, eben weil der eigene Schwerpunkt an den anderen abgegeben ist. Ehe ist eine unpathetische Lehrstätte, aber durchaus mit einem gewissen Pathos, sprich Leiden, ausgestattet. Wenn die Beziehung durchgehalten wird, wird man arm, gehorsam, fügsam (1 Kor 7,3 f.). „Jungfräulichkeit steht am Ende eines Lebens, nicht am Anfang", nach der Einsicht Romano Guardinis. Dann nämlich, wenn die exzentrische Gesamtgestalt des Lebens in ihr Zentrum einrückt. Deutlicher ausgedrückt: dann, wenn die Liebe bei ihrem wirklichen Gegenüber ankommt. Deswegen macht die große Liebe immer keusch, deckt immer der Sünden Menge. Geschweige, dass man in der Ehe die Keuschheit einbüßt – man gewinnt sie vielleicht zum ersten Mal, nicht nur durch äußerliche Monogamie, sondern durch die Bindung des Herzens, das nötige Sich-Verlassen.

So scheint es doch, je tiefer man auf den Grund der Dinge kommt, dass die evangelischen Räte Armut, Keuschheit, Gehorsam zur Struktur der Liebe selbst gehören. Oder auch, dass Ehe und Zölibat zusammengehören. „Es ist dieselbe Kraft, die zum Aufgeben wie zum Festhalten gehört, und das wahre Festhalten ist jene Kraft, die zum Aufgeben imstande war, sich äußernd im Festhalten, und hierin erst liegt die wahre Freiheit im Festhalten, das wahre sichere Schweben."[257]

Noch tiefer gesehen scheint es, dass die Liebe zu einer Person und die Liebe zu Gott demselben Alphabet entsprechen. In dem nahen Du scheint das fernere auf. Immer wird man sich selbst abgefordert und zugleich seiner Exzentrizität enthoben. Und nichts garantiert, in beiden Fällen, dass man automatisch von sich selbst gelöst wird, automatisch im Zentrum ankommt. Von sich loskommen und doch in die Mitte einrücken – diese schwierige Doppelaufgabe macht eine gelungene Bindung so kostbar und eine misslungene so tragisch, ob es nun die Bindung an einen Menschen oder an Gott war.

„Du sollst Ehrfurcht haben vor der ehelichen Verbindung; wo du Gatten siehst, die sich lieben, sollst du dich darüber freuen und teil daran nehmen wie an dem Glück eines heitern Tages. Sollte sich irgend an ihrem Verhältnis etwas trüben, so sollst du suchen, es aufzuklären: Du sollst suchen, sie zu begütigen, sie zu besänftigen, ihnen ihre wechselseitigen Vorteile deutlich zu machen, und mit schöner Uneigennützigkeit das Wohl der andern fördern, indem du ihnen fühlbar machst, was für ein Glück aus jeder Pflicht und besonders aus dieser entspringt, welche Mann und Weib unauflöslich verbindet."[258] – „So tausendmal besser Liebesleid ist als unglückliche Ehe, an der überhaupt nur noch Leid ist und fruchtloses, so zerstreut sind die Landabenteuer der Liebe gegen die große Schifffahrt, die Ehe sein kann und die mit dem Alter nicht aufhört, nicht einmal mit dem einseitigen Tod."[259]

Wir warten auf die Ehelosen um des Himmelreiches willen, die die Erfahrung ihrer Reise ähnlich gedrängt formulieren.

Anmerkungen

1 Friedrich Nietzsche, Vom Nutzen und Nachteil der Historie für das Leben, Stuttgart 1964, 28.

2 Rainer Maria Rilke, Duineser Elegien, 3. Elegie.

3 Die Unterscheidung der folgenden Strukturen stützt sich auf Jean Gebser, Ursprung und Gegenwart, München 1973, 3 Bde.

4 Hildegard von Bingen, Welt und Mensch. Das Buch *De operatione Dei* aus dem Genter Kodex, übers. u. eingel. v. Heinrich Schipperges, Salzburg 1965, 48.

5 Im Rupertsberger Codex ließ Hildegard von Bingen den Kosmos eiförmig darstellen.

6 Dschuang Dsi, Das wahre Buch vom südlichen Blütenland, übers. v. Richard Wilhelm, Jena 1940, 12.

7 Zitiert von Aristoteles, Metaphysik 12, 6.

8 Friedrich Nietzsche, Also sprach Zarathustra, Stuttgart 1952, 308.

9 Vgl. Frederic Hetman, Die Göttin der Morgenröte. Schöpfungsmythen aus aller Welt, Frankfurt 1986.

10 Friedrich Nietzsche, Also sprach Zarathustra, WW XIII, 63; vgl.: Der Wille zur Macht, Stuttgart 1975, 638: „jene Herdentiermoral, die mit allen Kräften das allgemeine grüne Weideglück erstrebt". – Die Unschuld des Werdens, Stuttgart 1975, II, 194: „Willst du das Leben leicht haben? So bleibe bei der Herde."

11 Hanspeter Hasenfratz, Die toten Lebenden. Eine religionsphänomenologische Studie zum sozialen Tod in archaischen Gesellschaften, Leiden 1982.

12 Richard Merz, Die numinose Mischgestalt. Methodenkritische Untersuchung zu tiermenschlichen Erscheinungen Altägyptens, der Eiszeit und der Aranda in Australien, Berlin/New York 1978. – James Stephens, Die Sage von Tuan Mac Cairill, in: ders., Fionn der Held und andere irische Sagen und Märchen, übers. v. I. F. Görres, Freiburg 1936, 1–18, gibt eine besonders schöne keltische Stammbaum-Erzählung: Tuan berichtet von seinen verschiedenen Genealogien und wechselnden Wiedergeburten vom Mann zum Hirsch, Keiler, Habicht, Lachs und wieder zum Menschen. Bedeutsamerweise werden diese Abfolgen durch die Taufe beendet und vollendet.

13 Dies ist z.B. bei den irisch-keltischen Miniaturen häufig der Fall; im Psalter des Priorats zu Dover (um 980) taucht, bei z.T. mundlosen Gestalten, eine gepunktete Auralinie auf; vgl. Paul Wilhelm Wenger, Irische Miniaturen, Hamburg 1957. Gebser, Ursprung

255

und Gegenwart, gibt Beispiele aus Australien und von chinesischen Masken (Bd. I, Tafeln 4 und 6).

14 Gebser, I, 106.
15 In Kapitel VI werden die Verknüpfungen deutlicher beleuchtet.
16 Ps 39,9: „Facere voluntatem tuam, Deus meus, me delectat, et lex tua est in praecordiis meis."
17 Reiches Bildmaterial zeigt Erich Neumann, Die Große Mutter. Der Archetyp des großen Weiblichen, Zürich 1956.
18 Vgl. die bereits zitierte Sage von Tuan Mac Cairill, dessen Mutter ihn als gebratenen Lachs verzehrt und dadurch empfängt.
19 De origine et situ Germanorum 8: „inesse (feminis) quin etiam sanctum aliquid et providum".
20 Zu den unterschiedlichen Weisen der Matrilinearität (Vererbung auf die Tochter, den Mutterbruder etc.; Schwester-Sohn-Kulturen), ferner zu den vielfältigen und verwirrenden Erklärungsversuchen der Matrilokalität (hängt sie mit der wirtschaftlichen Dominanz von Frauen zusammen oder mit der Führung auswärtiger Kriege?) vgl. den gründlichen Forschungsbericht von Hans G. Kippenberg, Einleitung, in: J. J. Bachofen, Mutterrecht und Urreligion, Stuttgart [6]1984, xxv–xl.
21 Mit der Frage nach der historischen Aussagekraft von Amazonen- und Matriarchatsmythen hat sich befasst Joan Bamberger, The Myth of Matriarchy: Why Men Rule in Primitive Society, in: M. Z. Rosalco/L. Lamphere (Hgg.), Women, Culture, and Society, Stanford 1974, 263–280. Der „paradoxe" Befund ihrer Untersuchung lautet: „In diesen Mythen (Südamerikas) wird u. a. erzählt, dass die heiligen Gegenstände, die jetzt den Männern gehörten, einst im Besitz der Frauen waren; dass den Besitzern dieser Objekte besondere Achtung gebühre; und dass schließlich die Tyrannei der Frauen von den Männern gebrochen worden sei. Es ist deutlich, dass diese Erzählungen nicht das Mindeste über ältere soziale Verhältnisse besagen. Es ist dies deshalb deutlich, weil sie den Sinn haben, den herangewachsenen jungen Männern zu erklären, warum der Zutritt zum Kreis der verschworenen Männergesellschaft sie ein für allemal vom bisherigen Kreis der Frauen trennt. Der Matriarchatsmythos rationalisiert den Bruch des jungen Mannes mit dem weiblich dominierten Haus. Der öffentlich anerkannte Mythos zerlegt das, was zeitlich koexistiert, in eine Abfolge und legitimiert die Beseitigung der Frauen aus dem politischen Bereich" (Kippenberg, xxxii).
22 Kippenberg, xxxf. – Ausführlich dazu U. Wesel, Der Mythos vom Matriarchat. Über Bachofens Mutterrecht und die Stellung von Frauen in frühen Gesellschaften, Frankfurt 1980.
23 Claude Lévi-Strauss, Strukturale Anthropologie, Frankfurt 1969, 62.

24 Bei der Sekte der Yallama in Indien bringen bis zum heutigen Tag die Eltern ein zwölfjähriges Mädchen in den Tempel der Göttin, wo es als Vertreterin der Göttin zum kultischen Sexualverkehr benutzt wird, bis es mit etwa 40 Jahren ausscheidet und, arm und verachtet, von einer täglichen Reisschale aus Tempelbesitz abhängt. Die Vertretung der Göttin sagt nichts über den tatsächlichen sozialen Rang der Frau aus.

25 Leo Frobenius, Unbekanntes Afrika (1905), in: ders., Kulturgeschichte Afrikas, Wien 1933, 127 f.

26 Rudolf Otto, Das Heilige, Breslau 1917, hat das Wort *numen* für die Ersterfahrung des Heiligen wiedereingeführt.

27 E. O. James, The Ancient Gods, London [2]1967.

28 Eine Ausnahme bildet die Himmelsgöttin Nut in Ägypten, weil sie morgendlich blutrot die Sonne gebiert.

29 R. Pettazzoni, Der allwissende Gott, Frankfurt 1960. Hubertus Tellenbach (Hg.), Das Vaterbild in Mythos und Geschichte. Ägypten, Griechenland, AT und NT, Stuttgart 1976; ders., Vaterbilder in Kulturen Asiens, Afrikas und Ozeaniens. Religionswissenschaft – Ethnologie, Stuttgart 1979.

30 Livius, Ab urbe condita I 56, 10–12. Vgl. den Vergewaltigungstraum bei Sueton, Das Leben der Caesaren.

31 Carolus Bovillus, Liber de sapiente (1510), hg. v. R. Klibansky, in E. Cassirer, Individuum und Kosmos in der Philosophie der Renaissance (1912), Darmstadt [3]1969, 307 f.: „mineralia (...) in terra – ut in communi omnium matris utero"; „a terra, tanquam a matris uberibus, haudquaquam avelluntur"; „a terrae amota uberibus"; „toto (...) corpore ipsis terrae visceribus insepulta"; „a matre terra lacteo succo pascuntur".

32 Johann J. Bachofen, Vorrede und Einleitung zu „Mutterrecht und Urreligion", 135: „Aber auf dieser morgendlichen Stufe wird der leuchtende Sohn noch ganz von der Mutter beherrscht, der Tag als ‚nächtlicher Tag' bezeichnet und als vaterlose Geburt der Mutter Matuta, dieser großen Eileithvia, mit auszeichnenden Eigenschaften des Mutterrechts in Verbindung gesetzt."

33 Die große Mutter. Der Archetyp des großen Weiblichen, Zürich 1956.

34 Shri Ramakrishnas ewige Botschaft, übers. v. Fr. Dispeker, Zürich 1955, 692.

35 Vgl. Susanne Heine, Wiederbelebung der Göttinnen? Zur systematischen Kritik einer feministischen Theologie, Göttingen/Zürich [2]1987.

36 Vgl. R. Pettazzoni, Der allwissende Gott, Frankfurt 1960.

37 Ida Friederike Görres, Die siebenfache Flucht der Radegundis, Salzburg 1937. Weiterführende Literatur zur Auswahl: Henri Hubert/Marcel Mauss, Esquisse d'une théorie générale de la

magie, in: Année sociologique 7 (1904) (Engl.: General Theory of Magic, London 1972). Émile Durkheim, Les formes élementaires de la vie religieuse, Paris 1912. Bronislaw Malinowski, Coral Gardens and their Magic, 2 voll., London 1935. E. E. Evans-Pritchard, Witchcraft, Oracles, and Magic among the Azande, 1937, Oxford ²1950; ders., Theories of Primitive Religion, Oxford 1965. Claude Lévi-Strauss, La pensée sauvage, Paris 1962 (dt.: Das wilde Denken, Frankfurt 1973). Keith V. Thomas, Religion and the Decline of Magic, London 1971. G. E. R. Lloyd, Magic, Reason, and Experience: Studies in the Origins and Development of Greek Science, Cambridge 1979.

38 Aristoteles, Metaphysik 12, 6 (1072 a 1): „Wie Platon sich ausspricht, muss die Seele später sein als der Himmel und doch auch zugleich mit dem Himmel."

39 Der Tiefenpsychologe Carl Gustav Jung und der Mythenforscher Karl Kerényi stellen eine Symbiose der beiden Bereiche in mehreren gemeinsamen Werken überzeugend vor.

40 Vgl. Friedrich Nietzsche, Also sprach Zarathustra, WW XIII, 68.

41 Sukie Colegrave, Yin und Yang. Die Kräfte des Weiblichen und des Männlichen. Spannung und Ausgleich zwischen den beiden Polen des Seins, Bern/München 1980.

42 Laotse, Jenseits des Nennbaren. Sinnsprüche nach dem Tao Te King, Freiburg 1984, 98.

43 Heinrich Zimmer, Fahrten und Abenteuer der Seele, Düsseldorf 1980, 101.

44 Brunhilde lässt den Leichnam Siegfrieds – ermordet durch ihren Willen – auf den Scheiterhaufen legen und steigt zu ihm ins „Brautbett".

45 Der Ehebruch ist eines jener Verbrechen, siehe Lancelot und Ginevra, durch den die Liebenden zusammengeschmiedet werden, aber notwendig aufgrund des Verbrechens sterben.

46 Heimito von Doderer, Ein Umweg, München 1978, benutzt das „Freibitten" zur Entfaltung einer spezifisch missglückenden Geschlechterbeziehung.

47 Gernot Böhme, Anthropologie in pragmatischer Absicht, Frankfurt 1985, 84.

48 Martin Buber, Ich und Du, Heidelberg ¹¹1983.

49 Die ursprüngliche Dreiheit der Athena wird erst später zur Einheit gebündelt; diese Singularisierung ist selbst ein Zeichen deutlicherer Entschiedenheit; vgl. Hedwig Kenner, Athena und die Götterwelt der Austria Romana, in: Jahreshefte des Österr. Archäologischen Instituts in Wien 2 (1971).

50 Genauere Angaben zur Verwandtschaft von rechts und richtig in allen europäischen Sprachen, zur Bildlichkeit der Rechtswendung

und zu einigen außereuropäischen Entwicklungen finden sich bei Jean Gebser, Ursprung und Gegenwart, Band 1.

51 Im Russischen heißt *na prawa* rechts, *prawda* Wahrheit. – Sichtlich gibt es auch eine außereuropäische Überlieferung dieser Art; die Callawaya-Indianer Boliviens bezeichnen bei den Heilungsritualen mit „links" die schlechte Richtung, in die das Übel zurückkehren muss, denn links signalisiert „hinweg"; vgl. Ina Rösing Diederich, Und der Fluß trägt die Trauer davon, in: Forschung. Mitteilungen der DFG 1/87, 7–10.

52 Aristoteles, Metaphysik A, 5 (986 a 22 – 986 b 2): Meinungen der ersten Philosophen über die Prinzipien und Ursachen.

53 Laotse, Jenseits des Nennbaren, 54f.

54 Aristoteles, Metaphysik, 1049 a; vgl. 1044 a, 1071 b, und De generatione et corruptione, 335 b 6.

55 Parmenides, Fragment 17.

56 Thomas von Aquin, Summa Theologiae I, q. 92, 1 ad 1.

57 Galileo Galilei, Il saggiatore, Kap. 6.

58 Helga Bertram (Hg.), Der lange Marsch zum Himmelreich. Chinesische Frauen erzählen. Vorbemerkung, Darmstadt 1987, 11f.

59 Die Rechtsgeschichte belegt diese Behauptung gerade mit ihren Anfängen zweifelsfrei; verwiesen sei nur auf die so merkwürdig berührende Tatsache, dass auch die Zehn Gebote des Mose ursprünglich für Männer formuliert waren (9. Gebot: „Du sollst nicht begehren deines Nächsten Weib"). – Als Olympe de Gouges 1791 die Frauenrechte formuliert *(Déclaration des droits de femme et citoyenne)*, übernimmt sie schlechthin das Modell der Menschen-/Männer-Rechte.

60 Vgl. unten Kapitel IV. – Die Diskussion des Naturrechts kennt zwei Seiten: überwiegend die „natürliche" Unterordnung der Frau, aber auch – in geringerem Maße und christlich inspiriert – die Betonung ihrer Gleichgeschöpflichkeit und Gleich-Rechtlichkeit. Die Bedeutung des Naturrechts für die Minderstellung der Frau ist erst ungenügend geklärt. Vgl. Ernst Wolfgang Böckenförde/Franz Böckle (Hgg.), Naturrecht in der Kritik, Mainz 1973.

61 Durch den Selbstmordattentäter hat sich im Islam der Begriff des Märtyrers diametral verschoben.

62 „Exsultant civitates Juda propter iudicia tua, Domine (…) Lux oritur iusto, et rectis corde laetitia." Vgl. Psalm 18.

63 Vgl. Kapitel II.

64 Vgl. Peter Schäfer, Weibliche Gottesbilder im Judentum und Christentum, Frankfurt 2008.

65 Erneut dazu: Jean Gebser, Ursprung und Gegenwart, II.

66 Vgl. ausführlich Hanna-Barbara Gerl, „Der vermessene Mensch". Mann und Frau in der Anthropologie der Renaissance, in: Dieter R. Bauer/Elisabeth Gössmann (Hgg.), Eva – Verführerin oder

Gottes Meisterwerk? Philosophie – und theologiegeschichtliche Frauenforschung, Stuttgart 1987, 73–100.

67 Erasmus von Rotterdam, Abbatis et Eruditae Colloquia familiaria, Stuttgart 1976 (lat.-dt.).

68 Duineser Elegien, Schluss der 9. Elegie.

69 So z. B. in Kisuaheli.

70 So im Hinduismus die Stupas, welche das männliche, und die Lingams, welche das weibliche Geschlechtsorgan als Repräsentationen des Göttlichen nachbilden.

71 Vgl. Claude Lévi-Strauss, Die traurigen Tropen (1955), Frankfurt 1978.

72 Der Dekalog des Mose formuliert ursprünglich das 9. Gebot nur für den Mann: „Du sollst nicht begehren deines Nächsten Weib."

73 Auch im Koran (Sure 2 und 4) ist die Frau ausschließlich Rechtsobjekt: Sie hat durch den Mann mittelbare, er ihr gegenüber unmittelbare Rechte.

74 Die symbolische Dramatik der Zeugung und Geburt Isaaks aus greisenhaften Eltern ist unübersehbar, zumal er, auf dem die gesamte Verheißung ruht, später geopfert werden soll.

75 In Gen 24,67 fällt der verräterische Satz: „Und Isaak tröstete sich mit Rebekka über den Tod seiner Mutter." Rebekka bleibt in der ersten Zeit ihrer Ehe (daraufhin?) unfruchtbar, erhält nach ihrer Bitte an den Herrn aber die Doppelfrucht der Zwillinge Esau und Jakob.

76 Neben der ungeliebten, aber fruchtbaren Lea erhält die geliebte und unfruchtbare Rachel erst spät den Sohn Josef, der – als eine Erlösergestalt – Israel aus der Hungersnot retten wird, und noch später Benjamin.

77 Vgl. Hermann Oldenberg, Buddha. Sein Leben, seine Lehre, seine Gemeinde (1881), [13]1958.

78 Vgl. Susanne Heine, Frauen der frühen Christenheit. Zur historischen Kritik einer feministischen Theologie, Göttingen [2]1987.

79 Ida Friederike Görres, Die siebenfache Flucht der Radegundis, Freiburg [3]1942, 78.

80 Die verlorene Schrift des Celsus ist erschließbar aus der Gegenschrift des Origenes *Katà Kélson (Contra Celsum)* von 248, hg. v. Paul Koetschau, 1899.

81 Gertrud Bäumer, Die Frauengestalt der deutschen Frühe, Berlin 1939, 139.

82 Zit. nach Ludwig Fertig, Zeitgeist und Erziehungskunst. Eine Einführung in die Kulturgeschichte der Erziehung in Deutschland von 1600–1900, Darmstadt 1984, 174f.

83 Die *Déclaration des droits de femme et citoyenne* ist dt. veröffentlicht von Hannelore Schröder (Hg.), Die Frau ist frei geboren. Texte zur Frauenemanzipation. Bd. I: 1789–1870, München

1987. Vgl. Lieselotte Steinbrügge, Vernunftkritik und Weiblichkeit in der französischen Aufklärung, in: Jahrbuch für Volkskunde, Neue Folge 14, Würzburg 1991.
84 Vgl. Sarah B. Pomeroy, Frauenleben im klassischen Altertum, Stuttgart 1985.
85 Vgl. Kap. II.
86 Vgl. Anton Vögtle, Die Dynamik des Anfangs. Leben und Fragen der jungen Kirche, Freiburg 1988; ebd. 136–166: Frauen und ekklesiale Funktionen.
87 Edith Ennen, Die Frau im Mittelalter. Eine Forschungsaufgabe unserer Tage, in: Kurtrierisches Jahrbuch 1981, 70f: „Ihr Leben und ihre Geschlechtsehre waren durch strenge Gesetze geschützt. Allerdings war sie (...) rechtlich handlungsunfähig; das bedeutete, dass sie sich vor Gericht nicht selbst vertreten konnte (...). Die Frau war Herrin des Hauses. Sie wird über Fahrnis – die sogenannte Gerade – verfügungsberechtigt. Das Wittum wird bald nicht mehr den Brauteltern geschuldet, sondern dient zur Witwenversorgung. Das Eherecht wird durch die christliche Lehre umgestaltet. Im kirchlichen Rechtssatz ,consensus facit nuptia' war die persönliche Gleichberechtigung von Mann und Frau wenigstens angelegt. Die Weistümer des späteren Mittelalters sprechen der schwangeren Frau, und zwar gerade der hörigen Bauersfrau, rechtliche Vorteile zu: Die Schwangere darf im fremden Garten oder Weinberg Früchte pflücken, Trauben abschneiden; die strengen Jagd- und Fischereiregale werden um ihretwillen durchbrochen. Die Frau als Kindbetterin genießt Abgabenfreiheit usw. Das sind überaus häufig erwähnte Vergünstigungen. Die Frau durfte zweitens lernen und lehren (in den Frauenklöstern). Aber auch in den Städten gab es Mädchenschulen und weibliche Lehrer. Die mittelalterliche Kauffrau konnte ihre Geschäftsbücher führen (z.B. in Köln), die Ehefrau half ihrem Gatten, wenn er auf Handelsreisen oder durch Ratsgeschäfte beansprucht war, bei der Führung der Bücher (z.B. in Regensburg)."
88 Die im Folgenden angeführten Namen der Querelle sind (teil-) dokumentiert bei Elisabeth Gössmann, Archiv für philosophie- und theologiegeschichtliche Frauenforschung, 6 Bde., München 1986ff.
89 Le Livre de la Cité des Dames, dt.: Das Buch von der Stadt der Frauen, übers., mit e. Komm. u. e. Einl. versehen von Margarete Zimmermann, Berlin 1986.
90 Vgl. Patricia Labalme, Venetian Women on Women. Three Early Modern Feminists, in: Archivio Veneto, Venedig 1981, 81–109. Katharina Fietze, Spiegel der Vernunft. Theorien zum Menschsein der Frau in der Anthropologie des 15. Jahrhunderts, Paderborn 1991.

91 Elisabeth Gössmann, Lucretia Marinella und Marie le Jars de Gournay, in: E. Lorenz/V. Straub (Hg.), Frauen der Kirche, München 1986, 104–123.

92 M. Huber-Legnani, Moderata Fonte, in: E. Gössmann, Archiv, IV, 124–167.

93 Michael Spang, Anna Maria van Schurman (1607–1678). Eine Biographie, Darmstadt 2009.

94 Schillers Aufsatz über *Anmut und Würde* von 1793 versucht in der Nachfolge Kants, dessen Trennung der weiblichen und männlichen Eigenschaften zu überbrücken.

95 Jean Paul, Titan. Dritte Jobelperiode, Werke II, München 1969, 130.

96 Ebd., 133.

97 Der Bosheit halber sei das Zitat fortgesetzt: „Dann muß besagtes Fräulein des Dichters Lieder singen nach der Melodie, die ihm [dem Fräulein] selbst aus dem Herzen geströmt, augenblicklich aber davon krank werden und selbst auch wohl Verse machen, sich aber sehr schämen, wenn es herauskommt, ungeachtet die Dame dem Dichter ihre Verse auf sehr feinem wohlriechenden Papier, mit zarten Buchstaben geschrieben, selbst in die Hände spielte, der dann auch seinerseits vor Entzücken darüber erkrankt, welches ihm gar nicht zu verdenken ist. Es gibt poetische Aszetiker, die noch weiter gehen und es aller weiblichen Zartheit entgegen finden, dass ein Mädchen lachen, essen und trinken und sich zierlich nach der Mode kleiden sollte. Sie gleichen beinahe dem heiligen Hieronymus, der den Jungfrauen verbietet, Ohrgehänge zu tragen und Fische zu essen. Sie sollen, so gebietet der Heilige, nur etwas zubereitetes Gras genießen, beständig hungrig sein, ohne es zu fühlen, sich in grobe, schlecht genähte Kleider hüllen, die ihren Wuchs verbergen, vorzüglich aber eine Person zur Gefährtin wählen, die ernsthaft, bleich, traurig und etwas schmutzig ist!" E. T. A. Hoffmann, Klein Zaches, genannt Zinnober, in: ders., Märchen, hg. v. Werner Bergengruen, Wien 1947, 172 f.

98 Johann Wolfgang von Goethe, Wilhelm Meisters Lehrjahre. Sechstes Buch, in: ders., Werke. Hamburger Ausgabe, Bd. VII, 1982, 366.

99 Ebd., 372.

100 Georg Christoph Lichtenberg, Werke, Hamburg 1967, 212.

101 Goethe, Werke, Artemis-Gedenkausgabe 9, 426.

102 II, 3. Abschnitt, 2. Kap., 2 a.

103 Franz von Baader, Werke IV, 194.

104 Carola Stern, „Ich möchte mir Flügel wünschen". Das Leben der Dorothea Schlegel, Reinbek 1990.

105 Vgl. Gisela Brinker-Gabler (Hg.), Deutsche Literatur von Frauen, 2 Bde., München 1988.

106 Charlotte Brontë, Villette, München 1972, 471.

107 Vgl. Hanna-Barbara Gerl-Falkovitz, Die Erfahrung des Abgründigen. Annette von Droste-Hülshoff (1797–1848), in: dies., Freundinnen. Christliche Frauen aus zwei Jahrtausenden, München ³2003, 89–105.

108 Vgl. Richard Alewyn, Eine Landschaft Eichendorffs und Eichendorffs Symbolismus, in: ders., Probleme und Gestalten, Frankfurt 1974.

109 Aus der topischen Tradition unterschwelliger Weibermacht sei stellvertretend angeführt Abraham a Santa Clara, in: Zitatenlexikon, hg. v. Ursula Eichelberger, Leipzig 1985: „Das weibliche Geschlecht hat allzeit geherrschet und herrscht noch, entweder durch List oder mit Gewalt oder doch heimlich."

110 Zu Schopenhauers distanziertem Leibverständnis vgl. Ute Gahlings, Phänomenologie der weiblichen Leiberfahrungen, Freiburg/München 2006, 26 ff. Auf seine Invektiven gegen die Frau sei hier nicht weiter eingegangen.

111 Friedrich Nietzsche, Also sprach Zarathustra, Stuttgart 1975, 75 und 60 f.

112 Ders., Unschuld des Werdens I, Stuttgart 1975, 82 und 313.

113 Ebd., 75 und 71.

114 Ders., Jenseits von Gut und Böse, Stuttgart 1975, 76 und 87.

115 Ebd., 166.

116 Ders., Ecce homo. Warum ich so gute Bücher schreibe, Nr. 5.

117 Ders., Menschliches, Allzumenschliches II, Stuttgart 1975, 72 und 126.

118 Ebd., 82 und 317 f.

119 Sören Kierkegaard, Die Wiederholung, in: ders., Die Krankheit zum Tode und anderes, München 1976, 428 f.

120 Lou Andreas-Salomé, Lebensrückblick, Frankfurt/M. 1977.

121 Theodor Fontane, Effi Briest, München o. J., 16 f.

122 Vgl. Hanna-Barbara Gerl-Falkovitz, Evolution der Keuschheit? Teilhard de Chardins Blick auf die Geschlechtlichkeit, in: Schöpfung versus Evolution oder Schöpfung durch Evolution?, hg. v. der Katholischen Ärztearbeit Deutschlands, 2005, 44–54.

123 Günther Schiwy (Hg.), Teilhard de Chardin, Briefe an Frauen, Freiburg 1987, 23; vgl. M. Magdalena Stoltz, Zum „Ewig-Weiblichen" bei Teilhard de Chardin und Goethe, in: Acta Teilhardiana 8, 2 (1971), 49–84.

124 Gertrud von le Fort, Die ewige Frau, München 1963, 48 f.

125 Ebd., 62 f.

126 Vgl. Kap. VI.

127 Edith Stein, Die Frau. Fragestellungen und Reflexionen, ESGA 13, Freiburg ²2002, 85.

128 Ebd.

129 Ebd., 83.

130 Ebd., 246: Diskussion vom 9.11.1930.

131 Brief vom 2. Oktober 1961 an Hildegard Deppisch, München (Privatarchiv). Vgl. dazu Ute Gahlings, Phänomenologie der weiblichen Leiberfahrungen, Freiburg/München 2006.

132 Edith Stein, Diskussion vom 9.11.1930, 242. Ähnlich ebd., 22: „Keine Frau ist ja *nur ‚Frau'*." Vgl. E. Stein, Keine Frau ist ja nur Frau. Texte zur Frauenfrage, hg. und eingeleitet von Hanna-Barbara Gerl, Freiburg 1989.

133 Vgl. Kap. II.

134 E. Boedeker, Marksteine der deutschen Frauenbewegung, Hannover 1969. D. Weiland, Geschichte der Frauenemanzipation. Die Frauenbewegung. Ein Lexikon zu ihrer Tradition, Düsseldorf 1983. A. Lissner/R. Süssmuth/K. Walter (Hg.), Frauenlexikon. Traditionen – Fakten – Perspektiven, Freiburg ²1989.

135 Erwähnenswert sind die ungemein scharfen, sozialkritischen Romane von Charles Dickens, die unter dieser Hinsicht noch zu wenig ausgewertet sind.

136 Cordula Koepcke, Geschichte der deutschen Frauenbewegung. Von den Anfängen bis 1945, Freiburg 1981.

137 Edith Stein, Die Frau. Fragestellungen und Reflexionen, ESGA 13, 10.

138 Ebd., 138.

139 Cornelia Klinger, Welche Gleichheit und welche Differenz? In: Ute Gerhard u.a. (Hg.), Differenz und Gleichheit. Menschenrechte haben (k)ein Geschlecht, Frankfurt/Main 1990, 112–119.

140 Ernst Bloch, Kampf ums neue Weib. Programm der Frauenbewegung, in: ders., Freiheit und Ordnung. Abriß der Sozialutopien, New York 1946, 154.

141 Diotima, Der Mensch ist zwei. Das Denken der Geschlechterdifferenz, Wien 1993.

142 Im Sammelband von Ute Gerhard.

143 Luce Irigaray, Ethik der sexuellen Differenz, Frankfurt/Main 1991.

144 Ebd.

145 Ebd.

146 Andrea Dworkin, Geschlechtsverkehr (1987), Hamburg 1993.

147 Christina Hoff Sommers, Who Stole Feminism? How Women Have Betrayed Women, 1994.

148 Ernst Bloch, Kampf ums neue Weib, in: ders., Das Prinzip Hoffnung, Frankfurt 1959, 156.

149 Vgl. Gotthard Fuchs, Männer. Auf der Suche nach einer neuen Identität, Düsseldorf 1988.

150 Die Zeitschrift *Ethik und Sozialwissenschaften* 3 (1992) legte eine umfangreiche Diskussion zum Feminismus vor, in welchem vor allem die Nichtübereinstimmung der zahlreichen Positionen ins Auge fällt.

151 Die Auseinandersetzung wurde dokumentiert im *Deutschen Allgemeinen Sonntagsblatt*, Februar 1993.

152 Karin Struck, Blaubarts Schatten, 1991. Dies., Ich seh mein Kind im Traum, 1992.

153 Artikel in: Die Woche, November 1996.

154 Philip J. Sampson, Die Repräsentationen des Körpers, in: Kunstforum International, Bd. 132. Die Zukunft des Körpers I, Ruppichteroth 1996, 94–111, hier: 101.

155 Heike Christina Ludwig, Der Körper – eine Insel im Reich des Möglichen? Leiblichkeit in philosophischen Positionen des 20. Jahrhunderts. Unveröfftl. Magisterarbeit am Lehrstuhl für Religionsphilosophie der TU Dresden, 2000, 56 f.

156 Judith Butler, Gender Trouble. Feminism and the Subversion of Identity, 1990. Dt.: Das Unbehagen der Geschlechter, Frankfurt 1991.

157 Jane Flax, Thinking Fragments. Psychoanalysis, Feminism and Postmodernism in the Contemporary West, Berkeley 1990, 32 ff.

158 Vgl. Seyla Benhabib/Judith Butler/Drucilla Cornell/Nancy Frazer, Der Streit um die Differenz. Feminismus und Postmoderne in der Gegenwart, Frankfurt 1993.

159 Vgl. Barbara Vinken, Stigmata. Poetik der Körperinschrift, München 2004. Vgl. Iris M. Young, On Female Body Experience, New York 2004.

160 Vgl. George L. Mosse, Das Bild des Mannes. Zur Konstruktion der modernen Männlichkeit, Frankfurt 1997.

161 Dies in dreifacher Hinsicht verstanden: als Homosexualität, wie bei Magnus Hirschfeld, oder als desexualisierte Nivellierung der Geschlechter durch die technische Arbeitswelt, wie bei Siegfried Kracauer, oder durch die (national)sozialistische Enterotisierung, wie bei Ernst Jünger in *Der Arbeiter*.

162 Seyla Benhabib, Feminismus und Postmoderne. Ein prekäres Bündnis, in: Seyla Benhabib u. a., Der Streit um die Differenz (Anm. 158), 15.

163 Vgl. die Besprechung der Aufführung beim Edinburgh Festival 1996 durch Gina Thomas in der FAZ vom 3. September 1996, 36: „Wie ein Kautschukmann kann sie (die Schauspielerin Miranda Richardson) mit ihrem Körper alles anstellen und ergeht sich auch in verblüffender stimmlicher Akrobatik. Die Ver-

wandlung vom altklugen Jüngling in eine launenhafte Frau vollzieht sich in Stufen wie bei einer Larve, die zum Schmetterling
wird. Das Haar löst sich allmählich aus der Männerfrisur, bis es
zur Veranschaulichung des Zwitterwesens auf der einen Seite in
sanften Wellen herunterhängt, während es auf der anderen noch
kurz gehalten wird."

164 „Das schönste Photomodell wird endlich eine Frau", in: NZZ
   Nr. 63 vom 17.3.1997, 28.

165 Donna Haraway, Woman, Simian and Cyborgs. The Reinven-
   tion of Nature, London 1991.

166 Lieke van der Scheer, „Menschlicher Körper?" im Werk von
   Donna Haraway, Referat bei der Robert-Bosch-Stiftung, Stuttgart, 4.–6. Mai 1995, 4 ff.

167 Neue Zürcher Zeitung vom 9. August 2005.

168 Vgl. Silvia Stoller/Veronica Vasterling/Linda Fisher (Hg.), Femi-
   nistische Phänomenologie und Hermeneutik, Würzburg 2005;
   Michelle M. Schumacher (Hg.), Women in Christ. Towards a
   New Feminism, Grand Rapids 2004.

169 Vgl. Olivier Boulnois, Die sexuelle Differenz, in: IKZ Communio 4 (2006), 336–354.

170 Vgl. V. Vasterling, Zur Bedeutung von Heideggers ontologischer
   Hermeneutik für die feministische Philosophie, in: S. Stoller
   u. a., Feministische Phänomenologie, 67–95; 87.

171 Luce Irigaray, Ethik der sexuellen Differenz (1984), Frankfurt
   1991, 21.

172 Vgl. Judith Butler, Körper von Gewicht. Die diskursiven Grenzen des Geschlechts, Frankfurt 1997.

173 Vgl. Ann Pauwels, Gender Inclusive Language: Gender-Aspekte
   der Globalisierung der englischen Sprache, Vortrag im Gender-
   Kompetenz-Zentrum der HU Berlin vom 16. April 2004: In
   Singapur werde das singular verstandene „they" nur zu 3,6%
   benutzt, in Australien dagegen zu 74,9% (geschrieben und gesprochen). Pauwels ist Professorin für Linguistik, Univ. of Wes-
   tern Australia.

174 Beim spanischen Kongress für die Familie in Valencia im Juli
   2006, wozu der Heilige Vater erwartet wurde, sagte Kardinal
   Trujillo in Anspielung auf dieses Gesetz, man müsse wohl jetzt
   „the Holy Progenitor" begrüßen.

175 Tatsächlich hatte die PDS 2001 in den Deutschen Bundestag
   den Antrag eingebracht, Geschlechtsbezeichnungen als diskri-
   minierend aus dem Personalausweis zu tilgen.

176 Vasterling, Feministische Phänomenologie, 89.

177 „Admiration", „Erstaunen" wird zu einem zentralen Begriff in:
   Luce Irigaray, Passions élémentaires, Paris 1982.

178 Vasterling, Feministische Phänomenologie, 91.

179 Vgl. Hanna-Barbara Gerl-Falkovitz, Zwischen Somatismus und Leibferne. Zur Kritik der Gender-Forschung, in: IKZ Communio 3 (2001), 225–237, wo auch Edith Steins Phänomenologie der Leiblichkeit entfaltet wird.

180 Ferdinand Ulrich, Der Nächste und Fernste – oder: Er in Dir und Mir. Zur Philosophie der Intersubjektivität, in: Theologie und Philosophie 3 (1973), 317–350; hier: 318.

181 Ein Kryptogramm ist eine Folge von Buchstaben, die in einen Text eingelassen sind, aber durch eine Hervorhebung (z.B. durch Rahmen, eine Figur) in einem zweiten Zusammenhang zu lesen sind; meisterhaft sind etwa die Kryptogramme von Rabanus Maurus (8. Jh.).

182 Butler, Unbehagen, 21.

183 Hilge Landweer, In welchem Sinne „gibt" es Männer und Frauen? Philosophische Überlegungen zur sex/gender-Debatte, in: Feministische Studien 1994, 41.

184 Robert Spaemann, Personen. Über den Unterschied von etwas und jemand, Stuttgart 1996. Anne Reichold, Die vergessene Leiblichkeit. Zur Rolle des Körpers in ontologischen und ethischen Persontheorien, Paderborn 2004.

185 Vgl. Kap. I.

186 Ferdinand Fellmann, „Das Paar". Eine erotische Rechtfertigung des Menschen, Berlin 2005.

187 Eine phänomenologische Analyse dazu liefert: Michel Henry, Inkarnation, übers. v. Rolf Kühn, Freiburg 2000.

188 Rilke thematisiert immer wieder eine Liebe, die über das Du des Mädchens hinweg in „Weltraum", ins „Offene" geht; vgl. die zweite Duineser Elegie.

189 Simone Weil, Cahiers. Aufzeichnungen, übers. v. Elisabeth Edl und Wolfgang Matz, München 1993, II, 83.

190 Ebd.

191 Vgl. Hanna-Barbara Gerl-Falkovitz, Eros – Glück – Tod und andere Versuche im christlichen Denken, Gräfelfing 2001.

192 Simone Weil, Cahiers II, 75.

193 Rainer Maria Rilke, Die dritte Duineser Elegie, in: Werke, Frankfurt 1980, II, 449.

194 Maximus Confessor, All-Eins zu Christus, hg. u. übers. v. E. von Ivanka, Einsiedeln 1961, 52 f.

195 Stein, Die Frau, 246.

196 Vgl. Alfred Hackensberger, Emanzipation im Namen des Islam. Muslimische Frauen proklamieren den „Gender Jihad", in: NZZ Nr. 159 vom 12. Juli 2006, 25.

197 Ute Behning u. a. (Hg.), Was bewirkt Gender Mainstreaming? Evaluierung durch Policy-Analysen, Frankfurt 2004.

198 Auf einige vermutbare Hintergründe zugunsten einer ideologischen Gleichgeschlechtlichkeit hat verwiesen: Volker Zastrow, Gender Mainstreaming. Politische Geschlechtsumwandlung, in: FAZ Nr. 138 vom 19. Juni 2006, 8.

199 Metzler Lexikon Gender Studies/Geschlechterforschung. Ansätze, Personen, Grundbegriffe, hg. v. Renate Kroll, Stuttgart 2002. Vgl. die Rezension von Wiebke Hüster, Beim Stichwort „Hausarbeit" fehlen die Literaturangaben, FAZ 3.1.2003. Vgl. Genus – Geschlechterstudien. Gender-Studies in den Kultur- und Sozialwissenschaften, hg. von Hadumod Bußmann/Renate Hof, Stuttgart 2005.

200 Romano Guardini, Welt und Person. Versuche zur christlichen Lehre vom Menschen, Würzburg 1939, 94.

201 Ein berühmtes Beispiel liefert Ez 18, wo Schuld nicht mehr als ererbte, sondern als selbstverantwortliche Sünde bezeichnet wird; auch die Fallerzählung der Genesis gehört in diese „Aufklärung".

202 Guardini, Welt und Person, 99.

203 Ebd., 106.

204 Hildegard von Bingen, Heilkunde, hg. v. Heinrich Schipperges, Salzburg 1957, 37.

205 Über die Würde des Menschen, übers. v. H. W. Rüssel, Amsterdam 1940, 49 f.

206 Der soziologische Begriff der Rolle unterbestimmt den Begriff der Aufgabe: Eine Rolle wird nur zeitweise eingenommen und hat sachlich begrenzte Zwecke; eine Aufgabe ist zeitlich nicht definiert, kann ein Leben lang anhalten und fordert in der Regel umfassenden Einsatz. Hört Mutterschaft mit „erfülltem Zweck" auf?

207 C. S. Lewis, Die böse Macht, Köln/Olten 1954, 121 f.

208 Guardini, Welt und Person, 124.

209 Emmanuel Levinas, Die Zeit und der andere, dt. v. Ludwig Wenzler, Freiburg 1980, zählt den Tod, den Eros des Mannes zur Frau und den Sohn zu den drei großen „Passionen" des Lebens – gerade weil sie uneinholbar und unbegriffen bleiben, aber alle Kraft des eigenen Einsatzes einfordern.

210 Vgl. den umfangreichen Artikel mehrerer Autorinnen zu „Gott/Göttin", in: Elisabeth Gössmann u.a. (Hg.), Wörterbuch der feministischen Theologie, Gütersloh 1991, 170 ff.

211 Mary Daly, Jenseits von Gottvater, Sohn & Co. Aufbruch zu einer Philosophie der Frauenbefreiung, München 1980.

212 Susanne Heine, Wiederbelebung der Göttinnen? Zur systematischen Kritik einer feministischen Theologie, Göttingen [2]1987.

213 Vgl. Silvia Strahm Bernet, Art. „Gott/Göttin", V. Systematische Theologie (Anm. 210), 170 ff.

214 Vgl. die *Bibliographie zur feministischen Theologie*, 1980 ff. erstellt von der Kath.-Theol. Fakultät der Universität Tübingen.

215 Z. B. Helen Schüngel-Straumann, Gott als Mutter in Hos 11, in: Theologische Quartalschrift 166, 2 (1986), 119–134.

216 Marie-Theres Wacker/Erich Zenger (Hg.), Der eine Gott und die Göttin. Gottesvorstellungen des biblischen Israel im Horizont feministischer Theologie. Quaestio Disputata 135, Freiburg 1991. – Urs Winter, Frau und Göttin. Exegetische und ikonographische Studien zum weiblichen Gottesbild im Alten Israel und in dessen Umwelt, Fribourg/Göttingen ³1987. – Virginia R. Mollenkott, Gott eine Frau? Vergessene Gottesbilder der Bibel, München 1985. – Renate Laut, Weibliche Züge im Gottesbild israelitisch-jüdischer Religiosität. Eine Untersuchung, Köln 1983.

217 Rebecca Oxford-Carpenter, Gender and the Trinity, in: Theology Today 40 (1984), 7 ff. – Marie-Theres Wacker (Hg.), Der Gott der Männer und die Frauen, Düsseldorf 1987. – Vgl. Johannes Haas, Das Mutter-Bild im Gottes-Bild des hl. Franz von Sales, in: Jahrbuch für salesianische Studien 20 (1986).

218 Doris Strahm/Regula Strobel (Hg.), Vom Verlangen nach Heilwerden. Christologie in feministisch-theologischer Sicht, Fribourg/Luzern 1991. – Mit Hilfe tiefenpsychologischer Deutungsmuster im Sinne von C. G. Jung versuchte vor allem Hanna Wolff, das „Ganzheitliche" an Jesus zu erfassen, in: Jesus der Mann. Die Gestalt Jesu in tiefenpsychologischer Sicht, Stuttgart 1983. Nicht gelungen scheint dagegen ihre Arbeit: Neuer Wein – alte Schläuche. Das Identitätsproblem des Christentums im Lichte der Tiefenpsychologie, Stuttgart 1981, wo (wieder einmal) Jesu Liebe gegen den rachsüchtigen Vatergott des Alten Testaments ausgespielt wird – ein Muster, das unrühmlich wiederholt wird bei Franz Alt, Jesus, der erste neue Mann, Stuttgart 1988.

219 Felix Christ, Jesus Sophia. Die Sophia-Christologie bei den Synoptikern, Zürich 1970. – Susan Cady/Marion Roman/Hal Taussig, Sophia. The Future of Feminist Spirituality, New York 1986. – Verena Wodtke (Hg.), Auf den Spuren der Weisheit. Sophia – Wegweiserin für ein weibliches Gottesbild, Freiburg 1991.

220 Caroline Walter Bynum, Jesus as Mother: Studies in the Spirituality of the High Middle Ages, Berkeley 1982. – Mehrfach untersucht wurde Juliana von Norwich (+ nach 1415): Kari Elisabeth Bovesen, Christ notre mère. La théologie de Juliane de Norwich, in: Mitteilungen und Forschungen der Cusanus-Gesellschaft 13 (1978). – Ritamaria Bradley, Patristic Background of the Motherhood Similitude in Julian of Norwich, in: Chris-

269

tian Scholars Review 8 (1979), 101–113. – Paula S. Datsko Baker, The Motherhood of God in Julian of Norwich's Theology, in: Downside Review 100 (1983), 290–304. – Margaret Collier-Bendelow, Gott ist unsere Mutter. Die Offenbarung der Juliana von Norwich, Freiburg 1989.

221 Vgl. Helen Schüngel-Straumann, Ruach bewegt die Welt. Gottes schöpferische Lebenskraft in der Krisenzeit des Exils, Stuttgarter Bibelstudien 151, Stuttgart 1992. – Donald L. Gelpi, The Divine Mother: A Trinitarian Theology of the Holy Spirit, University Press of America 1984.

222 Silvia Schroer, Der Geist, die Weisheit und die Taube. Feministisch-kritische Exegese eines neutestamentlichen Symbols, in: Freiburger Zs. für Philosophie und Theologie 33 (1986), 197–225. – Vgl. die interreligiöse Darstellung der Sophia-Tradition bei: Susanne Schaup, Sophia. Das Weibliche in Gott, München 1994; ebenso – vor allem auf Maria bezogen – bei: Thomas Schipflinger, Sophia – Maria. Eine ganzheitliche Vision der Schöpfung, München/Zürich 1988.

223 Zitiert nach Susanne Heine, Wiederbelebung der Göttinnen.

224 „Komm, Heilige Geistin." Tagung zur Feministischen Theologie, Evangelische Akademie Tutzing, 3.–5. September 1993.

225 Eine Replik darauf erfolgte durch Reinhard Brandt, in: Stimmen der Zeit 8 (1996).

226 Oratio 31 (PG 36, 140–146).

227 Carol B. Christ, Why Women Need the Goddess, in: Schlangenbrut 8 (1985). – Dies., Vom Vatergott zur Muttergöttin, in: Norbert Sommer (Hg.), Nennt uns nicht Brüder! Frauen in der Kirche durchbrechen das Schweigen, Stuttgart 1985, 282–287. – Dies., Laughter of Aphrodite, New York 1987. – Uwe Gerber (Hg.), Mariologie und Feminismus, Darmstadt 1985; darin insbesondere die Aufsätze von Eberhard Wölfel, Hildegunde Wöller, Uwe Gerber.

228 Vgl. den Artikel „Gott/Göttin", a.a.O., 168f.

229 Heide Göttner-Abendroth, Die Göttin und ihr Heros. Die matriarchalen Religionen in Mythos, Märchen und Dichtung, München 1980, ⁴1984. – Dies., Die tanzende Göttin. Prinzipien einer matriarchalen Ästhetik, München 1982, ²1984. – Christa Mulack, Die Weiblichkeit Gottes. Matriarchale Voraussetzungen des Gottesbildes, Stuttgart/Berlin 1983. – Vgl. Marie-Theres Wacker, Die Göttin kehrt zurück. Kritische Sichtung neuerer Entwürfe, in: dies. (Hg.), Der Gott der Männer und die Frauen, Düsseldorf 1987, 11–25. – Dies., Art. „Göttinnen", in: Neues Handbuch für theologische Grundbegriffe, München 1991/92.

230 Mary Daly, Jenseits von Gottvater (Anm. 211).

231 FAZ-Meldung vom 31. Juli 1996: „Fünf niederländische Hexen wollen künftig bei Vollmond mit behördlicher Genehmigung ihre rituellen Feuer anzünden. (...) Die Stadt (Harderwijk) hat den Frauen zwei Feuerplätze für Pfadfinder im Wald angeboten. Die Hexen wollen aber unbedingt am Strand des Ijsselmeers ums Feuer tanzen, weil sie dann auch das Element Wasser in ihre Riten einbeziehen können."

232 Überschrift einer Rezension in der FAZ vom August 1996.

233 Ebd.

234 Ida Friederike Görres, Nocturnen. Tagebücher und Aufzeichnungen, Frankfurt 1949, 117.

235 Romano Guardini, Freiheit, Gnade, Schicksal. Drei Kapitel zur Deutung des Daseins, München 1948, 85.

236 Wortführerin war auch hier Mary Daly, Jenseits von Gottvater (Anm. 211).

237 Uwe Gerber, Mariologie und Feminismus, 130. Ähnlich argumentiert David Steindl-Rast, Fülle und Nichts. Von innen her zum Leben erwachen, Freiburg 1999. Eine wichtige Kritik am entpersonalisierten Gott leistet Klaus Müller, Streit um Gott. Politik, Poetik und Philosophie im Ringen um das wahre Gottesbild, Regensburg 2006.

238 Gerber, Mariologie und Feminismus, 121.

239 Die folgenden Überlegungen sind entnommen dem anregenden Aufsatz von Aidan Nichols OP, Israels Bilder. Alttestamentliche Prolegomena zu einer Christologie des Bildes (1980), Nachdruck in: Internationale katholische Zeitschrift 18, 6 (1989), 533–549.

240 Ebd., 543; der Text wird „Sichemitischer Dodekalog" genannt im Unterschied zum Dekalog des Mose.

241 Ebd., 537f.; Nichols bezieht sich auf die Forschungen von J. Hehn, Zum Terminus „Bild Gottes", in: Festschrift Eduard Sachau, Berlin 1918, 36–52.

242 Ebd., 538.

243 Ebd., 534; Nichols bezieht sich hier auf U. Mauser, Gottesbild und Menschwerdung, Tübingen 1971.

244 Aurelius Augustinus, In Psalmos 134,6.

245 John Henry Newman, Predigten der katholischen Zeit, dt. v. Franz Zimmer, Mainz 1929, Werke VI, 129f.

246 John Henry Newman, Entwicklung der christlichen Lehre, übers. v. Theodor Haecker, München 1922, 387f.

247 Aurelius Augustinus, De doctrina christiana 1: „Die Wirklichkeit, die jetzt christliche Religion genannt wird, gab es schon bei den Alten, und sie fehlte nicht von Anbeginn des Menschengeschlechts, bis Christus im Fleische erschien, von wann ab die wahre Religion, die schon da war, begann, die christliche zu heißen."

248 Gilbert Keith Chesterton, Orthodoxie, München 1955.

249 Eugen Drewermann, Kleriker. Psychogramm eines Ideals, München 1989.

250 Paul Claudel in Erinnerung an Laotse, in: Klara Maria Faßbinder (Hg.), Passion und Ostern bei Paul Claudel, München 1966, 16.

251 Friedrich Nietzsche, Also sprach Zarathustra, WW XIII, 50.

252 Robert L. Wilken, Die frühen Christen. Wie die Römer sie sahen, Graz/Wien/Köln 1986, 32–35, gibt Berichte über die kultische Promiskuität gnostischer und christlicher Sekten der ersten Jahrhunderte wieder. Auch wenn es sich um Übertreibungen und Verleumdungen handeln sollte, die der heidnischen Praxis selbst entnommen waren, so scheint doch ein gewisser Usus der Zeit und des Pöbels darin auf, den die philosophischen Schulen verachteten.

253 Ida Friederike Görres, Nocturnen. Tagebuch und Aufzeichnungen, Frankfurt 1949, 114f.

254 Paradieseshymnen XIII, 5, zit. nach Margot Schmidt, Alttestamentliche Typologien in den Paradieseshymnen von Ephräm dem Syrer, in: Franz Link (Hg.), Paradeigmata. Literarische Typologie des Alten Testaments. I: Von den Anfängen bis ins 19. Jahrhundert, Berlin 1989, 57. Ebd., 59: „Leicht ist das zu erkennen, dass es die Menschen sind, die die Geschöpfe hässlich machen; sich selber verunstaltend verunstalten sie auch die Geschöpfe. – Das Fleisch opferten und entstellten sie, die Ehe befleckten und trennten sie. – Das Gold haben sie an (mit?) ihren Götzenbildern hässlich gemacht. – Durch den schönen Baum also ist (auch) Adam hässlich geworden; auch er hat die Frucht verunstaltet, die man (fälschlich) für schädlich hielt" (Ephräm XV, 11).

255 Spr 27,19.

256 Johann Wolfgang von Goethe, Hermann und Dorothea. Urania, Aussicht, Frankfurt 1976, 116.

257 Sören Kierkegaard, Die ästhetische Gültigkeit der Ehe, in: ders., Entweder-Oder, dt. v. Heinrich Fauteck, Köln/Olten 1963, 120.

258 Johann Wolfgang von Goethe, Die Wahlverwandtschaften, 18. (und letztes) Kapitel.

259 Ernst Bloch, Das Prinzip Hoffnung, Frankfurt [8]1982, I, 380.

Personenregister

277

ECKHARD NORDHOFEN (HG.)
Tridentinische Messe – ein Streitfall
Reaktionen auf das Motu proprio
„Summorum Pontificum" Benedikts XVI.

144 Seiten, Format: 13 x 21 cm, gebunden mit Schutzumschlag
ISBN 978-3-7666-1305-9

ALOIS SCHIFFERLE
Die Pius-Bruderschaft
Informationen – Positionen – Perspektiven

399 Seiten, Format: 16,5 x 24,5 cm, gebunden mit Schutzumschlag
ISBN 978-3-7666-1281-6

HANS-RÜDIGER SCHWAB (HG.)
Eigensinn und Bindung
Katholische deutsche Intellektuelle im 20. Jahrhundert. 39 Porträts

812 Seiten, Format: 16,5 x 24,5 cm, gebunden mit Schutzumschlag
ISBN 978-3-7666-1315-8

REINER SÖRRIES
Ruhe sanft
Kulturgeschichte des Friedhofs

331 Seiten, Format: 13 x 21 cm, gebunden mit Schutzumschlag
ISBN 978-3-7666-1316-5